4 HOMENS EM 44 CAPÍTULOS

BB EASTON

4 HOMENS EM 44 CAPÍTULOS

Tradução
LÍGIA AZEVEDO

paralela

A Editora Paralela é uma divisão da Editora Schwarcz S.A.

Grafia atualizada segundo o Acordo Ortográfico da Língua Portuguesa de 1990, que entrou em vigor no Brasil em 2009.

TÍTULO ORIGINAL 44 Chapters About 4 Men

CAPA Daniela Medina

FOTOS DE CAPA Shutterstock

PREPARAÇÃO Alexandre Boide

REVISÃO Jasceline Honorato e Renato Potenza Rodrigues

Dados Internacionais de Catalogação na Publicação (CIP)
(Câmara Brasileira do Livro, SP, Brasil)

Easton, BB
4 homens em 44 capítulos / BB Easton ; tradução Lígia Azevedo. — 1ª ed. — São Paulo : Paralela, 2021.

Título original: 44 Chapters About 4 Men.
ISBN 978-85-8439-146-2

1. Ficção norte-americana I. Título.

20-34977 CDD-813

Índice para catálogo sistemático:
1. Ficção : Literatura norte-americana 813

Cibele Maria Dias — Bibliotecária — CRB-8/9427

[2021]

EDITORA SCHWARCZ S.A.
Rua Bandeira Paulista, 702, cj. 32
04532-002 — São Paulo — SP
Telefone: (11) 3707-3500
editoraparalela.com.br
atendimentoaoleitor@editoraparalela.com.br
facebook.com/editoraparalela
instagram.com/editoraparalela
twitter.com/editoraparalela

Eu pretendia fazer uma dedicatória ao meu marido, mas,
como ele não sabe e nunca deve descobrir que este livro existe,
decidi dedicá-lo a você, minha querida leitora.

Sumário

Nota da autora

4 homens em 44 capítulos é baseado em acontecimentos reais que foram floreados, adaptados e exagerados em nome do humor e/ou em razão da tendência da autora a escrever bêbada ou em estado de privação de sono. Todos os nomes, lugares e características mais específicas foram alterados para proteger a identidade dos envolvidos. Caso consiga identificar a verdadeira identidade da sra. Easton ou de qualquer outro personagem deste livro, a autora pede que você tenha a bondade de permitir que ela cumpra uma pequena lista de exigências em troca do seu silêncio.

Por causa do excesso de palavrões, vulgaridades e conteúdo sexual bastante explícito, este livro não foi feito para pessoas com menos de dezoito anos — e talvez deva ser escondido delas.

Introdução

É isso aí, leitora. Mesmo se não aproveitar mais nada desta experiência, pelo menos vai poder dizer aos amigos que alguém dedicou um livro a você.

Um romance inteiro, diga-se de passagem. Não só uma novelinha qualquer. Nada disso.

É o mínimo que posso fazer. Afinal, você é a única razão por que decidi publicar essa compilação íntima e constrangedora de anotações de diário, e-mails e obscenidades. É uma péssima decisão (que faz parte de uma longa sequência de péssimas decisões sobre as quais você logo mais vai saber tudo), mas estou fazendo isso por *você*.

A verdade é que sou psicóloga escolar, então modificar comportamentos é meio que o meu lance. Quer que seu filho pare de agir como um babaca? Sou a pessoa certa pra isso. Quer descobrir se o pequeno Johnny tem algum transtorno dentro do espectro do autismo ou só gosta muito, muito mesmo, de *Minecraft*? Deixa comigo. Quer saber como fazer com que seu parceiro frio e distante, nem um pouco comunicativo, seja mais afetuoso com você? *Hum...*

Porra, quem me dera saber. Em 2013, meu casamento parecia mais uma relação entre um pufe e seu dono do que entre marido e mulher, e só piorava. Até o dia em que tudo mudou — o dia em que Kenneth Easton começou a ler meu diário.

Então acabei descobrindo uma técnica psicológica inovadora, tão simples, tão idiota e tão perfeita que em uns poucos meses transformou meu marido introvertido e nerd em uma fera na cama. Fiquei tão animada que reuni e costurei todas as minhas anotações na calada da noite.

Queria distribuir cópias desse Livrostein de uma costa a outra, a cada pobre coitado que sofre em um relacionamento antigo e monótono. "Existe esperança!", eu gritaria na escuridão enquanto jogava cópias de um avião roubado. "Vocês não precisam se conformar com essa chatice!"

Mas, em vez de aprender a pilotar um monomotor para compartilhar minha pequena descoberta, decidi pela segunda melhor opção: PUBLICAR UM LIVRO.

É claro que se alguém que conheço ler isto posso ser demitida, receber o pedido de divórcio e/ou ser obrigada pelo governo a fazer um curso de reciclagem para pais e mães (o que vai ser bem difícil depois que meu carro for tomado de mim por falta de pagamento), mas meu lema sempre foi: "Consequências? Rá!". (O que explica a maior parte dos acontecimentos deste livro.)

Com um pouco de sorte, alguma coisa que você ler aqui vai ajudar a trazer um sopro de vida a seu parceiro em coma. Ou pelo menos você vai tirar uma folga bastante necessária da sua própria vida enquanto ri da minha. Mas, se tudo der errado, pelo menos vai poder dizer aos amigos que BB Easton dedicou este livro a você... o que vai ser legal por tipo um segundo e meio, até seus amigos perguntarem: "Quem?".

Glossário

(Podem me ligar se gostarem de alguma coisa aqui, dicionaristas.)

Amigo (substantivo): Um amante que é consideravelmente mais velho que seu par, fazendo assim o termo "namorado" parecer tolo e inapropriado, como o relacionamento em si.

Aminimigos (substantivo): Amigos? Inimigos? Depende do dia e da quantidade de álcool envolvida.

Anivereção (substantivo): aniversário do dia em que um cara que geralmente fica deitado sem se mexer durante todas as atividades sexuais, como um invertebrado desinteressado, fez amor com o(a) parceiro(a) no passado. A comemoração pode ou não envolver um minuto de silêncio.

Delicinha (adjetivo): diminutivo de delícia, no sentido de confortável.

Emoreção (substantivo): pênis que ficou ereto em razão de um estímulo emocional, e não físico ou visual.

Espetador (adjetivo): 1) cheio de pontas afiadas ou sensações incômodas; 2) palavra roubada da deusa da comédia Kenny Lawson, que a cunhou.

Fantasticaralho (adjetivo): como a expressão "fantástico pra caralho" soa quando pronunciada por alguém que tomou uma taça de *pinot grigio* bem cheia.

Flutuante (adjetivo): 1) alegre, elevado, etéreo; 2) despreocupado, satisfeito, relaxado.

Fodice (substantivo): comportamento de quem é foda de um jeito intimidante, revoltado e desafiador.

Furar (verbo): esfaquear ou ser esfaqueado com uma lâmina improvisada, o que na prisão recebe o nome de "furo".

Gargamélico (adjetivo): relacionado a Gargamel, vilão e arquirrival dos smurfs.

Genimal (substantivo): 1) um híbrido de monstro e gênio; 2) um gênio do mal; 3) inserir uma foto da dra. Sara Snow aqui.

Juizona (adjetivo): 1) quem tende a fazer julgamentos morais baseados em suas crenças e experiências pessoais.

Lambíveis/Brincáveis (adjetivo): autoexplicativo.

Livrostein (substantivo): reunião aleatória de anotações de diário, e-mails, fotos, poemas obscenos e contos pornográficos que uma cretina qualquer juntou e tentou fazer se passar por um livro.

Maribô (substantivo): homem casado que se comporta mais como um robô que como um ser humano. Esse ciborgue costuma ser obediente, metódico, introvertido, rígido em relação a regras e rotinas, inibido sexualmente e avesso a diversão.

Mariduro (substantivo): homem casado que *deveria* estar cansado da vagina da esposa, mas que se comporta como uma máquina sexual insaciável que acabou de cheirar uma porrada de cocaína.

Masmorrento (adjetivo): que é, lembra ou sugere uma masmorra, mas não de um jeito sexy como no estilo BDSM.

Mortaça (adjetivo): muito, muito morta. Exemplo: "BB Easton vai te deixar mortaça em trinta segundos se você não soltar a porra do namorado dela".

Salsichada (substantivo): ocasião social que reúne basicamente pessoas com pênis.

Sem-tetismo (substantivo): 1) estado ou condição de um saltimbanco; 2) condição de pessoa que vaga sem destino, casa permanente ou emprego e ainda assim consegue pagar por calças de couro e tatuagens pela metade.

Stalkeado (substantivo): pessoa por quem um stalker é obcecado. *Dã.*

Submundano (adjetivo): relativo a inferno.

Vandaloso (adjetivo): relativo ao vandalismo; basicamente uma maneira melhor e mais sexy de se referir a vândalos.

Voraçar (verbo): Engolir ou mandar pra dentro com voracidade e sem nenhum respeito pela educação à mesa.

1. O maribô

DIÁRIO SECRETO DA BB

16 de agosto

Querido diário,

O desgraçado tá acabando comigo.

Recém-saído do chuveiro. Tão perto que consigo sentir o cheiro de desodorante na pele dele. O cabelo molhado e sexy, a barba no comprimento perfeito — crescida apenas o bastante pra continuar suave ao toque, mas não pra esconder seu maxilar perfeito. E a camiseta colada em seus bíceps e se esticando sobre a rigidez do peito... Eu poderia olhar pra ele a noite toda. E fiz isso mesmo — de canto de olho. Mas não é o suficiente.

Quero tocar nele.

Na meia hora desde que se sentou ao meu lado e ligou a TV no jogo dos Braves pensei em mil e uma maneiras de esticar o braço e encostar nesse homem. Eu poderia entrelaçar meus dedos nos dele, ou passar os nós dos dedos por sua mandíbula quadrada e áspera. Talvez pudesse provocar um pouco, subindo com minhas unhas pintadas de verde-claro por seu abdome definido, e então, assim que tivesse sua atenção, montar em seu corpo úmido, limpo e rígido até chegar ao cabelo molhado e enfiar esses mesmos dedos nele.

Mas não faço nada, porque sei que tudo o que vou conseguir é uma olhada atravessada e um movimento na direção oposta.

Meu marido é uma rocha. Não tipo: "Ele é tão forte e me apoia tanto. Não sei o que faria sem ele". É mais uma coisa tipo: "Ele é tão frio que não sei se o coração dele continua batendo". Ken nunca sequer segurou minha mão. Não de propósito, pelo menos. Eu já segurei a mão dele, enquanto estava dormindo, mas sempre que tentei fazer isso durante o dia meu marido suportou com toda a gentileza o desconforto do contato humano por... uns cinco segundos e meio antes de tirar delicadamente sua mão macia e sem firmeza do meu alcance.

Em termos de sexo, é mais ou menos a mesma coisa. Ken, sempre muito cavalheiro, se deita de costas e permite que eu faça o que preciso enquanto se dedica em silêncio ao nível mínimo obrigatório de carícias. (Mesmo quando tento fazer graça imitando a cena do sorvete em *Cinquenta tons mais escuros*. Em defesa dele, eu faço a parte de Christian, porque *é claro* que Ken não sabe as falas. E admito que o chiado da babá eletrônica não é exatamente Al Green. E por algum motivo nunca temos sorvete de baunilha, como no livro. Só temos Cherry Garcia, da Ben & Jerry's, que é bem esquisito de lamber, com toda a mastigação que exige. Mas, ainda assim, *alguma* participação seria bem-vinda.)

Seja qual for o nível de encenação envolvido, depois sempre beijo e abraço o corpo lindo e esguio de Ken, tentando tirar um grau que seja de calor da pedra de gelo em forma de homem que é meu marido. O tempo todo, quase consigo ouvir o cara contando mentalmente — *e um e dois e três* — antes de me dar um tapinha na bunda. É a deixa para que eu saia de cima dele.

Ou pelo menos é o que parece.

O problema de Ken não é a frieza — é a completa ausência de vontade, desejo ou capacidade de desfrutar de alguma intimidade. Esses atributos na verdade tornam nosso casamento bem estável e sem maiores dramas. Isso e o fato de que o cara nunca faz *nada* de errado.

Kenneth Easton é do tipo de maribô que corta a grama, paga as contas, obedece às leis, dirige na defensiva e leva o lixo para fora — um ciborgue especificamente construído para sobreviver de setenta a oitenta anos de casamento. *Nunca* o peguei olhando para outra mulher. Porra, nunca o peguei nem mentindo.

Não, o problema com Ken é ser casado *comigo*.

Antes de conhecer meu marido, diário, eu já tinha me contorcido em pelo menos setenta e três por cento das posições do Kama Sutra. E raspado a maior parte do cabelo e colocado piercing em todas as minhas partes femininas antes de ter idade o bastante para ver certos filmes no cinema. Eu passava meu tempo livre sendo algemada ao que quer que fosse por caras que, juntos, tinham mais tatuagens que um show de reencontro dos Guns N'Roses. Ken não tem como competir com isso.

Então por que uma maluquete rodada como eu foi se casar com alguém tão careta?, você pode estar se perguntando.

Por causa *deles*. Porque minha adrenalina dispara e minhas pupilas dilatam, provocando uma reação do tipo bater ou correr ou foder, toda vez que sinto o perfume doce e enjoativo de Obsession for Men, da Calvin Klein. Porque um piercing no lábio inferior me faz querer voltar a fumar. Porque um braço fechado com tatuagens me faz querer viajar com um ônibus de turnê e deixar tudo que trabalhei tanto para conseguir na sarjeta. Porque meus nervos estavam em frangalhos e meu coração estava nas últimas quando conheci Ken, e a estabilidade, a segurança e a sanidade que ele oferecia traziam alívio para minha alma extenuada.

Os moleques tatuados do passado podiam ser amantes fervorosos, mas não conseguiriam manter o pau dentro da calça, a bunda fora da cadeia ou um saldo positivo na conta nem que sua vida dependesse disso. Ken, por outro lado, era tão... seguro e responsável, tão simples. Usava tênis Nike e camisetas da Gap. Tinha casa própria. *Corria*. Sua ficha criminal era tão limpa quanto sua pele cheia de sardas. E, para completar, era formado em... *contabilidade*.

Certo, talvez eu tenha partido para o outro extremo.

Não me entenda mal. Sou completamente apaixonada por Kenneth Easton. Ele é meu melhor amigo, pai dos meus filhos e somos tão felizes juntos que chega a ser ridículo. Pelo menos eu sou. De verdade. Dá pra morrer de tédio e ser feliz ao mesmo tempo, não? É o que chamam de morrer feliz. Morrer feliz de tédio, muito, *muito* tédio. Ken é impassível, então fica difícil saber como se sente. Prefiro pensar que é feliz também. Mas vamos ser honestos: talvez ele não tenha sentimentos de verdade.

O que ele tem é um rosto quadrado com uma leve covinha tipo Capitão América e uma barba sempre por fazer. Além de maçãs do rosto pronunciadas de fazer inveja. E olhos entre o azul e o verde coroados por cílios cor de café. E cabelo castanho-claro curto, mas com volume o bastante na frente pra formar um topetinho fofo. E um corpo esguio e musculoso. Ele tem um senso de humor ácido. É brilhante, autodepreciativo e aguenta minhas bobagens.

O cara é pelo menos noventa por cento perfeito pra mim, mas ultimamente só consigo pensar nos dez por cento ou menos que faltam: paixão e arte corporal. Duas coisas cuja perda preciso superar para seguir em frente e proteger meu casamento encantador e monótono.

Mas não consigo.

Bad boys com o corpo todo rabiscado são como uma droga que não consigo largar. Devoro romances com anti-heróis como se fossem um grupo alimentar essencial. Meu iPhone está lotado de músicas de milhares de roqueiros tatuados, angustiados e ofegantes, prontos para preencher minha mente com um único toque sempre que preciso de uma fuga. Minha lista de séries e filmes favoritos está cheia de vampiros misteriosos, motoqueiros renegados, roqueiros hedonistas e sobreviventes de apocalipses zumbis — machos alfa para cujos braços cobertos de tatuagens posso correr sempre que as coisas por aqui ficam um pouco... domésticas demais.

E sabe o que percebi durante minhas escapadas para essas sociedades distópicas imaginárias e esses ringues de luta secretos? Eu *conheço* esses homens. Saí com eles — o skinhead superintenso que virou fuzileiro naval que virou motoqueiro renegado, o ex-presidiário que tira rachas na rua com carros envenenados, o baixista de banda de heavy metal que é sensível e usa lápis de olho.

Já estive com *todos*, diário. Como não vi antes os paralelos entre esses homens da fantasia e meus ex-namorados? E me considero uma psicóloga!

Na verdade, Knight, meu namorado do ensino médio, provavelmente foi o motivo por que me tornei psicóloga. Um puta de um psicótico. Vou contar sobre ele amanhã. Ken está indo dormir, o que significa que só tenho de quatro a cinco minutos para ir lá atacar o cara antes que ele pegue no sono vendo History Channel. Me deseje sorte!

2. Esqueleto

DIÁRIO SECRETO DA BB

17 de agosto

Knight, Knight, Knight. Por onde começar, diário? Ser namorada dele era quase como ser uma vítima de sequestro com síndrome de Estocolmo. Minha palavra não valia nada — Knight decidiu que eu era *dele*, e ninguém conseguia dizer não para o cara. Mas, com o tempo, meu medo se transformou em amizade, e eu de verdade aprendi a amar meu sequestrador, com suas tendências psicopatas e tudo.

Knight era um skinhead. Correção: Knight era *o* skinhead — o único da área residencial de classe média nos arredores de Atlanta em que vivíamos, para ser bem específica. Ele tinha tanta raiva que nenhum dos subgrupos de garotos brancos revoltadinhos da Peach State High School servia pra ele. Os atletas eram sociáveis demais. Os punks, ainda que vandalosos e violentos, se divertiam demais. Os góticos eram só frescos. Não, a fúria de Knight o consumia tanto que ele precisava escolher um subgrupo cuja imagem gritasse: "Vou te dar um pau, depois vou arrancar a porra do seu braço e te bater com ele se você tiver a ousadia de respirar o mesmo ar que eu". Knight era tão bem-sucedido em sua missão de intimidar que se manteve como um subgrupo de uma pessoa só por todo o ensino médio.

Acho que sua fúria teve origem no nascimento, quando o grande fracasso que era sua mãe colocou nele o nome de Ronald McKnight. Era 1981, então, conhecendo Candi, ela provavelmente estava tentando impressionar o cara casado que a engravidou, um operador do mercado financeiro, dando ao filho deles o nome do republicano mais famoso em que conseguiu pensar. Depois de anos sendo usado como saco de pancadas pelo carrossel de namorados abusivos, alcoólatras e provavelmente casados de Candi, tratado como um fardo por uma mulher que preferia a companhia de idiotas à do próprio filho, tendo que aguentar piadas com Ronald McDonald, acho que ele finalmente se libertou — e, em algum momento, Ronald se tornou Knight, e Knight virou a encarnação do terror.

Knight tinha a mesma beleza juvenil e a cara sempre fechada do Eminem: pele clara, cabelo loiro platinado, raspado e curto e quase nada de cílios e sobrancelhas. No entanto, sua aparência fantasmagórica e descorada era violentamente pontuada por dois penetrantes olhos azuis.

Knight era magro, mas definido. Como um lutador de rua. Comparecia às aulas de musculação (Sério? Escolas públicas não têm nada melhor a ensinar às crianças?), e uma vez tirou trezentos dólares do time de futebol americano ao levantar cento e trinta e cinco quilos no supino — mais de duas vezes o peso dele na época.

Sempre que contava essa história, Knight dizia: "Na hora da briga, não importa o tamanho do cachorro. O que importa é o tamanho da vontade do cachorro de entrar na briga".

E sou obrigada a dizer que vontade de entrar em brigas era o que não faltava em Ronald McKnight — ou, como todo mundo na Peach State High o chamava (mas *nunca* na frente dele), Esqueleto.

O mais interessante no fato de Knight ser o *único* skinhead na cidade era que ele nem era racista de verdade. Nunca o ouvi falar nenhuma baboseira relacionada a orgulho ariano ou ostentar símbolos nazistas. Suásticas e cruzes de ferro surpreendentemente não faziam parte de seus objetos pessoais.

Eu, que desde aquela época levava jeito pra psicóloga, fiquei tão fascinada por essa falta de iconografia nazista que reuni coragem para perguntar a respeito uma vez.

Em vez de esticar o braço direito em um *Sieg Heil*, Knight deu uma olhada rápida para os dois lados do corredor para se certificar de que ninguém estava ouvindo. Então se inclinou tão para perto que eu senti um ventinho no pescoço quando sussurrou: "Não sou racista de verdade. Só odeio todo mundo".

Eu acreditei nele. O filho da puta odiava todo mundo *mesmo*.

Ou era isso o que eu pensava.

Havia cinco bilhões de pessoas no planeta em 1996. Ronald "Knight" McKnight odiava quatro bilhões novecentas e noventa e nove milhões novecentas e noventa e nove mil novecentas e noventa e nove pessoas. Ele detestava os pais. Desprezava os amigos. Intimidava desconhecidos de propósito. Mas, por alguma estranha razão, Knight decidiu que gostava de mim. E ser o único ser humano de que o garoto mais assustador do universo gostava era inebriante.

Quando conheci Ronald McKnight, eu era uma aluna de nono ano meio frágil e inocente, com o rosto cheio de sardas, cabelo loiro-avermelhado, ondulado e armado que ia até os ombros e uma paixão devastadora pelo rei dos punks, Lance Hightower. Vinha cortando o cabelo cada vez mais curto, colocava cada vez mais alfinetes no moletom e na mochila, e avançava centímetro a centímetro rumo à mesa de elite dos punks, góticos e drogaditos, que Lance presidia desde o primeiro dia de aula. (Depois descobri que Lance era completa e devastadoramente gay, coisa que gostaria de ter ficado sabendo antes de raspar a maior parte do meu cabelo e de colocar múltiplos piercings no corpo em meus esforços cada vez mais extremos de estimular o cara a querer dar uns pegas comigo.)

Knight, que na época estava no primeiro ano, tinha acabado na nossa mesa por necessidade. Como não tinha outros skinheads com quem ficar, os punks meio que o adotaram como sua cascavel de estimação. Dia após dia, ele se sentava ali, com uma carranca na cara e a cabeça baixa, apertando o garfo a ponto de fazer o metal ceder, murmurando o ocasional "Vai se foder" quando alguém ousava se dirigir a ele.

Um belo dia no fim de setembro, ouvi por acaso alguém de uma casta mais alta na nossa mesa no refeitório dizer para o namorado de cabelo espetado e cheio de piercings que era aniversário do Esqueleto. (Não imagino como descobriram, a não ser que Knight tivesse mencionado o fato como uma prova de que sua vida de alguma forma havia piorado ainda mais. Acho que ele pode ter dito algo como: "Não consigo acreditar que a puta da minha mãe roubou meus cigarros e saiu da cidade com a bicha do marido bem na porra do meu aniversário. Ei, o que você tá olhando, seu cuzão?".) Então, naturalmente, comprei um sanduíche de frango pra ele quando fui pegar meu almoço.

Fui saltitando e com um sorrisão no rosto até nossa mesa (devo explicar que sempre fui irritantemente empolgada e cheia de energia e que teria sido uma ótima animadora de torcida se não fosse ao mesmo tempo contra o establishment e desajeitada), então enfiei o sanduíche na cara de Knight e gritei: "Feliz aniversário!".

Em troca, ele levantou a cara sempre fechada e me fulminou com o que pareciam ser dois raios lasers voltados para mim. Fiquei imóvel, sem respirar e em um estado de animação suspensa, depois de perceber com um pouco de atraso que tinha cutucado a cascavel.

Me preparei para uma enxurrada de palavrões, mas em vez disso vi a carranca de Knight se desfazer bem diante dos meus olhos.

Sua testa, que até então estava bem franzida, se descontraiu, e suas sobrancelhas se levantaram em um gesto de surpresa. Seus olhos glaciais se arregalaram, e seus lábios se entreabriram em um suspiro silencioso cheio de sentimento. Foi uma expressão de gratidão e descrença de tirar o fôlego. Era como se o garoto que chamávamos de Esqueleto nunca tivesse ganhado um presente. Eu quase consegui ouvir o baque de sua armadura caindo ao chão enquanto olhava para aquele rosto vulnerável, sofrido e solitário.

Eu não conseguia falar. Não conseguia lembrar qual era a função do ar no meu organismo. Quando meus pulmões começaram a queimar, finalmente afastei meus olhos dos dele e respirei fundo, enquanto fingia admirar minhas botas Dr. Martens brancas e novinhas (outra compra feita para seduzir Lance Hightower), mas era tarde demais. Naqueles poucos segundos, eu tinha visto tudo. Uma vida inteira de sofrimento, um desejo de se sentir reconhecido, uma onda de amor esperando para derrubar a primeira pessoa com coragem — ou estupidez — suficiente para entrar ali.

Seria de esperar que a armadura fosse recolada e o mau humor reaparecesse — afinal, era só um sanduíche —, mas, para minha surpresa e mortificação, Knight se levantou, apontou bem para mim e gritou para todo mundo na nossa mesa: "É por isso que a BB é a única pessoa tolerável na porra desse planeta, caralho! Nenhum de vocês me deu nada de aniversário, seus filhos da puta!". Fazendo questão de lançar um olhar assassino para cada desajustado aterrorizado e cheio de espinhas, ele concluiu com: "Eu odeio todos vocês, porra!".

Esqueleto tinha uma leve predileção pelo drama.

Embasbacada demais para reagir, fiquei só observando enquanto ele afundava de volta no assento, com a graça preguiçosa e cheia de si de um leão que acabou de se alimentar, claramente satisfeito com o que havia acabado de acontecer e com o silêncio de perplexidade que reinava no refeitório. Eu era a única de pé, com todos os olhos em mim, inclusive os de Knight, que tinha um sorriso como o do gato de *Alice no País das Maravilhas* no rosto, bem aberto e voraz.

Nesse momento, eu me arrependi do que fiz.

Veja, diário, eu achava que estava *só* comprando um sanduíche de frango e que, se tivesse sorte, cairia nas graças do cara visto na escola como o aluno mais propenso a matar todos os outros com uma tábua cheia de pregos enferrujados. Só isso.

Eu não gostava de Knight. Não queria ser amiga dele (considerando que a possibilidade existisse). Ele era assustador, e estava sempre puto. Tudo o que eu queria era que gostasse de mim o bastante para *não* gritar comigo *nem* me matar. Quem adivinharia que com apenas um dólar e cinquenta centavos estaria comprando a obsessão singular e a devoção eterna do único skinhead da cidade?

Enquanto estava ali, sem parar de piscar os olhos verdes e grandes, com o olhar azul selvagem de Knight focado em mim, ficou claro que eu ia ser dele, querendo ou não.

E, no começo, eu não queria de jeito nenhum.

3. Aminimigos

DIÁRIO SECRETO DA BB

24 de agosto

Colton era o único cara que eu tinha beijado antes de entrar no ensino médio. Era um pequeno bad boy de cabelos espetados e diabolicamente bonito com quem namorei no oitavo ano. E com "namorei" quero dizer que falávamos ao telefone, ficávamos de mãos dadas na escola, bagunçamos juntos a frente de uma casa com papel higiênico e nos pegamos *uma vez*. Colton me lembrava uma fada — não de um jeito gay, mas por causa das orelhas pontudas, do cabelo desarrumado e do brilho travesso em seus olhos.

Espera. Merda. Talvez eu esteja pensando no Peter Pan.

Sim, Colton era muito parecido com o Peter Pan, como um rei sexy e malicioso dos Meninos Perdidos.

Colton morava, de forma intermitente, com sua mãe solteira, triste e desgrenhada, Peggy, que tinha tipo quatro empregos. Peg era muito magra, tinha cabelo loiro tom de água suja bem comprido e emaranhado e ainda cabia em todas as suas roupas justas e desbotadas de cintura alta compradas em 1983. Seus dedos compridos e trêmulos seguravam um cigarro Virginia Slim o tempo todo, e sua voz era tão rouca que parecia que fazia dias que não falava com alguém.

Peggy tinha a maior cara de ex-tiete de banda de glam metal dos anos 1980, então, até onde sei, o pai de Colton era um dos membros fundadores do Whitesnake. Quem quer que fosse o cara, a casa dele em Las Vegas devia ser bem melhor que o buraco em que Peggy morava. O que provavelmente era o motivo por que Colton nunca ficava com ela por mais do que alguns meses.

Durante a última passagem de Colton pela casa da mãe, os dois meio que adotaram Knight — em parte porque se sentiam muito mal quanto à péssima situação na casa dele, mas acho que também porque ele tinha um carro.

Então, só dois meses depois de ter começado o primeiro ano, Colton pegou um ônibus para Las Vegas, como sempre, deixando Peggy sozinha de novo. Como ela precisava de um filho e Knight de uma nova mãe, ele continuou indo para lá todos os dias depois da aula, como se Colton nunca tivesse ido embora.

Era meio que fofo, na verdade. Knight passeava com o pastor-alemão geriátrico de Peggy e fazia remendos em todos os pontos podres ou mofados da casa enquanto ela estava em um de seus quarenta e sete bicos. Nunca pediu nada em troca, e só recebeu a chave da casa mesmo.

Era incrível — não a casa, claro. O lugar era uma merda, todo detonado. Mas Knight ficava com todo o espaço só para si, e deixava que a gente fosse para lá depois da aula. Peg mantinha a geladeira abastecida de cerveja Pabst Blue Ribbon, deixava que fumássemos lá dentro e tinha TV a cabo. Era a utopia adolescente.

Toda tarde, a mesa punk-rock inteira ia para a casa dela, onde o pessoal se espremia nos sofás disformes e piniquentos dos anos 1970 (eu sempre tentando ficar perto de Lance), abria umas cervejas e gritava a plenos pulmões com o transsexual sem pernas, o anão de uma gangue de motociclistas ou com o cafetão caipira que lutava kung fu que aparecesse no programa do Jerry Springer aquela tarde. Tudo isso apagando bitucas de Camel nos cinzeiros já lotados.

Knight em geral passava a primeira hora passeando um pouco com o cachorro e arrumando o lugar, o que me dava tempo o bastante para ficar alegrinha e flertar um pouco com o dono do colo em que estivesse sentada — não que isso fizesse diferença. Assim que Knight terminava o trabalho, ele se jogava na poltrona reclinável marrom de Peggy com uma cerveja na mão e fuzilava o pobre coitado com quem eu estivesse falando com um olhar tão mortífero que o cara já tinha desaparecido antes que minha bunda magra batesse no chão.

Essa rotina continuou por semanas, até que, um dia, me dei conta de que estávamos só eu e Knight ali. Eu tinha notado que o quórum vinha diminuindo, mas não o quanto. Eu sempre ia de carona com Knight para a casa de Peggy, porque (a) eu tinha quinze anos e não dirigia, e (b) sempre que alguém me oferecia uma carona Knight imediatamente dava uma chave de braço na pessoa e pressionava o rosto dela contra o capô do carro mais próximo até que o convite fosse retirado.

Não dava nem para voltar de ônibus para casa, porque eu morava em outro bairro, e o transporte escolar não ia até lá.

No mês de novembro do meu primeiro ano, Knight tinha se tornado meu único meio de transporte depois da aula sem que eu sequer notasse.

Todo dia, depois que o sinal tocava, quer eu gostasse ou não, era sugada pela multidão de adolescentes impacientes para sair do prédio da escola e, como uma folha seca em um córrego, rodopiava e era jogada de um lado para o outro antes de ser depositada no gramado da frente, bem ao pé de Knight. Apoiado no mastro da bandeira de braços cruzados, ele parecia a versão skinhead de um personagem de *Vidas sem rumo* — com uma camiseta branca justa, jeans clássico da Levi's com cinto fino vermelho, coturnos pretos com ponta de aço e um brilho criminoso no olhar. Só faltavam um maço de cigarro enrolado na manga da camiseta e, é claro, cabelo.

Ainda que houvesse algo de inegavelmente sexy em seu estilo icônico, em sua autoconfiança e em seu potencial para a violência, ele não me atraía — e o principal motivo para isso era um entendimento subconsciente de que poderia me matar —, mas tenho que admitir que eu gostava da atenção. Saber que a escola toda via esse Brando moderno esperando por mim todos os dias fazia eu sentir que era um pouco foda também.

Eu sempre tinha sido uma menina peculiar, desenvolta e criativa com cabelo maluco que se vestia como a Gwen Stefani. Todo mundo me conhecia — porque eu me destacava como ninguém com meu cabelo vermelho-vivo, laranja ou com mechas roxas, sombra cintilante, legging de veludo com estampa tigrada por dentro das botas brancas —, mas não era realmente importante.

Mas agora... agora eu era *intocável*.

E também estava me tornando rapidamente uma espécie de *precio-*

sidade para Knight. Sua atenção se concentrava em mim de tal maneira que eu me sentia uma formiga queimando sob uma lupa quando ele me olhava. Era como se Knight memorizasse o tamanho, a forma e a localização exatos de cada sarda ou espinha em meu rosto virginal. Cara, aquilo me deixava muito sem jeito. Eu nunca havia tido problemas em fazer contato pessoal com quem quer que fosse antes de conhecer Knight.

Dezesseis anos depois, ainda me pego conversando com a blusa das pessoas.

A princípio, fiquei bem assustada com a ideia de ficar sozinha com Knight, mas não tinha ideia de como evitar. Sem ônibus, sem carro, sem coragem de arriscar a ira do Esqueleto skinhead recusando sua carona, com meus pais no trabalho (tudo bem, um no trabalho e outro tentando se curar da ressaca dormindo), ele tinha conseguido se tornar minha única opção.

E eu deixei, porque, bom, não sabia mais o que fazer. Nunca havia interagido com alguém tão raivoso, agressivo ou poderoso antes. Meus pais eram hippies maconheiros e pacifistas, pelo amor de Deus. Ninguém nunca se irritou a ponto de levantar a voz ou a mão para mim em casa. Cara, na maior parte do tempo, meus pais não conseguiam nem erguer as pálpebras direito.

Então tentei levar na boa. É o que se faz com criaturas grandes, assustadoras e imprevisíveis com potencial assassino, certo? Você mantém a calma. Não faz nenhum movimento repentino. Então continuei indo com Knight para a casa de Peggy todos os dias, para deixá-lo feliz, e basicamente fiz tudo em que conseguia pensar para manter as coisas só na amizade.

E quer saber, diário? Funcionou.

Na casa de Peggy, sem ninguém por perto, nas horas ociosas que passamos bebendo, fumando e vendo TV depois da aula, fiquei amiga de Ronald McKnight.

Quando estávamos sozinhos, ele se transformava em uma pessoa completamente diferente. Era doce, sincero e educado. Carregava minha mochila, abria minhas cervejas e acendia todos os meus cigarros, como um verdadeiro cavalheiro. Me pegava distraída e me fazia cócegas até que eu chorasse de rir. Uma vez, quando reclamei de que era difícil amaciar botas novas, Knight colocou meus pés sobre suas pernas, tirou habilmente as monstruosidades de dezoito quilos de aço e couro que eu estava usando e fez massagem nos meus pés, com suas mãos grandes e cheias de calos, enquanto conversávamos.

Era durante esses momentos de intimidade inesperada que às vezes eu conseguia fazer Knight se abrir. Ele me contou sobre o padrasto que odiava, a fila de namorados abusivos que tinha passado por lá antes do cara, a raiva que alimentava contra a mãe, e seu desejo secreto de encontrar o pai. Para uma psicóloga em formação, a intensidade daquelas conversas era inebriante. Eu não estava apenas fascinada pelas camadas intermináveis de armaduras que aquele garoto de rosto sardento usava para se proteger, mas pirava com o fato de que era a única pessoa no planeta que conseguia ver o que havia por baixo de tudo aquilo.

Eu achava que estava derrubando as defesas de Knight, mas na verdade o tempo todo era ele quem estava derrubando as minhas. Fazendo com que eu me sentisse especial. Me dando uma ilusão de segurança.

E então ele deu o bote.

4. Acessórios

DIÁRIO SECRETO DA BB

25 de agosto

Querido diário,

Em uma tarde de dezembro estranhamente quente, me vi na casa de Peggy, envolvida em uma guerrinha de cócegas mais agressiva que de costume com Knight. Bom, tinha começado como uma guerrinha de cócegas, mas toda vez que eu me soltava aquele maldito ninja que se movia com a rapidez de um fantasma ia atrás de mim e voltava a me prender. Fui do sofá para o chão, do chão para o outro lado da mesa de centro, do outro lado da mesa de centro para a poltrona, e da poltrona para a frente do televisor de madeira de Peggy, que era da década de 1950. A cada recaptura, meus esforços para escapar se tornavam um pouco mais intensos, e eu entrava um pouco mais em pânico. Fui de fazer cócegas para escapar a conseguir soltar o braço para empurrá-lo e fugir de quatro pelo chão, mas aquilo só parecia deixar o cara ainda mais a fim.

Quando Knight enfim conseguiu me prender de costas, em frente à TV, estava claro que aquilo que tinha começado como uma perseguiçãozinha divertida e coquete logo havia evoluído para um jogo de gato e rato com muito contato. Agora, o jogo estava acabado. Além do meu peito subindo e descendo depressa e do meu coração batendo acelerado, eu estava imobilizada por completo, presa pelo olhar glacial de Knight e por seus braços inacreditavelmente fortes, que pulsavam e esticavam a manga da camiseta. Foi naquele momento que percebi como tinha sido boba e imprudente.

Knight e eu não éramos amigos. Éramos apenas predador e presa.

Ele vinha me caçando fazia mais de um ano, e acabei caindo em sua armadilha, como uma idiota.

Sem me soltar e sem deixar de me olhar, Knight se inclinou bem devagar sobre mim, deixando suas intenções claras, e eu me rendi. A adrenalina explodiu dentro de mim, e me preparei para algo agressivo e potencialmente sangrento. Deixando meu corpo se defender sozinho, minha consciência vagou até o teto texturizado e manchado de nicotina e ficou assistindo à cena toda se desvelar através de seus dedos abertos.

Mas, em vez de me devorar, Knight me deu um único beijo demorado na boca. O choque de sua ternura atraiu minha consciência de volta, e de repente as sensações me despertaram — o cheiro potente de roupa lavada e perfume almiscarado preenchendo meus pulmões, lábios quentes contra os meus, um peito pesado sobre o meu, braços fortes prendendo os meus, mais magros, nas laterais do meu corpo, o gosto de chiclete de hortelã emergindo, de alguma forma, através do sabor de cerveja e cigarro.

Quando finalmente encerrou aquele beijo tão gentil, em outro gesto inesperado, Knight descansou a testa na minha e soltou o ar de maneira demorada e dolorida. Senti sua pegada nos meus bíceps fininhos relaxar. Suas mãos cheias de calos desceram pelos meus braços, até chegar a meus pequenos punhos cerrados, que ele ergueu acima da minha cabeça sem encontrar nenhuma resistência. Seus movimentos eram tão controlados, e sua respiração parecia tão deliberada, que foi como se estivesse evocando todo o autocontrole possível para não me fazer em pedaços.

Ah, sim, éramos definitivamente predador e presa.

Com certeza ele conseguia sentir minha pulsação vibrando no ar, irradiando de mim como as ondas sonoras de um tambor, enquanto eu continuava deitada ali, suspensa em uma trepidação excitante. Assim que se recompôs, Knight voltou a me beijar.

Não me movi, não conseguia respirar. Todos os meus esforços eram direcionados para o cérebro, que se esforçava para formar um pensamento coerente, enquanto a língua de Knight dava voltas na minha sem a menor pressa em círculos hipnóticos.

Assim que ele soltou meus pulsos e deu uma última chupada com gosto no meu lábio inferior, todos os pensamentos que eu não conseguira elaborar até ali me ocorreram de uma só vez. Eu nem sabia por onde começar. Nos meus quinze anos no planeta, só tinha sido beijada por dois outros caras, um dos quais tinha morado nessa mesma casa, e nunca, *nunca*, daquele jeito. Aquilo era *bom*. Aquilo era...

Ah, porra... o que era aquilo?

Ainda esparramada no chão, debaixo de um skinhead que fazia musculação e era emocionalmente instável, duas constatações por fim se destacaram da confusão que era minha mente. Primeira: Ronald McKnight estava apaixonado por mim. Segunda: eu nunca ia conseguir escapar.

Parte de mim adorava essa coisa de me sentir tão especial ao lado de Knight, de ele ser tão apaixonado por mim e, até certo ponto, até de ser assim tão dominador, intimidador e excitante. Mas a outra parte, muito maior, se cagava de medo, e queria muito, muito mesmo, que aquilo tudo não passasse de um segredinho nosso.

Ainda que Knight nunca tenha me machucado, já havia atacado um monte de gente na minha frente, às vezes sem nenhum motivo. O que ele faria se fosse rejeitado? Eu não queria acabar em um poço tipo *O silêncio dos inocentes* debaixo da casa de Peggy. Não, rejeitar o cara estava fora de questão.

Mas eu também não queria que fôssemos vistos em público como um casal. Eu tinha a noção de que Knight não era o monstro fascista e racista que fazia as pessoas acreditarem que era, só que ninguém mais sabia disso. O que meus amigos iam pensar? Minha melhor amiga, Juliet, era meio negra, meio japonesa, pelo amor de Deus!

Era uma merda federal. Aquilo não poderia sair dali. Aquilo não ia sair dali.

Meu segredinho durou uns três dias. Pelo jeito, Knight queria que todo mundo ficasse sabendo. Ele me levava para *onde quer que fosse*, se despedia com um beijo antes de cada aula, passava o braço sobre meus ombros no almoço e lançava olhares raivosos para qualquer cara que virasse a cabeça na minha direção.

Merda, merda, merda. De alguma forma, eu tinha me tornado a *namorada* de Esqueleto, o filhote de cascavel.

Ele me escrevia cartas de amor com ilustrações perturbadoras de tão explícitas durante quase todas as aulas, e todas as manhãs me dava presentes aleatórios — um saco cheio de peixinhos dourados, um dente-de-leão que tinha pegado no caminho para a escola, uma cabeça cortada.

Para um cara com uma reputação construída com base na ideia de que não deixava ninguém se aproximar e era um assassino em potencial, Knight parecia surpreendentemente despreocupado com a atenção que chamava. Ele não se importava nem um pouco de ser visto assim todo bobo, colhendo flores e desenhando coraçõezinhos pegando fogo no caderno inteiro. Eu tinha acabado de me sentar em uma carteira nos fundos da sala na minha última aula com a intenção de abrir outra carta intricadamente dobrada por Knight quando três palavras saltaram a meus olhos de imediato, escritas em sua caligrafia apressada e psicótica, no melhor estilo "Estou com a sua filha e quero o resgate". Ele tinha rabiscado algo mais ou menos assim:

QUERIDA BB,

MAL POSSO ESPERAR ATÉ HOJE À TARDE. PLANEJEI ALGO EM QUE VENHO PENSANDO DESDE A PRIMEIRA VEZ QUE TE VI. MAS NÃO SE PREOCUPA. SEI QUE PROVAVELMENTE PENSA QUE SÓ QUERO TRANSAR COM VOCÊ, MAS NÃO É VERDADE.
TE AMO,

KNIGHT

Tudo o que meu cérebro virgem de quinze anos conseguiu compreender foram as palavras "preocupa", "transar" e "amo".

Aimeudeus.

Tive que me segurar nas laterais da carteira para não cair.

Knight queria transar. Comigo. Dentro de algumas *horas*. E, se o boneco de palitinhos nas ilustrações rabiscadas no verso da carta fosse um indicativo, a coisa ia envolver acessórios.

5. Ketchup e mostarda são pra cachorro-quente, não pra linguiça boa

DIÁRIO SECRETO DA BB

25 de agosto, continuação

Eu tinha ido de saia para a escola naquele dia. Eu *nunca* uso saia, diário, mas tinha comprado botas de cano médio com ponta de aço da Grinders e precisava que meu futuro marido, Lance Hightower, as visse em toda a sua glória de couro e cadarços. Pesavam uma tonelada e custavam uma fortuna, mas eu achei que talvez, de repente, se eu conseguisse provar para Lance que não era só mais uma seguindo a modinha das Dr. Martens ele finalmente perceberia que éramos almas gêmeas e me roubaria das garras de Ronald McKnight. Lance tinha um metro e noventa de altura e era um cara forte, então pelo menos no papel parecia que seria uma briga justa.

Infelizmente, o tiro tinha saído pela culatra.

Na verdade, Lance estava muito menos interessado em ir para cima de Knight do que em ir para *baixo* dele, se é que você me entende.

Então, em vez de conquistar o bad boy dos meus sonhos e minha liberdade do Esqueleto skinhead, a única coisa que consegui com minhas botas de duzentos dólares e aquela saia xadrez curta e presa na lateral com alfinetes foi jogar gasolina na libido já à toda de Knight e fazer seu autocontrole ruir.

Nas poucas semanas que haviam se passado, nossas sessõezinhas de pegação na casa de Peggy tinham evoluído para Knight me chupando sempre que podia. Sem brincadeira, diário. Eu era a estrela da sessão da tarde de cunilíngua, o que era absolutamente fenomenal. Ao que parecia, Knight amava chupar uma garota tanto quanto amava... bom, ele não amava nada a não ser eu, caso os rabiscos furiosos em maiúsculas que tiquetaqueavam como uma bomba-relógio no meu bolso fossem dignos de confiança.

E nem uma vez durante aquele tempo Knight me fez pensar que esperava qualquer coisa em troca, o que era bom, porque "nada" era exatamente o que ele receberia. Embora eu ainda não o tivesse visto, me cagava de medo do monstro de um olho só que vivia dentro do jeans dele. Toda vez que nos pegávamos, a coisa inchava tanto que parecia que seria capaz de escapar do jeans inacreditavelmente agarrado, se estender pela camiseta colada e rastejar até o meio do abdome dele antes que tudo fosse dito e feito. Eu não tinha nenhuma experiência com paus, mas meu raciocínio visual/espacial era ótimo, e de jeito nenhum aquilo caberia em mim.

Como eu previa, quando o sinal da saída tocou e eu saí, Knight já esperava por mim. Eu o vi antes que ele me visse, e pude acompanhar sua expressão se transformar de assassina em devassa assim que nossos olhos se encontraram. Um canto da boca dele se levantou em um sorriso voraz de prazer, e seus olhos deslizaram por toda a extensão do meu corpo sem nenhuma pressa, disparando uma onda de calafrios por todo o meu ser. Quando me dei conta, braços fortes envolviam minha cintura, uma boca firme tentava encontrar a minha e um volume bem rígido e assustadoramente grande era pressionado contra minha barriga.

Ai meu Deus, ai meu Deus, ai meu Deus, ai meu Deus, ai meu Deus...

A adrenalina explodiu na minha corrente sanguínea. Minha pulsação parecia um rio selvagem nos meus ouvidos, e era a única coisa que eu podia ouvir por cima da minha mente gritando: *Reage ou foge! Reage ou foge!*

O barulho diminuiu, no entanto, quando Knight sussurrou no meu ouvido: "Leu meu bilhete?".

Engoli em seco e assenti, incapaz de me lembrar como as palavras funcionavam.

Por favor, não me pergunta se eu também te amo. Por favor, não vamos falar a respeito. Vamos só seguir em frente.

Knight se afastou apenas o bastante para que ficássemos olho no olho — verde quente no azul glacial. Eu ficava paralisada sempre que ele me encarava daquele jeito, sem sequer piscar. Até respirar exigia um esforço consciente.

"Era sério."

Gulp.

Antes que eu pudesse formular uma resposta para impedir meu desmembramento, Knight pegou minha mochila e a colocou no ombro. Não era nenhuma novidade que ele carregasse minhas coisas, mas, naquele dia em particular, parecia que ele estava usando minha mochila como refém.

Com um braço possessivamente sobre meus ombros, Knight me guiou por todo o caminho até o gramado atrás do estacionamento dos alunos, onde a caminhonete monstruosa de três metros de altura que tinha montado a partir de sucata estava parada sobre uma pedra enorme, se elevando sobre todos os Civics e Escorts (como se fosse possível que o pessoal da escola se sentisse anda mais intimidado por ele...).

Todos os dias, Knight me acompanhava até aquele monumento à testosterona, e todos os dias eu ficava observando com olhos suplicantes enquanto os alunos com quem eu havia rido e trocado bilhetes poucas horas antes baixavam a cabeça um a um e se viravam na outra direção.

Dava para entender o motivo. Knight tinha deixado bastante claro que eu era *dele*, e olhar para mim do jeito errado podia ser prejudicial à saúde. Mas naquele dia específico, enquanto Knight me levava até o carro, encarei os outros alunos de um jeito especialmente suplicante, enviando mensagens telepáticas frenéticas, como *Me ajudem!* e *Alguém liga pra emergência!* e *Eu sou jovem demais pra morrer!*

A declaração de amor pornográfica de Knight abriu um buraco no meu bolso e na minha mente enquanto nos dirigíamos em um silêncio desconfortável até a casa de Peggy.

Tínhamos passado pela soleira podre e despedaçada da casa de Peggy uma centena de vezes antes, mas naquele dia estranhamente quente de dezembro, o último antes das férias de inverno, eu sabia ao entrar que parte de mim estaria perdida ao sair.

Knight desapareceu na cozinha por uma fração de segundo enquanto eu esperava no cubículo com piso de taco que Peggy gostava de chamar de "foyer". Além dele estava a sala de estar, que abrigava a maior quantidade possível de móveis marrons e piniquentos, e mais adiante a entrada para a cozinha, de onde vinha o som de Knight mexendo nas coisas.

Em vez de pegar uma cerveja e me acomodar no sofá de palha de aço de Peggy, como sempre fazia, simplesmente fiquei ali, petrificada, sobre o piso de taco, sem saber aonde ir ou o que fazer. Antes que pudesse formular um plano de fuga, Knight voltou da cozinha, parecendo muito satisfeito consigo mesmo. Ele veio até mim de pés descalços — *quando tinha tirado as botas?* —, pegou minha mão sem dizer uma palavra e me guiou pela escada rangente e caindo aos pedaços até o antigo quarto de Colton.

Eu só tinha estado no quarto uma vez, mas continuava exatamente como eu me lembrava — com pouca mobília, impessoal e triste. Colton nunca tinha ficado por tempo o bastante para decorar o cômodo, e Peggy estava deprimida ou ausente demais para se importar. Os moveizinhos de madeira pareciam tirados de uma casa de bonecas dos anos 1950 e envernizados com produtos com agentes cancerígenos.

Knight soltou minha mão quando chegamos a nosso destino e voltou o rosto para o meu. "Você confia em mim?"

Claro que não!

Engoli em seco com dificuldade, endireitei a postura e me forcei a olhar em seus olhos. "Quero confiar."

Encarar Knight por mais de um segundo nunca era fácil, mas, naquele momento, parecia que eu estava olhando para os dois canos de uma espingarda. Tinha sido caçada, separada do rebanho, adestrada. E agora ali estava, me apresentando a ele como uma porra de uma novilha premiada.

Knight baixou suas miras azul cobalto para a extensão do meu corpo trêmulo. Sua boca e seus dedos logo as acompanharam, tirando habilmente os alfinetes da saia, que logo se tornou um amontoado xadrez no carpete emaranhado. Aceitando meu destino, respirei fundo e tirei minha camiseta da Siouxsie and the Banshees e o sutiã com (bastante) bojo, acrescentando-os à pilha crescente de roupas no chão.

A boca de Knight percorreu vagarosamente meu tronco, parando para beliscar os mamilos cor-de-rosa e rígidos que encontrava ao longo do caminho. Minhas mãos encontraram seu caminho até seu couro cabeludo aveludado, como de costume. Não dava para evitar. A cabeça de Knight era a coisa mais macia que eu já havia sentido, e nos últimos tempos vinha encontrando desculpas para tocá-la cada vez mais.

Como alguém que parecia tão aterrorizante aos olhos podia ser como caxemira ao toque, ter gosto de hortelã e cheirar a algodão recém-lavado e almíscar quente? Tirando minha cabeça e meus olhos da jogada, meus outros sentidos vinham à tona sempre que nos tocávamos.

Quando finalmente senti o hálito fresco de Knight, ele tinha me conduzido a um estado tão devasso de desejo que esqueci que ainda estava de calcinha. Isso até que senti seus dedos grossos deslizarem entre meus quadris e a fina tira de algodão sobre eles. Em vez de fazê-los passear pelas minhas coxas e prosseguir com sua sedução sem pressa, no entanto, Knight deu o tom do que estava por vir agarrando os dois lados da calcinha roxa e puxando até rasgar. Dei uma leve arfada de surpresa, o que foi imediatamente seguido por outra muito mais alta quando ele levou minha calcinha rasgada à boca e passou a língua bem devagar por uma mancha de umidade constrangedoramente grande.

Knight cravou os olhos nos meus enquanto saboreava a prova do meu desejo, o qual não tinha admitido nem para mim mesma que sentia, então reivindicou minha boca para si. Só que, dessa vez, quando me beijou, tinha gosto de sexo, e fiquei chocada ao descobrir que amava aquela porra.

Ainda totalmente vestido, Knight me fez sentar na beirada da cama de Colton. Confusa, observei enquanto ele tirava as coisas que estavam em seus bolsos e as colocava sobre a mesa de cabeceira empoeirada — um isqueiro, um maço de cigarro, chaves, um pacote de chiclete. Nos bolsos de trás, pegou a carteira e então um par de algemas, seguido por *outro* par de algemas.

Que porra é essa?

Abrindo um sorriso travesso pra mim quando o segundo par de algemas foi deixado na mesa, Knight voltou a levar as mãos às costas. (Aquele jeans agarrado era como uma cartola mágica da luxúria!) Então tirou da cintura um saco plástico transparente cheio de mel.

Não sei se foi por pensar no que ele estava prestes a fazer com aqueles implementos ou pela expressão chocada no meu rosto, mas, pela primeira vez desde que nos conhecíamos, Knight sorriu. Eu tinha testemunhado os cantos de sua boca se curvarem para cima em mais de uma ocasião, claro, mas nunca passava de um sorrisinho de escárnio ou de desprezo. Agora seu sorriso era ofuscante. Seus olhos geralmente gélidos se enrugaram nas laterais, seus lábios se entreabriram, revelando dentes tão perfeitos que poderiam ser de um modelo de anúncio de chiclete de hortelã (em especial considerando quanto chiclete ele consumia por dia). Em conjunto com todas aquelas sardas, seu sorriso me permitiu entrever o garoto de dezessete anos que se escondia por baixo da armadura de Knight. E ele era bem fofo.

Enquanto eu ficava contemplando esse estranho interesse que desenvolvia por alguém que, até momentos antes, considerara mais meu sequestrador que meu namorado, Knight tirou a camiseta branca e o jeans com a graça de um felino selvagem. Sem a roupa, dava para ver a cabeça do pau duro e furioso se projetando por pelo menos cinco centímetros acima da cueca, cujo elástico se esforçava para conter a arma pesada apoiada contra seu abdome.

Minha vida breve e sem grandes acontecimentos passou diante dos meus olhos. *Então é assim que tudo acaba pra mim*, pensei. *Espancada até a morte pelo pau de um skinhead no quarto de infância do meu ex-namorado. Sem nunca ter conhecido Billy Idol.*

Pegando sua primeira arma — as algemas de aço inoxidável — em uma das mãos, Knight me deitou de costas no centro da cama. Ele me cobriu com seu corpo rígido e abriu minhas pernas com as suas com a habilidade de um especialista. Seu sorriso despreocupado já tinha sido substituído por uma expressão mais travessa e predatória. Knight fez contato visual ininterrupto comigo até que nossos lábios inchados se reencontrassem. Instintivamente, minhas mãos buscaram a penugem quente de sua cabeça enquanto ele começava a direcionar a *outra* cabeça na minha direção.

Dava para sentir que seu autocontrole começava a fraquejar. Knight levou as mãos ao meu cabelo loiro platinado e curtinho (descolorido pouco tempo antes e cortado em outra tentativa infrutífera de seduzir Lance Hightower) e puxou com força. Minha cabeça se inclinou para trás, expondo meu pescoço e fazendo meu corpo se arquear contra seu peito inflexível. (Quem ligava pro Lance?)

Knight enterrou o rosto na minha clavícula e sibilou: "Porra, como eu quero você".

Porra, como eu queria ele também. Talvez não quisesse ser vista em público com ele nem admitir para ninguém que estávamos juntos, mas, naquele quartinho esquecido nos limites da cidade, eu podia fingir que todos as outras pessoas e suas opiniões simplesmente não existiam. E Knight se sentia seguro o bastante para tirar a armadura e se mostrar o garoto vulnerável e afetuoso — ainda que excêntrico — de cabeça macia que ninguém além de mim podia ver. O garoto que tinha um cheiro bom, um gosto bom e sabia fazer com que eu me sentisse muito, muito bem. Não havia mais como negar. Eu estava naquele quarto porque queria.

Quando eu já estava praticamente babando, Knight me deixou arfando ao prender meus dois pulsos na cabeceira da cama de Colton, usando as algemas de cuja existência eu já havia até me esquecido. Embora minhas pernas finas e brancas estivessem livres, o peso das minhas botas novas com bico de aço as mantinha quase tão imóveis ao pé da cama quanto as argolas de aço envolvendo meus punhos na cabeceira. O resto do meu corpinho de moleque de quinze anos agora estava espalhado pela cama, e eu era exibida como uma virgem prestes a ser sacrificada, o que não deixava de ser verdade. Imaculada, mas não por muito tempo.

Em poucos minutos, aquele corpo teria sua inocência arrancada em uma torrente de dor, sangue e mel. Em algumas semanas, passaria por uma onda violenta de mudanças hormonais em virtude do anticoncepcional que eu pediria para meu médico prescrever. Em alguns meses, teria piercings de argola e bolinha em todas as zonas erógenas. Eu estava à beira de uma rápida transformação de garota em deusa depravada do sexo — só não sabia disso ainda.

O que eu sabia era que afinal estava pronta para aceitar Knight — na minha vida e no meu corpo — exatamente como era. Por algum motivo, sua alma corrompida tinha escolhido me amar, e ele fazia aquilo sem medo. Deveria temer que eu o rejeitasse, como seus pais, como o resto do mundo. Meu corajoso Knight não deveria ser capaz de se abrir, mas fez isso. Viu alguma coisa em mim que era digna de confiança, de seu amor, e eu sabia que ele lutaria até a morte para proteger aquilo. Knight também tinha adquirido recentemente o hobby de me dar tanto prazer que fazia meu corpo se convulsionar, o que era um bônus.

Ele era raivoso, antissocial, intimidador e violento, claro, mas, naquele momento, regava meu pescoço, meus peitos, minha barriga e meu clitóris com mel e se refestelava, como se eu fosse sua última refeição. Quem ligava pro resto? Aquele fodido era um baita amante.

Quando Knight chegou ao meu sexo recentemente depilado (eu tinha ficado com vergonha e feito depilação completa depois que ele chupou pela primeira vez), eu me debati, presa às algemas, com aquela tortura maravilhosa. Não queria nada além de agarrar suas orelhas e me esfregar no rosto dele, mas a provocação persistia, e eu é que não ia fazer parar. Knight lambia e chupava o mel grudento do meu clitóris hipersensível, de vez em quando se afastando para soprá-lo de leve ou balançá-lo com a pontinha da língua. Ele claramente gostava daquilo, e era provável que o fato de eu quase reduzir a cabeceira da cama de Colton a palitos de dente em resposta lhe proporcionasse ainda mais prazer.

Quando finalmente ficou com pena de mim, Knight abriu minha boceta e enfiou a língua bem fundo no canal pingando de molhado, enquanto com o nariz traçava pequenos círculos no meu clitóris. Em segundos, eu me despedacei em um mosaico de gemidos, palavrões, espasmos e escuridão. Meus braços puxaram as algemas involuntariamente enquanto eu tentava levantar os joelhos até o peito, fazendo o possível para deter a enxurrada de sensações imaculadas que ameaçavam me afogar.

Enquanto eu me concentrava em acalmar as ondas pulsantes de prazer entre minhas pernas, Knight despiu a cueca furtivamente, tirou uma camisinha da carteira e a esticou quase até rasgar sobre o pau, que parecia furioso por ter sido negligenciado. Quando me senti fisicamente capaz de abrir as pernas de novo, Knight se posicionou na abertura do meu orifício ainda pulsando.

Embora ele devesse ter uma expressão convencida no rosto e parecer satisfeito consigo mesmo, devido ao orgasmo brutal que tinha me proporcionado, Knight parecia totalmente sereno, até preocupado. "Está pronta?"

A trepidação em seus olhos me disse tudo o que eu precisava saber. Meu destemido Knight tinha medo, medo por mim e por ele mesmo. Era hora de falar do pênis do tamanho de um elefante na sala. Ele estava prestes a me machucar mais do que qualquer outra pessoa já tinha feito. E não seria a última vez.

Assim que eu assenti solenemente em consentimento, senti minhas entranhas se revirarem. Agarrei as algemas com firmeza e sufoquei um murmúrio dolorido através dos dentes cerrados enquanto lutava para conter as lágrimas que se acumulavam dentro de minhas pálpebras fechadas.

Não chora. Não chora. Você consegue, BB. Você é foda. Se visualiza no melhor lugar do mundo e espera acabar.

O único problema era que, ainda que eu estivesse passando por algo próximo ao processo reverso de um parto, já estava no melhor lugar do mundo. Estava sendo venerada pelo próprio demônio, e não queria que aquilo acabasse.

Por sorte, minha tortura chegou ao fim rapidamente, graças aos meses de desejo reprimido que haviam antecedido aquele momento no caso de Knight. Quando acabou e ele retirou o que parecia ser uma serra elétrica da minha vagina mutilada, Knight me envolveu em seus braços e enterrou o rosto entre o travesseiro e minha bochecha. Eu não sabia se ele estava buscando ou oferecendo conforto pelo que havia feito, mas seus braços pareciam ataduras gigantes me mantendo imóvel. Eu queria correr meus dedos por sua cabeça raspada, mas encontrei resistência imediata e ouvi o metal raspando na madeira quando tentei mexer os braços.

Knight levantou a cabeça na hora com o ruído. Seu rosto se contorceu em uma mistura de remorso e preocupação quando ele compreendeu de onde tinha vindo. "Merda, BB! Seus pulsos!"

Ele pulou e pegou o chaveiro na mesa de cabeceira, então parou por um momento para jogar a camisinha no cesto de lixo do quarto de Colton, onde sem dúvida ficaria pelos dez ou vinte anos seguintes. Depois de liberar minhas mãos, Knight me puxou para seu colo, me envolveu com seus braços e focou sua atenção de raios laser nos meus pulsos vermelhos e esfolados, fazendo massagem, chupando e beijando entre os pedidos de desculpas.

"Desculpa. Porra, desculpa mesmo. Não queria te machucar. Quer dizer, sabia que algumas partes iam doer, mas tentei de verdade fazer com que fosse gostoso pra você. Está tudo bem? Por favor, diz que está tudo bem. Eu ia morrer se machucasse a única coisa que já amei."

Entre os beijos, Knight observava meu rosto, com as sobrancelhas arqueadas de preocupação. Embora por sua causa eu tivesse acabado de passar por três minutos e meio de uma dor excruciante, eu me sentia poderosa, radiante, renovada, como uma fênix renascendo das cinzas do meu hímen. O que não tinha me matado *só podia* ter me tornado mais forte, e o suficiente para que o único skinhead da região comesse na palma da minha mão. *E em outras partes do meu corpo.*

Ah, eu estava mais do que bem. Estava curtindo o barato.

"Vamos fazer de novo."

6. Entra em cena a gênia do mal

DIÁRIO SECRETO DA BB

Querido diário,

Existe uma pequena chance de eu desaparecer em breve, então preciso que saiba o que aconteceu, caso a polícia venha atrás de informações.

Eu poderia escrever toda a suculenta história aqui, mas meio que já fiz isso em e-mails para minha melhor amiga, Sara, então vou só copiar e colar aqui, para poupar tempo. E também para provar que o que estou prestes a fazer foi ideia *dela*.

> *A dra. Sara Snow é maldade pura, diário. Sei que não deveria ouvi-la, mas não consigo evitar. Ela tem algum poder sobre mim. Uma vez deu carona pra três caras fantasiados de abelha no meio da noite e me fez sentar no colo deles, porque só assim caberíamos todos no Volkswagen subcompacto dela. Outra vez, conseguiu fazer a gente ser expulsa de um show de sexo ao vivo em New Orleans por assediar os artistas, mas bateu o pé que ninguém iria embora antes que ela terminasse a latinha de cerveja de três dólares que foi obrigada a comprar na entrada. Outra vez ainda, ela se referiu à cabeça de uma criança que estava avaliando como "saída diretamente de um episódio de* Star Trek*". Ela é uma péssima influência.*

Até três anos atrás, trabalhávamos na mesma rede de escolas (embora Sara estivesse tentando fazer com que ambas fôssemos demitidas), e era incrível. Então Sheryl Sandberg baixou no corpo dela e Sara foi trabalhar como professora de psicologia e fazer pesquisa em uma universidade riquíssima do outro lado do país. Ela é tão inteligente que provavelmente encontraria a cura para o câncer se não fosse uma doida com o primeiro "d" maiúsculo e o segundo ao contrário.

Então não seja duro demais comigo por causa do que estou prestes a contar, diário. Simplesmente faça como eu e ponha a culpa na dra. Sara Snow.

DE: BB EASTON
PARA: SARA SNOW
DATA: QUINTA, 29 DE AGOSTO, 21H36
ASSUNTO: AGORA FODEU

Então... Ken leu a porra do meu diário.
Ele vai pedir o divórcio.
Ele vai me envenenar ou pedir o divórcio.
Achei que você deveria saber.

DE: SARA SNOW
PARA: BB EASTON
DATA: QUINTA, 29 DE AGOSTO, 21H41
ASSUNTO: RE: AGORA FODEU

De jeito nenhum. Ken não faria isso. Como você sabe?
Sara Snow, ph.D.
Professora associada do Departamento de Psicologia da (nome da universidade deletado)

DE: BB EASTON
PARA: SARA SNOW
DATA: QUINTA, 29 DE AGOSTO, 21H47
ASSUNTO: RE: AGORA FODEU

Cara, eu sei porque estava descendo algumas noites atrás, depois de colocar as crianças na cama, e o ouvi fechando a porra do meu laptop às pressas. Foi assim que descobri. Quando cheguei ao pé da escada e fui pra sala, ele estava colocando meu laptop na mesa de centro, com a maior cara de culpado.

Ele leu a porra do meu diário, Sara. Você não faz ideia do que tem ali. É muito, muito explícito. Depois de ler aquela merda, ele provavelmente conseguiria identificar o pau de Knight em uma acareação de suspeitos. Faz três dias que não durmo, porque sei que no segundo em que fechar os olhos Ken vai fazer "Shh, shh, shh" e me sufocar com um travesseiro.
Me diz o que fazer. Por favor!

DE: SARA SNOW
PARA: BB EASTON
DATA: QUINTA, 29 DE AGOSTO, 22H01
ASSUNTO: RE: AGORA FODEU

Pra começar, dá uma olhada no histórico do seu navegador. Se o que Ken leu no seu diário foi tão ruim assim, ele provavelmente aproveitou que estava com seu laptop pra procurar um esconderijo. Vou guardar este e-mail caso você desapareça.
P.S.: E por que caralho você não colocou uma senha no seu diário?
Sara Snow, ph.D.
Professora associada do Departamento de Psicologia da (nome da universidade deletado)

DE: BB EASTON
PARA: SARA SNOW
DATA: QUINTA, 29 DE AGOSTO, 22H13
ASSUNTO: RE: AGORA FODEU

Eu sei! Sou uma idiota! É que nunca pensei que precisasse fazer isso, sério. Ken nunca presta atenção no que estou fazendo. Acho que ele nem sabe que todas as fotos e quadros pendurados aqui em casa são meus. Isso sem contar que no momento ele está tentando assistir às cinco temporadas de The Wire *ao mesmo tempo em que participa de umas quatro ligas virtuais diferentes de futebol americano. Quem ia imaginar que o desgraçado prestaria atenção suficiente na minha digitação secreta pra suspeitar de algo?*
Estou ficando louca, Sara. É como se ele estivesse me dando um gelo, fazendo joguinhos mentais comigo ou coisa do tipo. Em vez de mijar no meu laptop ou

jogar gasolina nele, Ken me levou pra sair. Que porra é essa?!?! Tipo, chamou uma babá, escolheu um restaurante E comprou ingressos pro cinema com antecedência! Achei que ele fosse me entregar os papéis do divórcio no jantar, de tão formal e nem um pouco a cara dele que foi a coisa toda, mas na verdade acabou sendo bem legal. Ele não reclamou que "dava pra ter comprado uma vinícola inteira" com o preço da minha taça de pinot gris, como costuma fazer.

Ah! AH! Então, depois do jantar, quando levei Ken pro quarto pra agradecer montando em seu corpo sem vida por alguns minutos, ele me interrompeu pra perguntar se eu não queria tentar nada novo. NOVO! (Novo pra ele, claro. Para um ato sexual ser novo pra mim seria preciso roubar o uniforme de um mascote de time de escola, doze metros de corda de rapel, alguns roedores e trinta centímetros cúbicos de sangue de vampiro.) E foi bem bom, Sara! A TV nem estava ligada!

E olha só isso! No dia seguinte, Ken me disse que já tinha agendado a babá pra gente ver David Koechner no Punchline mês que vem. Quem é esse homem??? (Ken, não David Koechner. Sei quem David Koechner é, o cara é engraçado pra caralho.)

Talvez ele queira me matar no Punchline. Fica em um bairro bem suspeito...

DE: SARA SNOW

PARA: BB EASTON

DATA: QUINTA, 29 DE AGOSTO, 22H35

ASSUNTO: RE: AGORA FODEU

Ken não está te dando um gelo. Está respondendo à sua intervenção. Agora que leu seu diário e sabe que você está entediada, está fazendo os ajustes necessários. E a melhor parte é que você nem precisou falar a respeito com ele. Na verdade, tudo saiu melhor que a encomenda. Caralho, acho que você descobriu o santo graal das técnicas de modificação do comportamento do cônjuge!

Você tem que fazer o seguinte. Agora que sabe que ele está lendo seu diário, precisa começar a plantar umas histórias bem exageradas, pra conseguir tirar o máximo dessa merda toda. Escreve especificamente o que quer que ele mude, do jeito mais picante possível.

E super vou fazer um estudo longitudinal dos resultados, pra você poder ir no Good Morning America *contar pra Robin Roberts como mulheres do país todo podem salvar o casamento através da Biblioterapia Subliminar do Cônjuge (vamos chamar de BSC, pra facilitar). Cara, você vai me conseguir um cargo de professora titular e um Audi R8 com esse troço!*
Sara Snow, ph.D.
Professora associada do Departamento de Psicologia da (nome da universidade deletado)

DE: BB EASTON
PARA: SARA SNOW
DATA: QUINTA, 29 DE AGOSTO, 22H48
ASSUNTO: RE: AGORA FODEU

Puta que pariu, você é uma gênia do mal.
Já topei. E tenho uma lista de comportamentos-alvo para monitoramento de progresso:

1. Iniciação de sexo caliente, apaixonado, de puxar cabelo
2. Profusão de elogios
3. Concessão de um apelido
4. Uma porra de uma tatuagem de coração com meu nome escrito

Para fins de coleta de dados, você pode estabelecer o ponto de partida em zero em todas as categorias. Sim, zero. Porque Ken nunca fez nenhuma dessas coisas. Do meu ponto de vista, a coisa só pode melhorar. Vou te manter informada a res-PEITO (o trocadilho foi intencional).
Além disso, você tem que me prometer dar um oi pro George Stephanopoulos quando for ao Good Morning America. *Sempre gostei dele. Acho que é porque me lembra do Michael J. Fox. Mas talvez seja melhor não dizer isso a ele. Ou talvez seja melhor dizer?*

7. O notório K.E.N.

DIÁRIO SECRETO DA BB

30 de agosto

Querido diário,

Depois de consultar o diabinho no meu ombro, decidi embarcar em um experimento psicológico moralmente corrompido com a esperança de transformar Ken em alguém mais caloroso e afetuoso, que nutre um amor tão imenso por mim que *precisa* de uma tatuagem com meu nome e/ou meu rosto para expressar melhor seus sentimentos por mim diante do resto do mundo. Então faça suas malas e não esqueça a lanterna, diário, porque, a partir de agora, vamos ficar escondidos em um buraco escuro no fundo do meu disco rígido, sob o título "Receita de Bolo de Fralda Para Chá de Bebê".

Não me leve a mal, diário. É para seu próprio bem. Preciso de um lugar para anotar o progresso de Ken sem que ele perceba o que estou fazendo, e homem nenhum vai querer fuçar num arquivo chamado Receita de Bolo de Fralda Para Chá de Bebê dentro de uma pasta chamada... olha só... Coisas Fofas do Pinterest.

Ah, e não fica com ciúmes, mas no seu antigo lugar vou começar a plantar uma espécie de versão exagerada sua, com o nome "Diário Superparticular que Ken Nunca, Nunca Pode Ler", no qual vou incluir histórias totalmente inventadas sobre ex-namorados com o intuito de inspirar Ken a elevar o nível do jogo. E não, o nome do arquivo não é óbvio demais. Psicologia reversa explícita é o único caminho quando se está lidando com um homem ou com uma criança pequena.

Não leia meu diário de novo, Ken. Nem pensa nisso. Ah... é melhor não fazer isso.

Vai funcionar. Confia em mim.

Ah, olha só pra você, diário. Está começando a ter pena de Ken, não é? Que fofo, mas não tem necessidade nenhuma. O cara não tem sentimentos. Não estou inteiramente convencida nem de que tenha terminações nervosas. Prometo que não existe mesmo com que se preocupar. Ken é um gangsta rapper sem alma, e vai ficar bem.

8. Me chame de doida

DIÁRIO SECRETO DA BB

31 de agosto

Querido diário,

Sei que está me julgando. Nem precisa dizer. Dá para ver a reprovação em suas folhas, como um adesivo que diz “Comer Carne é Assassinato” em um MacBook Air. Olha só pra você, todo convencido, na porra da sua torre de marfim.

Você não sabe como é estar aqui nas trincheiras, tentando fazer um casamento dar certo dia após dia. Cinquenta por cento deles fracassam, sabia? Talvez, se eu fornecesse um pouco mais de informações, explicasse a minha perspectiva, você veria que não sou um monstro. Sou apenas uma esposa frustrada tentando maximizar o potencial de seu marido muito lindo e muito distante. Aí talvez você pudesse parar um pouco com essa sua postura de superioridade.

Para começar, sabia que Ken tem as iniciais de outra pessoa gravadas no braço? É isso aí. Quando ele tinha dezesseis anos, alguma garota que trepou com o cara, tipo, duas vezes, decidiu que não queria mais fazer aquilo, e ele gravou a porra das iniciais dela no braço.

Bom, quando eu tinha dezesseis anos, já tinha piercing nos dois mamilos e no clitóris, então a automutilação não é uma coisa desconhecida pra mim, mas mesmo assim. Quando esse cretino morrer, depois de ter sido meu parceiro na vida por, tipo, mil anos, seu corpo vai ser enterrado com as iniciais de outra pessoa na pele. Só quero estar representada ali também, saco. De preferência em uma tatuagem claramente amadora e em um lugar bem visível.

Então, diário, saiba que não sou apenas uma filha única autocentrada que quer que o marido tatue o nome dela no corpo. Só quero ver meu nome maior e mais forte que o *dela* no corpo dele. O que é bem diferente.

Em trechos anteriores, você já foi apresentado à baixa libido de Ken e ao desempenho próximo do coma que ele tem no quarto, então vamos seguir para o terceiro comportamento que espero atingir com esse pequeno experimento, que é fazer com que meu marido me elogie. Sei que isso também parece irrelevante e superficial, mas se você soubesse, diário... O filho da puta *nunca* me fez um elogio sem ser coagido a isso. Nunca.

Sei que você deve estar se perguntando como isso é possível, certo de que estou exagerando.

Ah, mas não estou. Ken é teimoso pra caralho. Desde a primeira vez que reclamei de sua recusa em me elogiar, quando ainda namorávamos, a coisa evoluiu para uma disputa de poder de proporções épicas. A cada quatro a seis meses (e em geral cerca de três a cinco dias antes de eu ficar menstruada), chamo a atenção dele para isso, e a cada quatro a seis meses ele só revira os olhos para mim, como se eu fosse um súcubo carente.

Vamos pegar a festa de Natal da empresa como exemplo. Todo ano, quando saio do banheiro depois de passar duas horas me arrumando para essa palhaçada de traje a rigor que ele sabe que me deixa toda ansiosa, sabe o que meu marido me diz do sofá quando levanta os olhos?

Você adivinhou. Nada.

Sabe o que o rosto dele me diz? *Ah, meu Deus, agora você vai querer que eu faça um elogio, né? Mas foda-se. Vou voltar a ver esse programa fascinante sobre essa loja de penhores que mais parece uma mina de ouro e fingir que você não está aí.*

Merda. Você continua aí? Não estou nem te olhando. Ah, não, não coloca as mãos na cintura!

Caralho! Agora você ficou puta. Se eu bater com o controle na cabeça até desmaiar, podemos pular essa conversa e ir direto pro hospital? Nem ligo de perder o leilão que estou participando na internet. Como se eu precisasse de outro iPad... Né?

Depois de cerca de dois minutos e meio desse impasse ridículo, dá pra ouvir os grilos tão alto que parece que *eles* estão tentando me fazer um elogio só para aliviar a tensão.

Inevitavelmente, acabo bufando e sibilando por entre os dentes: "Vou voltar para o banheiro, e quando sair vamos tentar de novo. Só que dessa vez, quando eu chegar, *você* vai dizer: 'Você está bonita', e eu *não* vou enfiar o salto desse sapato no seu pinto".

Olha, diário, sou psicóloga, mas isso não quer dizer que leio pensamentos. Se Ken não me diz que estou bonita, que sou uma boa mãe ou que sei preparar uma bela tigela de cereal, como posso concluir que é isso que ele está pensando? Não posso. Sendo assim, passo o tempo todo supondo que meu marido acha que sou feia e inútil. Então, sempre que um dos figurantes do filme da minha vida por acaso lança um elogio na minha direção, reajo como um bêbado se afogando a quem acabaram de jogar uma boia salva-vidas. Choro, me debato e agarro aquela porra.

Por exemplo, alguns meses atrás, eu estava no mercado, me sentindo especialmente sem graça enquanto usava meu corpo disforme pós-parto para empurrar meu filho de três anos e minha filha pequena em um daqueles carrinhos de compras idiotas com um carrinho de plástico para crianças na frente, que é do tamanho de um quarteirão e ninguém consegue manobrar sem derrubar tudo nas prateleiras, quando recebi outro baque. Em uma tentativa de evitar ser vista por seres humanos de verdade, conduzi aquela monstruosidade amarela e vermelha de mais de duzentos quilos para o caixa com autoatendimento, e passei almofadas de amamentação e cremes para os mamilos pelo scanner, atirando-os na direção dos sacos plásticos tão rápido quanto meus dedos inchados da retenção de líquido eram capazes. Depois de pegar o recibo da impressora, firmei bem os pés e empurrei a criatura em direção à saída.

Em meio à minha tentativa de sair sem ser vista, um funcionário, que tinha facilmente dez anos a menos que eu, me fez parar para me perguntar, com toda a sinceridade: "Aproveitou o desconto?".

Ao mesmo tempo irritada por minha fuga ter sido frustrada e confusa com o comentário, franzi a testa e fiquei só olhando para o merdinha, esperando que ele se explicasse.

Deixando o jeito profissional de lado, o garoto explicou: "Estamos dando cinquenta por cento de desconto para todas as mulheres bonitas hoje!".

Lágrimas brotaram de meus olhos. Como se eu já não tivesse derrubado coisas o bastante naquele mercado, pulei sobre aquele garoto de vinte anos com força o bastante para lançar nós dois em uma pilha gigantesca de garrafões de água.

Ainda bem que eles estavam bem presos, ou Ken teria que ver no jornal da noite o momento em que resgatavam meu corpo sem vida em meio aos destroços de plástico azul, com a legenda: *Últimas notícias: mãe dedicada de duas crianças e funcionário de supermercado mortos hoje em avalanche de garrafões de água. A morte foi causada pelo marido egoísta que se recusava a fazer elogios.*

Pessoas poderiam ter *morrido*, diário, só porque Ken se recusa a ser legal comigo.

Isso me leva ao quarto e último objetivo conjugal: fazer com que Ken coloque um apelido pessoal e fofo em mim. Meu marido nunca se referiu a mim de nenhuma maneira que não fosse meu nome completo e de acordo com o registro legal. Ei! Espera aí! Ken me chamou de "doida" uma vez. Isso conta como apelido?

Foi no meio da noite, quando o acordei acidentalmente com xingamentos e ruídos em geral no banheiro, durante um surto de TOC.*

Ken entrou no banheiro, apertando os olhos diante do que só pode ter parecido uma supernova em termos de iluminação, e me encontrou apoiada em uma perna só à frente da bancada, segurando com a ponta dos dedos uma arandela de metal pelando de quente enquanto passava o cabo de vassoura na direção de qualquer sombra no teto que lembrasse vagamente uma teia de aranha.

Eu deveria ter ficado constrangida diante do meu frenesi maníaco de limpeza tarde da noite, mas só me lembro de ter sentido uma vaga

* Estou exagerando. Não tenho TOC. Pessoas com TOC têm motivos para fazer as coisas que fazem, como uma crença irracional de que vão pegar herpes de olho se não acenderem e apagarem todas as luzes catorze vezes e meia antes de sair de casa. Não tem nada no *Manual de diagnóstico e estatística* da Associação Americana de Psicologia que descreva as merdas que eu faço. Tenho três diplomas na área e ainda não sei qual é o meu problema, além de ser uma péssima psicóloga, claro.

bobeira infantil quando Ken, sonolento, levantou um canto de sua boca perfeita como quem achava graça e perguntou: "O que está fazendo, sua doida?".

Foi o mais perto que cheguei de receber um apelido de Ken, mas, como ele não estava nem totalmente desperto quando disse aquilo, não acho que "doida" possa ser considerado um. E, mesmo assim, seria um desrespeito aos apelidos. Não, "doida" não serve. Quero um apelido de verdade, algo personalizado. Algo que faça referência às minhas características mais encantadoras, como "sardenta" ou "tcheca".

Além disso, se alguém no trabalho de Ken souber que ele tem uma tatuagem de coração no braço com a palavra "doida" dentro, a última coisa que iria pensar seria: *Cara, esse aí deve amar muito a esposa. Ela é uma mulher de sorte.* Seria mais um lance tipo: *Cara, eu* sabia *que Ken era um babaca. Ele é todo quietão e boa-pinta. Tinha que ser um babaca, ou então serial killer. Ainda bem que eu estava certo quanto ao lance de ser babaca. Agora posso parar de carregar esse spray de pimenta no bolso. Essa porra faz parecer que estou sempre de pau duro.*

9. A dama e o vagabundo

DIÁRIO SECRETO DA BB

7 de setembro

Querido diário,

Estive pensando na minha lista de comportamentos desejados de novo, e percebi que minha necessidade de ter um apelido remonta aos meus pais. (Não é assim com tudo?) Quando eu era menina, eles *nunca* me chamavam pelo meu nome de verdade. Em vez disso, era sempre "docinho", "filhota", "tesouro" ou — o favorito deles — BB. Minha mãe começou a me chamar de "Bee-Bee" quando eu era pequena porque parecia fofo, tipo "fofolucha" ou "pitchuquinha", mas meu pai transformou isso em BB, como se fossem minhas iniciais, porque desejava secretamente que eu tivesse nascido menino. (Naquela época, todos os capitães dos times tinham nomes como TJ ou JR.) Acho que eu nem sabia que meu nome era Brooke até entrar na escola.

Tive uma ótima infância — sem irmãos para desafiar minha autoridade —, sozinha com um casal de adultos chapados que me enchiam de atenção, afeto e apelidos. Então, naturalmente, pelas leis infalíveis do condicionamento clássico, acabei associando apelidos a amor. Ainda hoje, décadas depois, é só usar um "meu bem" ou "querida" comigo que vou concluir no mesmo instante: *Essa pessoa me adora e me daria um rim se eu precisasse.*

Cérebro idiota.

É óbvio que me apeguei a BB, mas meu apelido preferido era de longe aquele que Harley, o namorado que veio depois de Knight, me deu: Lady. Eu tinha dezesseis anos, e aquilo parecia muito adulto e sexy. Não era genérico, como "linda", nem soava como algo que meus pais poderiam arrulhar quando pegavam o telefone depois das dez da noite, sabendo muito bem que eu estava falando com um garoto.

Lady era majestoso. Forte. Feminino. Cheio de classe.

Todas coisas que eu na verdade não era.

Quando conheci Harley, eu usava aparelho, pesava quarenta e três quilos — incluindo os coturnos com ponta de aço — e tinha raspado quase completamente o cabelo. Um colega de classe caridoso me apresentou a ele depois de Knight ter me traído, humilhado e gritado comigo repetidas vezes na frente de toda a escola.

Sei o que você está pensando. *Knight, o skinhead raivoso, acabou se revelando um namorado de merda? Não acredito! Porra, por essa eu não esperava!*

Pois é, parece que as marés cheias uma hora recuam. E, quando isso acontece, tudo o que foi momentaneamente remexido das profundezas aparece amassado e sujo, a quilômetros de onde estava a princípio.

Por mais que Knight fosse notório e conhecido, Harley James era uma lenda. Ele era o bad boy original da Peach State High School. Ninguém o tinha visto mais desde que abandonara a escola quando minha turma ainda estava no fundamental, mas os rumores eram de que vivia numa casa abandonada em Atlanta com um grupo de punks largados ou estava envolvido em alguma forma de sem-tetismo romantizada. Hoje sei que quem leva esse estilo de vida na verdade é chamado de "pessoa em situação de rua", mas na época Harley James era um deus punk-rocker e, portanto, o jeito *perfeito* de me recuperar de meu relacionamento anterior.

Uma menina da minha turma de estudos sociais me deu o telefone dele depois que viu como eu estava preocupada com o rompimento público e bastante assustador do meu namoro com Knight, que fizera todo mundo pensar que eu poderia acabar atropelada e usada como enfeite de capô da caminhonete dele, como a porra de uma figura de proa de um barco pirata.

Sem que eu soubesse, Knight tinha começado a tomar anabolizantes alguns meses antes e se transformara na porra do Incrível Hulk. Só que, ao contrário de Bruce Banner, ele era gigante e irracional *o tempo todo*. Isso, imagine um filho da puta de um skinhead que já parecia sedento de sangue e acrescente mais de vinte quilos de músculos e fúria. Ele era assustador e, depois do drama espetacular da festa de Halloween de Trevor Walcott, eu estava precisando de um novo namorado pra já.

Vi minha vida passar diante dos meus olhos aquela noite. Eu tinha uma queda séria por Trevor, um garoto novo na escola cuja mãe solteira deixou que ele fizesse uma festona de Halloween. Ela estava tentando compensar o fato de que havia deixado o pai dele e botado Trevor numa escola nova no meio do ano facilitando atos de delinquência de uma tonelada de adolescentes. Trevor estava muito lindo, de lápis preto no olho, cabelo preto e esmalte preto nas unhas. Seu quarto tinha pôsteres de *O corvo* e do Nine Inch Nails, e uma vibe de quem contava que tomava lítio para depressão e se cortava no mesmo dia em que conhecia você. *Ah, ele era sombrio e atormentado.*

Eu tinha todas as intenções de trepar com ele como uma louca naquela festa. O único problema era que tecnicamente ainda estava com Knight, e estava com medo de que partes do meu corpo acabassem num congelador no porão dele se tentasse terminar.

Em um lance de gênio, percebi que a solução para todos os meus problemas seria deixar um bilhete com a mãe de Knight avisando que nosso namoro estava acabado antes de ir pra festa, me absolvendo de qualquer retaliação se o cara descobrisse que eu havia transado com Trevor no chão do banheiro naquela noite. Já teríamos terminado há *horas* quando eu descobrisse os lamentáveis efeitos colaterais do lítio no desempenho sexual.

Espera aí, Esqueleto. Sua mãe tem uma prova do nosso rompimento por escrito.

Eu deveria ter virado advogada, porque aquela porra não permitia refutação.

Bom, a mãe de Knight deve ter entregado a mensagem por telepatia, porque eu nem havia tido tempo de terminar a porcaria diluída que bebia no meu copo descartável quando ouvi o rugido inconfundível da caminhonete de Knight à distância.

Caralho.

A expressão "bater ou correr" devia ser modificada para incluir "congelar", porque quando meus ouvidos registraram o ronco baixo daquela F-150 fiquei parada como a idiota da mãe do Bambi... pouco antes de sua cabeça ser explodida com um tiro.

Ronald McKnight — como um demônio saído do inferno — tinha vindo me pegar, e tudo o que consegui fazer foi gritar mentalmente comigo mesma, de dentro do meu corpo paralisado.

Corre! Se esconde! Você vai morrer, sua burra! Nenhum desses emos anêmicos vai poder te salvar. Abortar! Abortar!

Mas minhas botas com ponta de aço pareciam de chumbo... e minha fantasia de tigresa safada começou a parecer cada vez mais uma piada doentia e irônica. Quem eu estava tentando enganar? Não era uma predadora. Era uma jovem corsa indefesa de olhos arregalados que estava prestes a morrer atropelada.

Tudo o que consegui fazer foi ficar ali, na entrada da casa de Trevor, agarrada a meu copo de plástico vermelho, aguardando — paralisada como um cervo diante dos faróis de um carro, sem que os faróis do carro em si estivessem visíveis.

Talvez ele não me mate na frente de todas essas testemunhas. Talvez só chegue perto disso. Talvez só chegue perto disso...

Aconteceu tão rápido que, quando repassei os eventos na minha cabeça, ficou parecendo uma série de fotos, como um desenho animado em câmera lenta.

A caminhonete de Knight entrou cantando pneus na rua sem saída cheia de adolescentes, como uma visão infernal. A porta do passageiro se abriu antes que a monstruosidade roncando chegasse a parar por completo, e Angel Alvarez, a piranha com quem ele vinha me traindo, pulou em cima de mim, gritando meu nome e balançando os braços como se estivesse pegando fogo.

Meu coração batia freneticamente contra minha caixa torácica, como se dissesse: *Pode ficar aqui e morrer se quiser, mas eu vou cair fora!*

Minha mente oscilava entre o medo da morte iminente e a confusão quanto ao desejo de Angel de me destruir quando ela claramente estava trepando com o *meu* namorado. Meu corpo ficou rígido e tenso, se preparando para o impacto, quando os olhos vermelhos e os dentes à mostra de Angel se voltaram para mim. Meus olhos se arregalaram de susto quando ela tropeçou no meio-fio, caindo com a cara contorcida e raivosa bem aos meus pés, que ainda estavam firmemente enraizados no chão.

Antes que meu cérebro idiota pudesse registrar o fato de que eu ainda estava inteira, o corpo de Angel se ergueu diante de mim, gritando, chutando e batendo, e começou a recuar, suspenso no ar, como se meu pior pesadelo estivesse sendo rebobinado.

Que porra era aquela?!

Foi só quando minhas pupilas dilatadas registraram a silhueta de uma figura gigantesca empurrando o corpo frenético de Angel para dentro da caminhonete que me dei conta de que Knight tinha tirado aquela louca de shortinho jeans da rua antes que tivesse outra chance de me atacar. Os anabolizantes que tomava estavam sendo muito úteis em seu esforço para colocar aquela doida sifilítica de volta na cabine da caminhonete de dois metros e meio de altura.

Conforme os dois se afastavam, comecei a me dar conta lentamente de que eu não ia morrer. Tentando fingir que eu não tinha me mijado toda, joguei dramaticamente meu copo de plástico no chão — assim que recuperei o controle sobre os braços — e gritei para eles: "Que porra foi essa, Angel?".

Vou te contar o que foi aquilo, diário. Foi intervenção divina. Angel Alvarez tinha uns bons setenta quilos alimentados a Red Bull e cristais de metanfetamina. Eu não teria a menor chance. Teria sido moída pelo impacto se não tivesse sido abençoada com um anjo da guarda que não estava nem aí se precisasse dar uma rasteira em uma vaca, inclusive uma com um nome tão angelical.

Depois desse pequeno incidente, decidi que precisava me envolver com alguém que soltasse fogo pelas ventas. Meus planos envolviam Trevor, mas, considerando que ele nem tinha conseguido gozar quando nos pegamos no banheiro aquela noite (porra de lítio), eu precisava de um novo plano, e depressa.

A resposta surgiu na semana seguinte, quando uma menina da aula de estudos sociais que havia ouvido falar da minha experiência de quase morte na festa de Trevor decidiu bancar o cupido. Avaliando minha cabeça parcialmente raspada, meus coturnos e meu desespero, disse que Harley James, *o* Harley James, estava passando uns tempos na casa da mãe. (*Ah, o efêmero! Que misterioso!*) E a casa da mãe dele por acaso era perto da dela.

Com um sorriso triste no rosto, a garota escreveu o telefone da mãe dele na minha carteira. Na hora, achei que o olhar desamparado fosse seu jeito de expressar pena pela minha situação. Hoje sei que era culpa por me apresentar ao fiasco total e absoluto que era Harley James.

Naquela noite, apertei os oito números no meu telefone sem fio com as mãos trêmulas. Sentada no meio da cama, abracei os joelhos com o braço livre e respirei fundo enquanto minha outra mão segurava firme o fone, me esforçando muito para parecer uma garota mais velha, mais legal, que não usava aparelho.

Ah, meu Deus, sou uma criança ligando pra um homem adulto do meu quarto na casa dos meus pais, esperando que ele aceite sexo em troca de proteção contra o meu ex-namorado psicótico, raivoso e entupido de anabolizantes.

Bem quando eu estava prestes a desligar e hiperventilar fumando um maço de Camel Light, ouvi a voz dele. Apesar de profundo e rouco, o tom de Harley era relaxado e amigável, o que me desarmou.

Hoje sei que ele provavelmente só estava chapado, mas ainda assim era um contraste bem-vindo em relação ao vigor e à intensidade de Knight.

A cadência lenta e áspera de Harley me lembrava a de uma estrada de cascalho velha e familiar. Eu quase conseguia ouvir um sorriso brincalhão em seu rosto e ver o espaço vazio em seu colo onde poderia me encolher e deixar que ele me protegesse do perigo com seus braços masculinos e gigantescos.

A fúria pós-rompimento de Knight era tão apocalíptica que minha mãe tinha até me deixado faltar à escola por três dias depois de um episódio particularmente psicótico envolvendo gritos do lado de fora da minha aula de espanhol.

Aquele *homem*, Harley, era exatamente o que eu precisava. Na minha cabeça, era um minotauro com chifres e quatro metros e meio de altura, que cuspia napalm e podia acabar com Knight usando apenas seu pau gigante e vascularizado, mas agora que estávamos ao telefone, ele soava como mel, arenoso, cristalizado, escorrendo lentamente. *Hum...*

Apesar da fala arrastada, profunda e sem pressa de Harley, ou talvez por causa disso, eu sentia um friozinho no estômago, e minha pele estava vermelha da cabeça aos pés. O que estava acontecendo comigo? Estava até meio tonta. Animada mas tranquila, percebi que ele me desejava, e não que me caçava, e continuei de papinho com o cara sem medo.

Foi só então que me dei conta de como tinha me tornado hipervigilante com Knight. Nos últimos tempos de namoro, sempre que estávamos juntos, eu me pegava vasculhando os arredores com os olhos de maneira inconsciente em busca de possíveis armas e rotas de fuga. Era como estar em um relacionamento com um velociraptor sob efeito de tranquilizantes — ou com um skinhead que tinha começado a tomar anabolizantes pesados.

Graças a Deus Harley não estava me vendo, porque eu era toda sorriso bobo, bochechas coradas, dedos agitados e gritinhos reprimidos.

Depois que concordei, bem apreensiva, em encontrar o cara pra tomar um café no fim de semana (*Café! Coisa de adulto!*) e balbuciei um tchau desajeitado, Harley deu o golpe final.

Mordi o lábio, tentando conter os ruidinhos de menininha excitada até que ele se despedisse. Eu torcia para que ele fosse ser rápido, porque já podia sentir as risadinhas se aproximando da minha mandíbula cerrada, mas Harley James nunca era rápido.

Esperei pelo que pareceram horas, ouvindo o que imagino que fosse um sorriso autoconfiante, do tipo "agora ela é minha", do outro lado da linha. Então Harley finalmente entoou com sua voz grossa e sexy: "Boa noite, Lady".

Morri.

Assim que ouvi o clique do outro lado da linha, vieram as risadinhas, e eu me contorci em uma poça de hormônios em convulsão. Caralho, Harley James — o lendário bad boy, grifo alado mítico do sexo e da rebelião — tinha me chamado de Lady!

Lady!

É claro que, no melhor estilo bad boy, meu cavaleiro de calça bondage* acabou se mostrando um viciado em drogas meio bobão e fracassado que morava no porão da mãe e não conseguia ficar sentado do começo ao fim enquanto fazia uma tatuagem, e muito menos durante uma prova. Mas como *essa* história não vai incentivar Ken a fazer nada além de um exame para hepatite C, eis o que inventei para sua leitura de lazer...

* Caso esteja se perguntando que porra é uma calça bondage, é uma coisa absurda de poliéster xadrez, cheia de argolas, tiras e zíperes. Elas não são usadas na prática de bondage — são mais um obstáculo ao sexo que qualquer outra coisa —, mas, no fim dos anos 1990, nada me deixava molhadinha mais rápido do que ver um cara lindo com as pernas amarradas uma à outra.

10. Apresentando Ken ao Harley do mundo da fantasia

DIÁRIO SUPERPARTICULAR QUE KEN NUNCA, NUNCA PODE LER

"Harley, não posso. Não hoje à noite."

"Por favor... *Prometo* que te levo pra casa na hora. Juro de dedinho. Vou descolar umas cervejas no trabalho e pegar comida no caminho pra casa. Só vem. Por favor?"

Além de ser um famoso bad boy da região, Harley tinha vinte e dois anos e trabalhava em uma loja de bebidas. Para uma estudante de ensino médio de dezessete anos no fim dos anos 1990, era o equivalente a namorar o personagem de Jared Leto em *Minha vida de cão*.

"Harley, não posso. Tenho que terminar de enviar os convites da formatura hoje, ou minha mãe vai me matar. Faz semanas que ela me pede pra fazer isso, mas vivo furando pra ficar com você."

Harley resmungou ao telefone.

Em geral, eu era bem fácil de convencer, e dava pra ver que ele estava estranhando aquilo. Harley James não estava acostumado a ter que convencer garotas a fazer escolhas ruins, mas eu estava a uma mancada de perder o carro — punição pior que a morte para uma menina de dezessete anos que morava em um bairro residencial de classe média sem transporte público.

Harley tinha o cabelo loiro, a cara de bebê e os olhos azuis de James Dean em um corpo de alguém que tinha puxado um tempinho de cadeia por roubar um carro, feito bastante musculação enquanto estava preso e decorado os novos músculos com tatuagens de chamas e carros envenenados quando saíra. Embora fosse todo duro do pescoço para baixo — e não é um trocadilho! —, no fundo era brincalhão, divertido e sedutor.

Infelizmente, era *tão* tranquilão que não levava nada a sério, incluindo o horário em que eu precisava voltar para casa e as ameaças dos meus pais. Harley era o diabo com roupa de domingo.

"Então traz os convites pra cá e faz isso aqui. Vou até tirar suas botas velhas e massagear seus pés enquanto trabalha."

Hum...

Como ele sabia que aconteceria, minha mente entrou pela toca do coelho e se deixou levar por tudo o mais que poderíamos fazer depois de tirar minhas botas. Acho que Harley estava se cansando de me ouvir fingindo que não ia lhe dar o que queria porque, antes mesmo que eu voltasse das minhas fantasias e parasse de babar, ele usou sua arma secreta.

"Estou com saudade, Lady."

Bum. Ali estava. *Babaca.*

Ainda que fizesse semanas que eu via Harley quase todas as noites, sou obrigada a admitir que também estava com saudade. Ele era tão tranquilo e cabeça fresca. Comparado às mudanças de humor que eu havia tolerado, suportado e algumas vezes sobrevivido por pouco quando estava com Knight, Harley fazia parecer que eu estava nadando em um algodão-doce azul. Ele sorria. Ele ria. Ele me fazia rir. Quando eu falava, me olhava como se borboletas e raios de sol dançassem em volta da minha cabeça. Knight costumava me encarar com a mesma intensidade, só que era mais como um felino selvagem salivando ao olhar para uma gazela. Harley, por outro lado, me olhava como se eu fosse a porra da *Mona Lisa*, com orgulho, alegria e sem conseguir acreditar que eu era mesmo dele.

Suspirei ao telefone e cedi. "Tá. Mas você vai lamber os selos."

"Ah, vou lamber muito mais que isso."

Três horas depois, eu estava no chão da sala de Harley, colocando o endereço nos convites acobertada virtuosamente por uma falsa barreira de castidade. Embalagens de comida chinesa, maços vazios de Camel Light, latas amassadas de cerveja, almofadas jogadas, caixinhas de filmes B de terror, canetas e torrezinhas de convites prontos dividiam a sala de Harley bem no meio, me separando da muito tentadora montanha de músculos cobertos de tatuagens que me comia com os olhos ali do sofá a noite toda.

Quando nos conhecemos, Harley morava de aluguel em um pequeno bangalô de propriedade de seu tio, que tinha deixado que ele o decorasse como quisesse. Então basicamente era cheio de neons que ele havia roubado da loja de bebidas em que trabalhava e pouca coisa mais. Era uma tela em branco em que eu mal podia esperar para colocar as mãos. Não dava pra saber se Harley queria mesmo minha ajuda com a decoração ou se só queria me agradar, mas ele comprava qualquer coisa que eu quisesse para o lugar. Depois de alguns meses, o cara até me pediu para pintar um mural na parede do quarto dele. Fazia anos que eu pintava, e provavelmente conseguiria fazer um trabalho no mínimo razoável com base no que ele me pedisse.

Quando perguntei o que Harley queria, ele disse apenas: "A gente", com aquele seu sorrisão do qual eu não me cansava.

Conhecendo o gosto dele, fiz uma teia de letras com spray, formando o nome dele e o meu, em uma fonte bastante angulosa, ocupando toda a parede acima da cabeceira preta de couro que eu tinha escolhido semanas antes. Usei cores que lembravam os tons das tatuagens de chama dele — vermelhos, laranjas, amarelos e azuis. Sempre que eu via aquilo, sentia um friozinho no estômago ao lembrar a guerrinha de spray, com gritinhos e cócegas, que se seguiu, e que evoluiu para um par de corpos com as cores do arco-íris rolando sobre o carpete coberto por uma lona.

Quando ele percebeu que eu tinha quase terminado de preencher os convites, sorriu sorrateiramente e repassou a pilha dos que já estavam prontos. "Cacete, Lady. Parece coisa de profissional. Tem certeza de que ainda está na escola? Você devia mudar pra cá e ganhar a vida fazendo isso!". Harley sorriu como se fosse obviamente a melhor ideia que alguém já havia tido.

Fiquei vermelha e continuei o que estava fazendo, tentando fingir que eu não me derretia com tudo o que tinha acabado de sair da boca dele. "Ah, obrigada pela oferta, mas caligrafia não dá dinheiro, Harley."

Ele riu e passou os dedos pelo que eu havia escrito em um dos envelopes (cuja tinta já tinha secado, por sorte). "Onde você aprendeu a escrever assim?"

"Minha mãe é professora de artes. Ela me ensinou caligrafia quando eu era pequena pra poder ajudar com os cartões de Natal." Apontei para os envelopes em branco à nossa volta. "Agora sou escrava dela."

Harley cutucou minhas costas com o canto do envelope que tinha admirado. "Não, você é a *minha* escrava", ele disse, com um sorriso enorme e os olhos brilhando.

Ficar tão perto dele, sentindo o calor emanando de seu corpo e de cada palavra sua, tornava muito difícil a minha concentração. Eu precisava terminar aquilo e ir para casa. Terminar e ir para casa. Se não fosse embora dentro de quinze minutos, ia ficar sem carro e presa no meu bairro longe de tudo por um mês.

Enquanto eu tentava furiosamente encarar a última pilha e ignorar a presença elétrica de Harley a poucos centímetros de distância, ele pegava envelope por envelope, com todo o cuidado, estudando-os com intensidade e manuseando-os com toda a delicadeza.

Depois de alguns minutos, ele disse: "Você tem um lance com letras, né? Tipo a parede do quarto. Eu falei que podia fazer o que quisesse, e você fez letras".

Era uma boa sacada, e tão doce. Ele abriu os olhos, ficou parado por um momento e me viu. Quem imaginaria que Harley James, o cara que só queria saber de diversão, podia ser tão perspicaz?

Aquela observaçãozinha lhe rendeu toda a minha atenção. Levantei o rosto e disse: "É, acho que sim. Gosto de escrever, e meio que sinto que, usando fontes e estilos diferentes, posso fazer o que estou tentando dizer ficar mais bonito".

Fixando seus olhos turquesa brincalhões nos meus olhos verde-escuros, ele disse: "A não ser pelo seu nome. De jeito nenhum que você poderia ficar *mais* bonita".

Harley! Você está me deixando vermelha!

Ninguém nunca me elogiava com tanta sinceridade e com tanta frequência quanto ele. Eu nem sabia como responder. Tudo o que ele dizia era perfeito e sob medida. Ele elogiava as coisas que sabia que me deixavam insegura ou de que eu secretamente me orgulhava. Não vinha com baboseira genérica tipo "você é tão linda". Cada reconhecimento parecia do tamanho e do formato exato para preencher qualquer vazio que eu sentisse no momento. Só que, naquele momento em particular, o único vazio que eu conseguia sentir era o que pulsava entre minhas pernas.

Nossa proximidade no chão estava começando a nublar meu pensamento. Se ele tivesse ficado no sofá, com a suposta barreira de castidade entre nós, como eu havia implorado, talvez eu conseguisse de fato terminar os convites.

Em vez disso, decidi combater flerte com flerte. "Vamos ver. Me dá sua mão."

Com a sobrancelha arqueada e um sorrisinho dolorosamente recatado, Harley me deu a mão direita. Fiquei acariciando as costas da mão dele com o dedão enquanto trabalhava em seus nós dos dedos, dando o meu melhor no estilo inglês antigo. Quando finalmente o soltei, ele virou o pulso para admirar o LADY que eu havia escrito. Sua expressão passou de curiosa a feliz a maliciosa em um instante. Harley abriu a mão brevemente e a fechou de novo, dessa vez agarrando minha blusa e me puxando para seu colo.

Harley se inclinou para tão perto que a argola de prata que mal conseguia se encaixar em seu lábio inferior grande e carnudo roçou minha boca entreaberta. "Nunca mais vou lavar essa mão", ele brincou. A cada sílaba, o ronco baixo da voz dele vibrava contra minha boca e percorria o caminho até o piercing no meu clitóris, fazendo-o vibrar também, como se fosse a porra de um diapasão no meio das minhas pernas. Eu o tinha colocado fazia poucos meses, e ainda estava incrivelmente sensível.

Sem me dar conta, gemi em resposta.

"Hum?", Harley fez, zombando do ruído que eu havia acabado de produzir. "Você gosta de gemer, Lady?" Ele roçou a argola de prata pelo meu lábio inferior, soltando um rosnado baixo que despertou os piercings nos meus mamilos. "Eu também."

Torci para que ele me beijasse. Para que parasse de me provocar e colasse seus lábios perfeitos e carnudos nos meus, mas Harley James adorava brincar.

E eu era seu brinquedo favorito.

Segurando minha cabeça quase totalmente raspada com a mão em que estava escrito LADY, Harley me puxou um pouco para trás, interrompendo o quase beijo e expondo meu pescoço. Senti a frieza do piercing no lábio misturada com o calor de sua respiração enquanto arrastava sua boca rosnando até minha garganta. Ele lambeu a base do meu pescoço, então traçou com os lábios o osso da minha clavícula, parando apenas para pular a alça fina da minha regata. De repente, senti dentes se enterrando no meu ombro e as mãos firmes de Harley agarrando minha coxa e as afastando tanto que agora eu estava montada nele, no sofá. Harley não soltou a mordida e deu um chupão no meu ombro cheio de sardas, gemendo contra minha pele enquanto pegava minha bunda com as duas mãos e guiava meu corpo para cima e para baixo, ao longo da extensão de seu pau enorme e inacreditavelmente duro.

Sua boca deixou minha pele com um ruído exagerado. Aproveitei a oportunidade para arrancar a regata e abrir o sutiã tão rápido quanto possível. Eu *precisava* ir embora correndo para chegar em casa no horário, mas, naquele momento, a prioridade era me certificar de que meus mamilos recebessem a mesma atenção de que meu ombro tinha acabado de ser alvo.

Meu entusiasmo fez Harley rir. "Parece que alguém quer uma boa chupada", ele provocou, enquanto eu tirava minhas próprias roupas.

Os olhos azuis e brilhantes de Harley estavam acesos enquanto passeavam pelo meu corpo. Ele sabia exatamente o que eu queria, mas estava me fazendo esperar. Queria que eu perdesse o controle. Queria brincar comigo.

Filho da puta.

Impaciente e morrendo de tesão, enfiei os dedos em seu cabelo loiro macio e o enchi de beijos. Minha virilha pressionava seu pau, imitando o movimento da minha língua em torno da dele, o que me rendeu outro gemido profundo, capaz de fazer bocetas vibrarem. Sem aviso, Harley interrompeu o beijo e se afastou, me olhando de um jeito fofo de quem ia me punir por não obedecer a suas regras.

Harley pôs as mãos ásperas de mecânico, sempre sujas de óleo, em volta da minha caixa torácica macia e imaculada e me ajeitou de forma que meu mamilo esquerdo ficasse alinhado com sua boca. "Peitinhos perfeitos", ele sussurrou, quase que para si mesmo, então gemeu baixo enquanto passava os lábios pela pele rosada e ultrassensível, com o piercing tilintando e roçando no meu a cada passada.

Meu clitóris pulsou. Minha calcinha ficou ensopada. Eu precisava de um alívio, mas Harley tinha me prendido em cima dele de um jeito que não permitia que me esfregasse em nada.

Um choramingo escapou dos meus lábios, e corri as unhas do couro cabeludo de Harley até sua nuca, pressionando seu rosto contra meu peito. Com pena de mim, Harley enfim resolveu chupar meu mamilo esquerdo, enquanto esfregava agressivamente o direito com o dedão.

Minha cabeça pendeu para trás quando ele trocou de lado e pegou o piercing do meu mamilo direito com os dentes. Mantendo uma mão firme na minha cintura, Harley se certificava de que eu não conseguiria voltar para o colo dele para me aliviar. Eu estava tão perto...

"Se eu te soltar, promete ficar exatamente assim?"

Olhei para ele e balancei a cabeça em negativa.

"E se eu prometer fazer a mesma coisa com a sua boceta?" Seus olhos brilharam para mim.

"Você jura de dedinho?"

Harley levantou o dedinho com o Y escrito e um sorriso. Soltei uma das mãos de sua cabeça e entrelacei meu dedinho no dele. Como tínhamos feito mil vezes, sem interromper o contato visual, Harley e eu nos inclinamos e beijamos um o dedinho do outro ao mesmo tempo antes de soltar.

Fazíamos isso. Brincávamos como crianças e trepávamos como profissionais. Eu adorava passar o tempo com Harley porque, ainda que fosse cinco anos mais velho que eu e conhecesse por dentro o sistema penitenciário da região, ele me lembrava de que eu ainda era uma adolescente. Estava me matando de estudar para me formar entre os melhores da turma. Estava me matando de trabalhar para pagar necessidades básicas, como gasolina, cigarro e leggings de veludo com estampa tigrada. Mas com Harley eu só... ria. E gozava. E ria um pouco mais.

Com uma habilidade notável, Harley tirou meu jeans preto apertado e minha calcinha em segundos antes de me devolver à minha posição vertical. Pegando minha bunda com as duas mãos, ele me levantou tão alto e tão de surpresa que tive que me agarrar à cabeça dele para manter o equilíbrio. Colocando minhas canelas em seus ombros e meus joelhos no encosto do sofá, Harley me ajeitou de modo a deixar minha boceta toda molhada a centímetros de sua boca. Me lançando um olhar que indicava que não ia ser bonzinho, mordeu a pontinha do piercing de aço entre minhas pernas, então envolveu meu clitóris com o lábio e gemeu.

Uns poucos movimentos da língua de Harley em conjunto com a vibração dos gemidos baixos já fizeram com que eu me contorcesse contra seu rosto, à beira do orgasmo. *Então é assim que ele faz*, pensei. *Caralho.*

Quando eu estava prestes a explodir, Harley levantou, e eu reagi agarrando seu lindo cabelo loiro com ainda mais força, como se fosse salvar minha vida.

Harley continuou segurando firme minha bunda, me mantendo na vertical, e deu uma risada no meu clitóris enquanto derrubava os resquícios da barreira da castidade para depois me colocar de costas no meio do chão da sala, sem nunca afastar o rosto. Enquanto continuava a lamber, mordiscar, chupar e gemer bem de leve, prolongando minha tortura, Harley começou a abrir o cinto de couro com tachinhas. *Graças a Deus, porra*, pensei, enquanto agarrava sua camiseta, conseguindo tirá-la bem quando ele terminava de baixar o zíper.

Quase puxei o rosto de Harley para o meu pelas orelhas. Estava mais do que cansada de ser provocada e precisava do pau dele tanto quanto da minha próxima respiração. Quando levantei a cabeça para sentir meu próprio gosto em sua boca, ergui o quadril para receber seu muito bem-vindo pau.

Evidentemente, Harley também estava cansado de joguinhos. Debruçado sobre mim, com as veias aparentes nos antebraços tatuados em que se apoiava, quase todos os traços de sua personalidade brincalhona tinham desaparecido. Seus olhos escureceram e se transformaram em piscinas azul-marinho quando a cabeça do pau deslizou por minha carne escorregadia, buscando a entrada. Em uma investida rápida, Harley me preencheu até quase arrebentar, rosnando na minha boca e agarrando minha nuca enquanto minhas paredes internas tentavam acomodá-lo.

Harley permaneceu enterrado dentro de mim, esfregando a virilha contra a minha enquanto sussurrava no meu ouvido: "Porra, linda. Você é tão apertadinha. Doeu?".

"Hummm...", gemi de prazer, incapaz de formar palavras. Aquela plenitude me deixava atordoada do melhor jeito possível.

"Hummm?", ele repetiu. Eu podia sentir que sorria contra minha bochecha.

Pegando o lóbulo da orelha de Harley com os dentes, fiz "Hummm", então o virei de costas e finalmente reivindiquei sua boca, como vinha morrendo de vontade de fazer desde o momento em que dissera que nunca mais ia lavar a mão.

Como não era do tipo que cedia o controle facilmente, Harley segurou meus quadris com ambas as mãos e começou a meter em mim por baixo. O gemido que escapou da boca dele reverberou na minha carne inchada e sensível, fazendo meu interior se contrair em torrentes de prazer. Mordi seu ombro para reprimir um grito enquanto Harley ignorava meu orgasmo e continuava metendo — prolongando meu êxtase até seu pau inchar e ele gozar dentro de mim.

Quando acordei, estava à deriva em um mar de envelopes dispersos, dolorida e saciada. Dois braços grossos e completamente tatuados envolviam minha cintura, e eram a única coisa que me impedia de flutuar para longe em uma nuvem etérea de feromônios e êxtase. Isso até eu perceber que o sotaque jamaicano ridículo que vinha da televisão pertencia a ninguém menos que a Miss Cleo.* Me soltei do abraço de Harley e disparei pela sala, recolhendo minhas coisas e arrancando os envelopes grudados em todo o meu corpo nu. No lugar onde cada um deles estivera, havia um nome em caligrafia intrincada espelhado na minha pele.

Me senti o próprio cara de *Amnésia*. Ele não conseguia guardar novas lembranças, então tinha todas as informações que considerava mais pertinentes tatuadas no corpo ao contrário, para poder se atualizar rapidamente todas as manhãs, quando se olhasse no espelho. Só que meu problema não era esquecer as coisas, e sim uma incapacidade de aprender.

Fiquei lívida. Era exatamente o que eu temia que fosse acontecer caso aceitasse ir até a casa dele, porque era exatamente o que tinha acon-

* Os infomerciais da linha direta psíquica da Miss Cleo eram onipresentes na madrugada televisiva dos anos 1990 e nunca, nunca eram transmitidos antes da meia-noite. Assim que ouvi aquela voz, eu soube, mesmo sem ter ouvido a parte do "leitura psíquica grátis", que estava totalmente fodida.

tecido em todas as outras vezes. Harley esperava até quase a hora de eu precisar ir embora, e então ficava todo cheio de graça. Se não funcionasse, simplesmente fazia tipo — franzia a testa, projetava os lábios grandes e volumosos, piscava seus olhinhos azuis de filhote pra mim — até que eu estivesse montada nele.

Tive que virar o corpanzil de Harley, que roncava, para pegar o último convite, mas aquele maldito tranquilão só bufou e abraçou, como se fosse um ursinho de pelúcia, uma das almofadas de esqueleto que eu o havia feito comprar em meu frenesi de decoração.

Ele realmente era um molecão.

Dei uma última olhada no rosto de bebê de Harley enquanto dormia, com o topete loiro todo bagunçado de quem havia acabado de transar, os músculos tatuados agarrando minha almofada, e reprimi o choro. Aquele homem era encrenca *certa*. Ainda que tivesse dito que queria o melhor pra mim e que apoiava meus planos, em alguns meses, eu havia deixado minha obsessão por aquele rebelde sem causa dos dias modernos fazer minhas notas despencarem e arruinar meu relacionamento com meus pais. E agora tinha sacrificado a minha liberdade por ele.

Sentindo o ardor das lágrimas não derramadas nos olhos e um torno apertando meu peito, tirei uma última foto mental daquela máquina sexual toda fofa aos meus pés, calcei as botas de salto sem cadarço e dirigi meu amado Mustang uma última vez antes de entregar as chaves a meu emputecido pai, que me esperava na porta quando cheguei em casa. Nenhum de nós dois precisou dizer nada.

Na manhã seguinte, fiquei sofrendo em silêncio durante as três primeiras aulas. Meu corpo inteiro doía da noite anterior, principalmente por ter dormido no chão, e meus olhos estavam inchados do tanto que chorei até dormir de novo depois de chegar em casa. E algumas marcas de queimadura do carpete tinham se feito notar durante o dia.

No entanto, nada disso se comparava à agonia que eu estava sentindo por ter que terminar com Harley. Ele vinha sendo minha fonte diária de diversão, lisonja e afeto nos últimos seis meses. Deixá-lo e mergulhar nas águas escuras da vida adulta sozinha parecia aterrorizante. Mas como eu ia me tornar uma pessoa bem-sucedida e com diploma universitário se meu namorado era a pior influência do mundo, com uma piscadela sexy e um sorriso safado que punham por terra todas as minhas tentativas de ser responsável?

Eu estava em tamanho estado de desespero que quase dei um encontrão nele quando fui fumar escondida no estacionamento durante o intervalo do almoço.

Harley me pegou em seus braços grandes e me abraçou como se não me visse fazia dias. Foi um choque para minha mente já frágil vê-lo fora de contexto. Não o abracei de volta, mas deixei que aqueles braços calorosos tirassem um pouco do gelo do meu coração antes de virar o pescoço e deparar com seu rosto preocupado.

"O que está fazendo aqui? Você foi expulso, lembra? Se te virem aqui, vão chamar a polícia!"

Dava para sentir os olhares vindos de todas as partes. Não era todo dia que um homem de aparência perigosa, coberto de tatuagens e usando um gorro preto, invadia a escola e agarrava uma aluna, muito menos um que tinha sido expulso quatro anos antes e era praticamente venerado por qualquer estudante rebelde o bastante para fumar na escola.

"Eu precisava ver você e confirmar que está tudo bem."

Harley parecia péssimo — mas ainda muito sexy. Tinha a barba por fazer e usava a roupa que eu havia arrancado dele na noite anterior. Seus olhos azul-claros estavam vermelhos e quase fechados.

"Tiraram o carro de você?"

Só assenti e voltei minha atenção para o chão, esperando meus olhos secarem antes de arriscar olhar para ele de novo.

"Porra, sinto muito, linda." Harley puxou minha cabeça para seu peito e passou os dedos pelo meu cabelo raspado e descolorido. "Quando acordei e você tinha ido embora, fiquei louco. Tive uma sensação de que... de que nunca mais ia te ver. Queria muito ir atrás de você, mas sabia que só ia piorar as coisas se aparecesse na casa dos seus pais no meio da noite. Achei que fosse perder a cabeça."

Harley deu um beijo no topo da minha cabeça e me puxou para ainda mais perto. A princípio, achei que estivesse tentando me reconfortar, mas talvez fosse o contrário. O jeito brincalhão de sempre dele tinha sumido, substituído por uma urgência e uma austeridade que não eram características dele. Ouvir a sinceridade em sua voz fez meu coração se contrair. Naquele momento, me dei conta de que eu estava culpando a pessoa errada. Harley era um homem crescido que podia fazer e fazia alegremente o que quisesse. O cara não tinha hora para voltar para casa. Eu sim. Era eu quem estava pisando na bola ali.

Mantive o rosto afundado em seu peito, em sua camiseta almiscarada cheirando a gasolina e cigarro. Ele tinha cheiro de cara que mexe com carro. E era meu.

"Não é culpa sua, Harley. Fui eu que causei tudo isso", falei.

Ele deu meio passo para trás e ficou segurando meus braços, então tive que me forçar a encará-lo. Seu rosto lindo e travesso tinha se transformado em algo que eu mal reconhecia — a carranca sem graça e os olhos injetados de um homem que tinha ficado acordado a noite toda, bebendo e pensando, as duas coisas em excesso. Mesmo seu topete loiro relaxado tinha desaparecido, enfiado debaixo de um gorro de lã preta que combinava com suas olheiras quase tão bem quanto com o clima entre nós.

"Não, a culpa é minha. A vida toda, fiz o que queria, quando queria, pouco me fodendo pras consequências. Queria que você ficasse comigo, então fiz de tudo pra que isso acontecesse mesmo depois de ter prometido que você estaria em casa no horário certo." O tom de Harley era áspero, e o volume de sua voz subia. "Fodi com sua vida porque minha casa parece vazia e esquisita quando você não está." Ele enfiou as mãos nos bolsos, interrompendo o contato visual, então jogou a cabeça para trás e gritou para o céu: "Caralho!".

Dei uma olhada no estacionamento para me certificar de que as autoridades não tinham sido alertadas, então dei um passo à frente e voltei a abraçá-lo. Com a respiração acelerada, Harley tirou as mãos dos bolsos com relutância, mas em vez de me abraçar de volta pegou meu rosto e o puxou na direção do seu.

Harley voltou a falar, em um sussurro rouco: "Você não tem ideia de como estou arrependido. Me sinto um merda, e não sei o que fazer pra consertar as coisas. Você tem que me deixar resolver isso, linda".

Ele franziu a testa, e seus olhos azuis injetados miraram minha alma. Harley mexia com a língua no piercing de argola que ficava no meio de seu lindo e grosso lábio inferior, demonstrando nervosismo, e eu só queria beijá-lo para afastar seus medos. Ver a dor em seu rosto me machucava mais do que a onda de desespero que me acometia desde a noite anterior.

Quem eu estava tentando enganar? Com carro ou sem, não ia conseguir ficar nem um dia longe daquele cara, quanto mais para sempre.

Como se seguisse uma deixa, Harley, sentindo que eu estava à beira de tomar outra decisão ruim, decidiu me dar um último empurrãozinho.

"Quero ficar com você pra sempre, Lady."

Minha nossa. Tá bom, tá bom. Perdoado. Agora podemos voltar a ser felizes?

Tentando amenizar o clima e fingir que eu não tinha terminado com ele na minha mente algumas horas antes, coloquei dois cigarros na boca, acendi e sorri ao entregar um para Harley. "É outro pedido de casamento? Você ainda não me fez um essa semana, sabia?", brinquei.

Harley vinha me pedindo para casar com ele quase todos os dias nos dois ou três meses anteriores, desde que tinha encontrado um anel de compromisso de mau gosto na calçada em frente ao meu trabalho. Estava indo me encontrar no intervalo do almoço quando o viu, então, claro, assim que entrou, se ajoelhou e ergueu aquela bijuteria de merda no ar, me pedindo em casamento na frente do meu chefe e de todos os clientes da Pier 1 Imports. Foi o primeiro de pelo menos três dúzias de pedidos públicos e humilhantes.

Ainda que rejeitar Harley repetidamente na frente de amigos, colegas de trabalho e desconhecidos tivesse sido terrivelmente constrangedor e desconfortável a princípio, com o tempo, tinha se tornado uma piada nossa. Eu era nova demais, e ele era tranquilão demais para que qualquer um de nós levasse a ideia de casamento a sério. Mas sou obrigada a admitir que estava gostando cada vez mais de ver Harley James, o lendário bad boy com rosto de anjo e corpo de ex-presidiário, ajoelhado.

Harley me dirigiu um olhar travesso e levou a mão direita ao queixo, como se refletisse sobre a possibilidade de fazer outro pedido ali mesmo, no estacionamento.

Ele voltou! Meu Harley brincalhão! Eba!

Enquanto ele coçava a barba por fazer, muito sexy, e olhava para os adolescentes com o rosto cheio de espinhas que observavam cada movimento seu, meus olhos foram imediatamente atraídos para as quatro letras que eu tinha escrito em sua mão na noite anterior.

Como uma tonta, pegando sua mão sem pensar, eu gritei: "Você não lavou mesmo!".

Quando meu dedão passou pelo A e pelo D inesperadamente escorregadios, baixei os olhos, para identificar a causa daquilo, e arfei. A pele em torno de cada letra estava em um tom de rosa inflamado, e toda a superfície tinha sido melecada com o que parecia ser vaselina.

Puta.

Que.

Pariu.

11. No melhor estilo *A origem*, caralho!

DIÁRIO SECRETO DA BB

13 de setembro

Querido diário,

Meu primeiro relato no diário superparticular que Ken nunca, nunca pode ler foi perfeito! Simplesmente perfeito! Incluí meus quatro objetivos: um apelido fofo, elogios, sexo espontâneo no chão e uma tatuagem surpresa personalizada e descaradamente amadora em um lugar bem visível. Posso ticar *todos* os itens da lista!

Nada do que escrevi é verdade, claro. Bom, uma parte era. Harley tinha mesmo tatuagens. E cabelo loiro, olhos de cachorrinho e o bom e velho piercing no lábio inferior. E me pedia em casamento o tempo todo, usando um anelzinho de merda que tinha encontrado no chão. E me chamava de Lady.

Ai, meu coração.

Bom, as sementes da Biblioterapia Subliminar do Cônjuge foram plantadas, e criaram raízes, claro. Na noite passada, Ken e eu fomos a um barzinho em Athens para ver uma lenda do rock local que amamos, Butch Walker. Enquanto estávamos ali de bobeira, esperando o show começar, aproveitei o tédio para dar uma sondada na situação. Ken e eu tivemos a seguinte conversa:

EU: *Então, Butch postou uma foto da nova tatuagem no Facebook ontem, e é bem foda. Ele fez uma âncora estilo Sailor Jerry nas costas da mão, com o nome do pai escrito em uma faixa por cima. Ficou legal.*

KEN: *Aposto que ele fez aqui do lado. O lugar fica aberto vinte quatro horas e parece sempre cheio.*

EU: *Ah, é? A gente pode dar uma passadinha depois do show.*

KEN: *Está querendo fazer uma?*

EU: *Não, mas você está.*

KEN: *Ah, é?*

EU: *É. Você vai fazer um coração com meu nome em cima.*

KEN: *E em que parte do corpo?*

EU: *Em algum lugar bem visível. No pescoço, provavelmente. Ou nas costas da mão, tipo o Butch. ISSO! Nossa, ia ficar MUITO legal! Você precisa fazer, Ken! Um coração com meu nome numa faixa por cima, nas costas da mão! Ia ser tããão romântico!*

KEN: *Que tal no antebraço?*

EU: *Por quê? Pra você poder esconder? Como esconde seu amor?*

KEN: *Hum, não. Porque gosto de tatuagens no antebraço. Mas, se fizesse uma, ia ser uma rosa dos ventos, não um coração.*

EU: *Ainda ia ter meu nome?*

KEN: *Não.*

EU: *Por que não?!?! Te dei dois filhos lindos e os melhores anos da minha vida, seu filho da puta!*

KEN: *Exatamente. Não quero o nome de uma velha com dois filhos no meu braço.*

Não preciso bem dizer que o objetivo da tatuagem requer mais trabalho para ser atingido. Então, enquanto esperamos para ver se consigo manipular meu marido sem que ele perceba para fazer algumas escolhas bem ruins e irreversíveis, por que não conto a você a verdadeira história por trás de uma das minhas piores escolhas — Harley James?

12. Billy Idol, só que não

DIÁRIO SECRETO DA BB

20 de setembro

Estacionei meu novo Mustang preto (embora novo apenas para mim, porque aquele troço quase tinha idade para votar) e me forcei a soltar o volante.

Só fazia três meses que eu tinha carta de motorista. Meu coração estava acelerado, e minha boca, tão seca que meu aparelho já começava a grudar na parte interna dos meus lábios. Aparelho que aliás também era novo.

Na verdade, tudo em mim era novo. No ano e meio desde que eu tinha entrado no ensino médio, tinha passado de uma menina inocente de catorze anos que podia contar o número de vezes em que tinha beijado alguém em um único dedo a uma roqueira fodona que já havia sido totalmente comida com a cabeça quase toda raspada, franja loira descolorida, olhos cheios de delineador e um piercing brilhante de aço em cada uma das zonas erógenas do corpo.

Passei os dedos para cima e para baixo no couro perfurado do volante e dei um último trago tranquilizador antes de jogar o cigarro pela janela com o dedão e o dedo do meio.

Ah, aposto que isso pareceu foda. Espero que Harley tenha me visto jogar esse cigarro — ou não. Porque isso significaria que ele está em casa e que vou conhecer o cara agora. Ah, meu Deus. Talvez ele fure comigo. Mas como? No telefone ele disse que não tinha carro.

Sério, diário, eu estava nervosa de passar mal porque ia sair com um cara de vinte e dois anos que morava no porão da mãe e não tinha carro...

enquanto estava sentada dentro do meu próprio carro. Seria como a Beyoncé se preocupando com a possibilidade de não impressionar Lil' Kim. Ou Tom Brady ansioso com uma reunião de sua turma de ensino médio vinte anos depois da formatura. Ou como... bom, você entendeu.

Para ganhar um pouco mais de tempo, me olhei no retrovisor para passar protetor labial sabor piña colada (para impedir o constrangimento do aparelho prendendo nos lábios) e tentei me preparar psicologicamente para a longa caminhada até a porta da casa de Harley.

É claro que ele vai gostar do que vai ver. Você está incrível! O delineador está perfeitamente esfumado. Você está usando a legging de veludo com estampa tigrada que é sua assinatura e uma regata preta do Dropkick Murphys. As alças do seu novo Wonderbra vermelho são um toque de cor bem-vindo. E suas botas Grinders pretas com ponta de aço são tão foda que o cara vai saber que você é digna de uma trepada. E o jeito como você jogou o cigarro? Relaxa! Ele vai te amar! A menos que não curta aparelho... ah, meu Deus!

Me afastei do espelho, respirei fundo e abri a porta do carro. Quando saí para o sol, minha consciência flutuou como uma bexiga amarrada ao topo da minha cabeça. Assisti de algum lugar bem acima do meu corpo às minhas pernas — envoltas em veludo imitando pele de animal — se erguendo, baixando e pisando alternadamente por vontade própria na direção da casa marrom de aparência inofensiva. Enquanto a figura diminuta abaixo de mim continuava a avançar, já subindo mecanicamente os degraus que davam na porta da frente, minha consciência começou a hiperventilar, e precisou da ajuda de um saco de papel invisível para respirar.

Ah, merda, estou surtando. Estou surtando, e ele vai perceber. E se me viu me arrumando no carro? E se perceber que esse sutiã tem enchimento? E se não perceber que esse sutiã tem enchimento e acabarmos nos pegando? Ah, não! Ele é um homem adulto! Não quer trepar com uma criança, muito menos com uma que parece um menino. Ah, meu Deus! Respira, BB, respira. Você é foda. Você é foda...

Acompanhei com uma admiração distante uma unha preta tremendo ser estendida e tocar a campainha. Antes de devolver o braço à lateral do corpo, eu me distraí pensando que com certeza para conhecer Harley James era preciso mais do que aquilo. Uma batida ou um aperto de mão secretos, ou coisa do tipo. Mas, quando ergui os olhos, dei de cara com alguém ainda mais intocável que a criatura mítica que eu havia ido ver.

Billy Idol.

Caralho, Billy Idol tinha atendido à porta da casa decadente de três andares estilo anos 1970 cor de cocô da mãe de Harley. Com seu cabelo loiro bagunçado, curto nas laterais e cheio em cima, seus olhos azuis travessos e seus lábios cheios puxados para o lado em um sorriso autoconfiante, Harley era um irmão perdido do meu amado Billy. A familiaridade me deixou tranquila na hora.

O resto dele, no entanto, teve um efeito bem diferente em mim. Os ombros largos de Harley esticavam o tecido desgastado da camiseta preta desbotada dos Misfits quase a ponto de rasgar, e suas pernas compridas e musculosas estavam cobertas por uma calça bondage xadrez vermelha e preta bem justa no quadril, como um presente de Natal que eu com certeza não aguentaria esperar até 25 de dezembro para abrir.

Cara, ele era perfeito.

Até sorrir.

Em um instante, a bexiga que era minha consciência estourou e caiu. Os piores dentes que eu já tinha visto haviam me tirado do meu devaneio.

Porra, como eram zoados. Dava pra estacionar um caminhão entre os dentes amarelados da frente, e o resto parecia estar brigando entre si, subindo um em cima do outro em uma tentativa desesperada de pular daquele buraco dos infernos e se livrar de tanto sofrimento.

Eles eram horríveis, diário. Simplesmente horríveis. Os dentes dele teriam feito Steve Buscemi vomitar.

Bom, mas ele ainda era uma lenda, e uma bela lenda por sinal — com a boca fechada. Desde que não abrisse a matraca, ou quase, pela maior parte do tempo, eu estava totalmente preparada para ignorar aquela falha.

Afinal, quem era eu para julgar? Ainda usava aparelho, e a fresta entre os meus dentes da frente ainda não tinha se fechado por completo.

Além do mais, as pessoas *não* deixam de transar com Woody Harrelson ou Madonna porque eles têm os dentes separados, não é? Claro que não! Porque eles são famosos, assim como Harley James, pelo menos num nível local.

Mas então ele começou a falar...

Puta merda!

Harley era burro pra caralho!

Quer dizer, eu sabia que ele tinha largado a escola e tal, mas achei que fosse porque era um criminoso condenado, e não porque tinha o Q.I. e a velocidade de processamento de informações de um bicho-preguiça dopado.

Afe.

Pelo menos era bonito, especialmente do nariz para cima e do pescoço para baixo, e bastante simpático e caloroso (o que era meio que uma pena, porque aquilo fazia com que risse bastante, mostrando os dentes), e sua voz era tão lenta, profunda e rouca quanto eu me lembrava da nossa conversa por telefone...

Hum...

Sempre otimista, saí pra tomar um café com Harley mesmo assim. Se eu conseguisse fazer com que Knight nos visse juntos enquanto uma caneca escondia a metade inferior do rosto de Harley, não faria diferença o fato de ele ter dentes zoados e quase nenhum neurônio. Knight saberia que eu estava sob a proteção do *famoso* Harley James — um homem adulto lindo que cuspia napalm e devorava valentões como ele no café da manhã. Ou pelo menos essa era a reputação do cara e, para meus objetivos, isso era tudo o que importava.

Não sei se foi porque minhas expectativas para a tarde tinham baixado *tanto* ou porque Knight tinha literalmente se tornado um stalker anabolizado desde que terminamos, mas depois de uma hora com Harley percebi que até estava curtindo. Embora parecesse que ele tinha acabado de participar de um clipe dos Sex Pistols e sua voz desse a impressão de estar saindo do alto-falante cheio de estática da janela à prova de balas da sala de visitas da penitenciária estadual, ele tinha uma vibe calma, afável, feliz, até. Como fui criada por dois hippies amorosos e maconheiros da era do Woodstock, a satisfação tranquila de Harley me era familiar.

Isso é bom. Parece certo. Esse cara nunca me machucaria. Vai me valorizar e proteger. E provavelmente é tonto o bastante para acabar com o filho da puta do Ronald McKnight se for preciso. É, no fim das contas acho que ele serve.

Cérebro idiota.

No fim, a vibe familiar de Harley não tinha nada a ver com o jeitão dele e tudo a ver com o fato de que, como meus pais, ele estava sempre chapado. Na verdade, acho que Harley era fisicamente incapaz de se manter sóbrio. Já tinha fumado, cheirado e engolido tantas drogas quando me encontrava que eu provavelmente conseguiria tirar o esmalte das unhas com o sangue dele e curtia um barato só de respirar perto do cara. Em minha defesa, eu de verdade não sabia que ele usava drogas nos primeiros meses do nosso relacionamento. Como eu disse, meus pais estavam sempre chapados, então as pálpebras entreabertas e a inabilidade de dizer que horas eram olhando um relógio analógico não era nada de novo para mim. Eu punha a culpa no Q.I. baixo dele.

Então um dia, quando já estávamos juntos fazia uns três meses, Harley voltou os olhos vidrados para mim e casualmente comentou: "Cara, acho que essa é a primeira vez que te vejo sóbrio".

Antes que eu conseguisse processar o que aquilo significava, Harley começou a gargalhar, jogando a cabeça para trás e enxugando as lágrimas. Ele precisou de um tempo para recuperar a compostura antes de conseguir dizer: "Puta merda! Esqueci totalmente que fumei uma tonelada de maconha com Mark antes de você chegar! Hahahahahahaha!".

E foi então que eu me dei conta de que Harley estava sempre *muito* chapado.

Com o intuito de me proteger de Knight (ou talvez apenas para deixá-lo com ciúme), decidi me concentrar nas qualidades de Harley. Ele era bem fofo, apesar dos dentes zoados. Tinha um corpo magro e comprido, o guarda-roupa e o consumo de drogas de um punk legítimo, mas sem toda aquela bagagem emocional. Embora sua reputação fizesse com que parecesse um criminoso durão, para mim Harley era só divertido e provocante, uma lufada de ar fresco. Ele me fazia sorrir, me fazia gozar e tinha idade o bastante para me comprar cigarro e álcool. Com dezesseis anos, o que mais eu poderia querer?

Eu não ligava para a falta de estudo, intelecto ou futuro de Harley. Dava de ombros para sua falta de um carro. E tinha até aceitado o fato de que morava em um lugar com painéis de madeira dos anos 1970 na parede, mofo e outro homem adulto dormindo a seu lado em uma cama de solteiro.

Quando comecei a sair com Harley, ele dividia o porão da casa da mãe com Davidson, seu irmão mais novo, que trabalhava na loja de excedentes do Exército e da Marinha. Davidson tinha um impressionante estoque de bombas caseiras, escopetas com cano serrado, pistolas enormes estilo Dirty Harry, granadas de mão e óculos de visão noturna no armário deles. Tinha até algo que na época achei que fosse um bloquinho de C4, mas depois descobri que isso era uma porrada de C4, o bastante para render no mínimo uma investigação por terrorismo. (O explosivo C4 é altamente concentrado, como wasabi.)

Depois de descobrir o estoque de instrumentos mortais de Davidson, a mãe deles (que estava no oitavo marido e parecia exatamente como se esperaria de uma mulher que deu os nomes de Harley e Davidson) decidiu que era hora de separar seus filhos cada vez mais envolvidos no submundo do crime. Ainda que Davidson fosse o traficante de armas da dupla, Harley era mais velho e trabalhava menos, então foi mandado para um canto da garagem, onde seu padrasto providenciou às pressas uma tomada e paredes divisórias de gesso.

Era meio como a forma que as pessoas costumam tratar filhotes de cachorro. Eles são bonitinhos e fofos, mas completamente incapazes de seguir as regras sociais mais básicas, como não mijar no chão, então era preciso mantê-los mais ou menos quentes e secos na garagem e visitá-los quando fazem barulho suficiente para ter sua existência notada.

Mas Harley pelo menos tinha uma TV lá embaixo.

A única coisa que *nunca* aceitei, que nunca deixou de ser uma humilhação para mim, cuja existência jamais reconheci ou admiti, eram as tatuagens de Harley. Puta que pariu, aquelas tatuagens. Diário, você sabe que adoro homem tatuado, mas as dele eram uma vergonha para toda a humanidade. Cada vez que eu via de relance o bíceps do cara, me dava vontade de chorar. Nem sei por onde começar. Ainda consigo sentir o calor subindo para minhas bochechas só de pensar naqueles crimes contra a arte. Ainda tenho uma reação visceral de repugnância, de tão ruins que eram — que são — as tatuagens dele.

Respira fundo... tá bom, aí vai.

13. Toc, toc. Quem é? O cabeção

DIÁRIO SECRETO DA BB

21 de setembro

Querido diário,

De todas as coisas horríveis que confessei até agora, essas tatuagens são as que fazem com que me sinta mais suja, e nem estavam no meu corpo. Bom, acho que tecnicamente estavam no meu corpo às vezes. (Sacou?)

Só pra deixar claro, eu nem sabia que Harley tinha tatuagens até a primeira vez que ele estacionou sua salsichamóvel na minha garagem. (Chamo de "salsichamóvel" porque aquela coisa era *quase* tão grande quanto o famoso carro de cachorro-quente de Oscar Mayer. *Quase*.)

Depois da minha primeira contenda com a cobra de cinco quilos que vivia dentro da calça dele, comecei a chamar Harley de Cabeção. Ele ficou feliz, porque achou que era uma referência ao pau dele. *Coitadinho*.

Eu tinha arrancado as roupas dele no escuro do porão, então foi só quando tínhamos terminado e ele acendeu as luzes fluorescentes nada discretas que notei uma palavrinha estranha tatuada no peito de Harley. Estava sobre o músculo peitoral esquerdo, na parte superior, entre o coração e a clavícula. Era tão desbotada que podia ter sido escrita a lápis ou feita na prisão. Tatuagens de cadeia sempre parecem ter uma aparência suspeita e denunciadora, como se não fossem definitivas.

Apertei os olhos e me aproximei, tentando discretamente descobrir o que dizia, enquanto o Cabeção se concentrava em voltar a vestir a calça de couro, alheio ao meu escrutínio. Quando cheguei a cerca de um metro e meio de distância, finalmente consegui decifrar as três letras rabiscadas dentro do contorno bizarro: ARM.

Só isso. ARM. No peito. Estava escrito "braço" no peito dele, diário.

Braço, braço...

Certamente devia ser uma abreviação ou uma piada. As pessoas não pedem que escrevam permanentemente o nome de uma parte do corpo em outra parte do corpo, certo?

À procura de alguma explicação, meu cérebro começou no mesmo instante a percorrer cada imagem, frase, trocadilho, anagrama, música e palavra associada em todo o meu catálogo de experiências. Mas não cheguei a lugar nenhum.

Quando o Cabeção conseguiu guardar a anaconda dentro da calça agarrada, perguntei a respeito da tatuagem, mas me arrependi de imediato.

Um pouco feliz demais, Harley explicou: "Ah, isso? Bom, ia dizer GAROTOS DA FARM STREET 168, mas o cara que estava me tatuando se mandou da cidade antes de terminar". Ele deu de ombros e começou a procurar a camiseta sem nenhum constrangimento, o que não deixava de ser surpreendente.

Eu tinha tantas perguntas para fazer depois daquilo que nem sabia por onde começar.

Isso quer dizer que você é membro de uma gangue? O cara se mandou da cidade quinze minutos depois de começar sua tatuagem, já que levaria uns quarenta e cinco ou cinquenta minutos no máximo para ser feita? Tipo, ele fugiu pela janela do banheiro? Espera aí, "se mandou da cidade" é um eufemismo para "foi furado"? E por que ele começou com o meio da palavra do meio da frase? Ele era disléxico?

Percebendo minha confusão, o Cabeção voltou a falar, enquanto enfiava os pés sem meias nas botas. "Quando eu morava em Atlanta, fazia parte de uma turma com esse nome. Porque a gente morava numa casa de merda que ficava nesse endereço: Farm Street 168." Sorrindo sozinho, como se recordasse os bons e velhos tempos, ele acrescentou, por vontade própria: "Eles me chamavam de James Sarnento".

Bom, eu só tinha uma pergunta a fazer depois daquela pérola. Tentei não soar muito juizona quando soltei: "Por que chamavam você de James Sarnento?"

"Ah, porque eu tinha sarna. O lugar era nojento pra caralho."

#$%@&@$#%!

Eu não sabia o que dizer. Não havia palavras no meu cérebro. Só pulsos eletromagnéticos em uma ausência de sentimentos espinhosa, sinais de alarme e setas apontando para a saída. Eu tinha acabado de transar com um cara que não só havia tido — ou pelo menos eu esperava poder dizer isso no passado — sarna, mas falava sobre a porra daquele apelido com orgulho!

Antes que eu pudesse pegar o resto das minhas roupas e correr envergonhada pelo jardim da mãe dele, o Cabeção virou pra pegar o cinto de tachinhas. E eu vi seu braço direito.

À primeira vista, parecia outra tatuagem tribal genérica — um desenho preto sólido que se bifurcava e terminava em pontas afiadas. Quase ignorei aquilo e prossegui com minha fuga, então notei que o desenho era simples demais. Em geral, tribais envolviam padrões intrincados e ocupavam um bom espaço. Aquela coisa tinha só três pontas e nenhuma curva. Parecia só um Y grosso, pontudo e mal desenhado, o que só contribuía para minha convicção de que a mãe dele tinha cheirado tinta quando estava grávida.

Eu precisava perguntar a respeito da tatuagem. De novo tentando esconder meu horror, apontei para o ombro direito dele e disse: "Me conta sobre essa aí".

Ele abriu outro sorriso inocente de quem achava que aquilo não era motivo nenhum para vergonha e disse: "Ah, é um tribal".

Soltei uma risadinha de escárnio. Foi inevitável. Segurar a onda de risos era uma agonia. *Agonia!*

Eu mordia o lábio, tentando em vão reprimir as risadinhas, enquanto o Cabeção continuava a recolher suas coisas distraidamente e dizia: "Não está terminada, mas fiquei sem grana e... sabe como é. Tanto faz".

Não está terminada?? Não está nem pela metade! É um Y, seu imbecil do caralho!

Pronto. O clima tinha acabado, e eu precisava tomar um banho de aguarrás o quanto antes.

Comuniquei minha saída educadamente e desfrutei da visão do Cabeção me acompanhando até o carro. Por trás, ele era todo calça de couro, cinto de tachinha, tronco nu e cabelo bagunçado de quem acabou de trepar...

Hum... o que é que estava me incomodando mesmo?

Ah, sim. Sarna e burrice pura.

Mas... mas ele era tão lindo, fofo e *bem dotado.*

Decidi que, desde que Harley continuasse usando camiseta com alguma regularidade, aquelas tatuagens iam se juntar à longa lista de Merdas Relacionadas a Harley Que Vou Ignorar A Fim de Deixar Knight Com Ciúme e Com Medo de Me Matar.

Ninguém precisa saber sobre as tatuagens, pensei. *Posso fingir que elas não existem.*

Isso foi antes que eu visse a que ele tinha na cabeça.

Embora eu soubesse que Harley também tinha uma tatuagem meio sci-fi idiota no topo da cabeça (eu não estava ouvindo quando ele me contou, mas acho que envolvia uma nave espacial), não achei que fosse um problema, já que o troço estava escondido sob aquele monte de cabelo loiro e lindo meio rockabilly. Veja bem, *estava*. Estava escondido — até o dia em que ele ia conhecer meus pais.

Eles nem haviam visto o cara ainda e já o odiavam. Eu tinha sido pega na mentira algumas vezes sobre o lugar onde havia passado certas noites. (Obviamente, eu tinha ficado abraçadinha com Harley na cama de solteiro na garagem da mãe dele.) Então estava proibida de usar o carro por um mês.

Durante um castigo particularmente duro, decidi que, se Harley fosse jantar em casa um dia, meus pais iam ser mais simpáticos à minha causa? O ponto de interrogação não é um erro. Não tenho ideia do que eu estava pensando. Devia estar chapada por conta dos fluidos corporais que eu e Harley trocávamos com tanta frequência.

Como o Cabeção não tinha carro na época e o meu estava confiscado, meus pais foram comigo buscá-lo na perua Ford Taurus cor de band-aid da minha mãe. Eu estava imperturbável e até altiva no banco de trás daquela monstruosidade sobre rodas de tensão purulenta. Quando paramos na frente da casa da mãe de Harley, eu estava louca para ver meu sósia sexy do Billy Idol (pelo menos antes de abrir a boca e tirar a camisa) descer correndo os degraus da varanda frágil e infestada de cupins e vir para os meus braços à espera.

Minha mãe buzinou.

Quanta educação.

Quando Harley apareceu, minha animação foi substituída por outra coisa. Confusão? Decepção? Ele parecia diferente. Tinha algo de muito errado ali. Foi só quando já tinha atravessado todo confiante a entrada e abria a porta do carro que meu cérebro enfim compreendeu o que estava acontecendo.

Harley tinha raspado a cabeça... completamente... bem quando ia conhecer meus pais.

E... pronto. Minha consciência fugiu como um animal enjaulado quando Harley entrou no carro. Subiu no teto e ficou observando de cabeça para baixo pelo vidro traseiro quando ele se aproximou de mim, sorrindo de orelha a orelha, e acariciou meu corpo rígido e abandonado.

Do meu campo de visão privilegiado em cima do carro, eu podia ver tudo. Onde o lindo e macio topete loiro de Harley costumava estar, havia agora um desenho grosseiro do tamanho da porra de um prato. Representava o cérebro dele visto de cima, como se seu crânio tivesse sido removido, como a tampa de um pote de biscoitos. O centro do cérebro parecia oco, imitando o interior de uma nave espacial, e bem no centro, conduzindo a nave, estava um pênis minúsculo.

Um pênis minúsculo circuncidado, com bracinhos de pinto e um olhar de determinação no rostinho de pinto mexia nos controles dentro do cérebro de merda do Cabeção. Meus pais estavam a minutos de descobrir que sua filha *única* de dezesseis anos namorava um homem adulto com dentes podres que não trabalhava, não tinha carro nem neurônios e, ah, falando nisso, tinha um pênis tatuado na cabeça.

Por sorte, a casca vazia que era o corpo que eu havia abandonado no banco de trás era incapaz de formar padrões de fala coerentes, muito menos exigir uma explicação, porque, ao contrário da primeira tatuagem dele que havia visto, tinha entendido a metáfora que Harley buscava com aquilo no mesmo instante e, sinceramente, o banco de trás da perua da sua mãe é o último lugar em que você quer ouvir seu namorado explicando: *Eu penso com meu pau! Entendeu?*

O choque e a dissociação que experimentei depois de ver aquele pequeno falo foram tão profundos que mal consigo me lembrar de alguma coisa entre o momento em que pegamos Harley e o momento em que o deixamos em casa.

As únicas imagens daquela noite que consegui resgatar são da minha mãe assomando como uma sombra sobre o Cabeção enquanto ele e eu comíamos uma pizza da Domino's na mesa da cozinha. Enquanto ele voraçava a quinta fatia de pepperoni, completamente alheio à presença dela, minha mãe quase queimou meus olhos ao fazer contato visual comigo por cima da cabeça tatuada dele. Levantando uma sobrancelha, puta e assustada, baixou o olhar devagar e de maneira evidente para o couro cabeludo exposto do Cabeção, enquanto sua boca se contraía de desgosto. Foi assustador.

Minha mãe não fica puta, diário. Em geral, está chapada demais para se lembrar como os sentimentos funcionam, então aquilo não era nem um pouco a cara dela, o que era ainda mais assustador.

Assim que ele saiu do carro e estávamos voltando para casa, me preparei para a fúria da minha mãe. Claro que ela era uma hippie pacifista que não levantava a voz, mas eu nunca havia levado para casa um homem adulto com um pênis tatuado na cabeça que nem tinha terminado a escola.

Não dava para saber o que ia acontecer.

Depois de dirigir por alguns quilômetros em um silêncio sufocante, minha tendência natural ao otimismo assumiu, e comecei a pensar: *Talvez ela só vá me dar um gelo. Talvez não me mate.*

Então sua mão veio em minha direção.

Mãe, não!

Só que, em vez de me dar um tapa na boca ela simplesmente ignorou meu corpo tenso e frágil e abriu o porta-luvas. Fiquei olhando por entre os dedos sua mão desaparecer em meio a uma pilha de merdas aleatórias por um momento e emergir não com uma arma, mas como uma latinha de balas Altoids aparentemente comum.

Dirigindo com um olho em mim, um joelho no volante e ambas as mãos na latinha, como se aquilo contivesse o antídoto para a imbecilidade da filha, minha mãe sofredora a abriu e pegou um baseado intocado e um isqueirinho rosa.

Graças a Deus.

Minha mãe fumou em silêncio pelo resto do caminho, que levou a porra de uma eternidade, já que ela dirigia uns quinze quilômetros por hora abaixo do limite de velocidade e parava em todos os faróis amarelos, placas de pare e objetos brilhantes que encontrava no caminho. Quando *finalmente* chegamos, parecia que seus nervos tinham voltado a seu nível de tranquilidade típico de Woodstock, enquanto os meus estavam simplesmente *aniquilados*.

Eu estava prestes a abrir a porta do carro e correr para um lugar seguro quando minha mãe respirou fundo para se recompor e me prendeu no lugar com seu olhar vidrado. "Querida, espero que esteja usando proteção com aquele homem. Ele parece alguém que teve passagem pela prisão, e com aquele pinto na cabeça deve ter sido a namoradinha de alguém. Não quero que você pegue a doença maldita."

Eu tinha quase certeza de que a doença maldita era o câncer, mas não tive coragem de corrigir minha mãe. Ela entrou em um surto de risadinhas, e eu sorri ao me dar conta de que aquela mulher provavelmente me ajudaria a enterrar um cadáver. Em especial um que tivesse uma certa tatuagem na cabeça.

14. Meu rabo caiu de novo

DIÁRIO SECRETO DA BB

27 de setembro

Querido diário,

Quando começamos a namorar, o Cabeção tinha três tatuagens idiotas, três tatuagens imbecis que aprendi a pelo menos fingir ignorar. Quando enfim terminamos, ele tinha quatro. (E com "terminamos" quero dizer que apenas parei de atender ao telefone quando ele ligava. Literalmente. O Cabeção era tão chapado, tão devagar e tão sem carro que consegui terminar com ele sem nenhum atrito.) A quarta tatuagem foi a gota d'água, e chegaremos a ela em um minuto.

O Cabeção nunca voltou a deixar o cabelo crescer depois daquela noite mortificante na casa dos meus pais, o que foi um forte golpe na minha libido. Quer dizer, uma coisa é namorar um fracassado que parece a versão punk rock do James Dean (com a boca fechada, pelo menos). Namorar um fracassado com uma tatuagem na cabeça de um pênis conduzindo seu cérebro é outra bem diferente.

Mas eu não terminei com ele logo em seguida. Quando Harley raspou a cabeça, já fazia uns bons meses que estávamos juntos, e eu tinha começado a gostar do cara de verdade. Era muito divertido estar com ele. Harley era espontâneo e afetuoso, e me pedia mesmo em casamento todos os dias. Mas o maior atrativo era o fato de que ia fazer uma tatuagem pra mim.

Eu sabia que não era certo, diário, permitir que um homem tivesse seu rosto permanentemente gravado na pele quando se sabe que o prazo de validade de um relacionamento vai expirar em uns seis meses. Mas, na época, eu não via o Cabeção como uma pessoa de verdade, com sentimentos — e ainda hoje é assim, para ser sincera. Talvez eu me preocupasse mais se ele dissesse que ia tatuar meu nome completo e meu número da seguridade social na testa, mas o que ele ia fazer era mais uma versão cartunesca de mim, então imaginei que poderia fingir que era uma fadinha sensual de animê genérica quando não estivéssemos mais juntos.

Viu, diário? Sou praticamente a madre Teresa.

Por semanas, o Cabeção pediu que eu rascunhasse uns desenhos. Era tão legal! Ele se debruçava sobre cada detalhe. Nunca o tinha visto tão interessado por nada antes. Devo ter feito uns vinte e cinco desenhos. Ele queria a BB palhacinha triste, a BB caveira mexicana, a BB Bettie Paige, a BB anjo ciborgue e até a BB punk da pesada, com um soco-inglês numa mão e um taco de beisebol na outra. Eu mal podia esperar para ver qual ele ia escolher! Meu ego frágil de adolescente estava inflado. Aquele homem amava a mim e à minha arte o bastante para colocar nós duas no corpo para sempre.

Puta merda!

Na época, o Cabeção estava trabalhando (quem diria, né?) em uma oficina automotiva que ficava a uma boa meia hora da casa dele, então, quase sempre, eu acabava dando uma carona para ele, que continuava sem carro. (Como alguém que não tem carro consegue um emprego consertando carros está além da minha compreensão.) Eu ia para casa depois da escola, jantava rapidinho, mentia para os meus pais sobre onde ia e então saía correndo pela porta para ir buscar o cara.

Então, um dia, quando liguei para o Cabeção para ver se ele precisava de uma carona, ele riu e disse que eu podia ir buscá-lo no estúdio de tatuagem Terminus City.

Ah, meu Deus! Ele vai fazer! Ele vai mesmo fazer!

Meu coração e meu Mustang pareciam desafiar a gravidade enquanto eu acelerava rumo ao estúdio. Era como se fosse Natal! Eu estava meio boba, impaciente e efervescente. Era por *isso* que ainda estava com o Cabeção. Ele era tão tonto, tranquilão e divertido.

Abri a porta do estúdio com tanta força que o sininho prateado que anunciava a entrada e a saída foi jogado contra o teto, e um pedaço de gesso saiu voando. O cara atrás do balcão arqueou as sobrancelhas com piercing casualmente e olhou para a almofada de vinil vermelho rasgado de uma das cadeiras de alumínio baratas da espera, onde o pedacinho arrancado do reboco se encontrava.

"Está procurando pelo cara com a pica na cabeça?"

Sorri, pulei lá para dentro e assenti.

O Capitão Animação apontou com o dedão — com a ponta preta e adornado com uma argola de prata pesada, não muito diferente das que pendiam de todos os pontos convexos de seu rosto — na direção de uma porta aberta atrás dele. "Ele está lá atrás."

O estúdio parecia o tipo de lugar onde antes se fazia bronzeamento artificial. Consistia em um lobby que se estreitava em um longo corredor com portas de ambos os lados. Enquanto eu avançava a passos largos, vi que só uma porta estava aberta, e ouvi o barulhinho característico saindo de lá.

Bingo!

Entrei na salinha e encontrei o Cabeção sem camisa, deitado no que parecia ser uma cadeira de dentista semirreclinada, plácido como uma vaca hindu, enquanto um homem corpulento sentado do lado esquerdo dele o furava repetidamente com agulhinhas.

Me lembro de ter pensado que o Cabeção era incrivelmente foda por nem piscar, mas, em retrospecto, acho que ele devia ter tomado um punhado de Vicodin com um frasco de Listerine.

Ele me olhou devagar com seus olhos sonolentos e anunciou: "Aí está minha Lady", enquanto descruzava os braços e esperava pelo meu abraço.

Tentei conter a animação para não destoar da atmosfera zen, marcada pelo zumbido contínuo e pela tranquilidade, que reinava naquele espaço diminuto. Depois de ir na ponta dos pés até o lado direito do Cabeção para dar um abraço rápido nele, deslizei cautelosamente para o outro lado da cadeira, onde um tatuador muito sério (e com uma aparência assustadora) estava curvado sobre o que eu queria ver.

Sai da frente, babaca!

Precisar esconder minha empolgação fazia com que eu me sentisse uma chaleira humana — calma e tranquila por fora, mas pronta para entrar em ebulição e soltar gritos histéricos e fumegantes a qualquer minuto. Eu estava morrendo de curiosidade sobre qual dos meus desenhos tinha sido o vencedor. Tentando muito não incomodar o orc trabalhando, finalmente encontrei um lugar de onde conseguia ver por cima do ombro da criatura carrancuda. De lá, me encarando de volta com olhos grandes e tristonhos, cobrindo quase metade da parte superior do braço do Cabeção, estava...

O Ió.

A porra do Ió.

O burrinho deprimido do *Ursinho Pooh*, com o lacinho rosa no rabo e tudo, me olhava de onde deveria estar meu rosto — não, de onde *não* deveria estar meu rosto. Nenhuma parte minha pertencia àquele homem, muito menos para sempre.

Ió se sacrificou por mim naquele dia, diário. E parecia absolutamente deprimido por conta disso.

Olhei para o Cabeção, que ignorava totalmente minha fúria.

Ele só sorriu como um idiota e disse: "É o Ió. As pessoas me chamam de Ió, porque eu falo desse jeito lento, tipo: *Meu rabo... caiu... de noooovo*".

Pronto. Era o fim.

Não sei como o Cabeção foi para casa naquela noite, mas sei que, em minha pressa de sair dali, fiz pelo menos mais um buraco naquele teto já caindo aos pedaços.

O Ió? *O Ió??*

Caralho, aquele cara era um idiota!!

15. Bruxaria safada

TROCA DE E-MAILS COM SARA

DE: BB EASTON
PARA: SARA SNOW
DATA: QUARTA-FEIRA, 2 DE OUTUBRO, 9H27
ASSUNTO: GEME-GEME

Minha nossa, Sara.

Está funcionando! Está realmente funcionando!

Bom, algumas semanas atrás, escrevi pela primeira vez em nome da Biblioterapia Subliminar do Cônjuge, em um arquivo no meu computador literalmente nomeado Diário Superparticular que Ken Nunca, Nunca Pode Ler. O texto incluía os quatro objetivos, e eu me certifiquei de enfatizar as impressionantes habilidades orais de Harley, já que faz pelo menos um ano e meio que Ken não me chupa.

(Sério, Snow. Eu gerei um ser humano completo e o expeli do meu corpo em metade desse tempo.)

Eu estava nervosa pra caralho com a possibilidade de Ken tacar fogo no meu laptop depois de ler, mas, quando alguns dias se passaram e nada aconteceu, comecei a me preocupar que ele fosse mesmo respeitar minha privacidade e não ler. Até que ele me surpreendeu depois que eu pus as crianças na cama ontem à noite.

Ken chegou por trás de mim enquanto eu lavava a louça, me abraçou e pressionou a porra de um pau durinho contra minhas costas. Fiquei superconfusa quanto ao motivo por que Ken estava daquele jeito às 20h30 de uma terça, quando tínhamos acabado de ver o jornal na sala, mas não ia questionar aquilo.

Presumi que ele fosse me guiar até a escuridão segura do nosso quarto antes de dar início a qualquer coisa, dada sua completa falta de graça e espontaneidade, mas, em vez disso, o filho da mãe baixou meu short e minha calcinha e meteu o dedo em mim bem ali, diante da pia. E ele estava bem empolgado, esfregando o pau na minha bunda e praticamente devorando meu pescoço e minha orelha.

Então, quando virei pra dar um beijo nele, Ken me apoiou contra a pia, abriu minhas pernas e, pela primeira vez em um ano e meio, meteu a boca na botija. Mas essa nem é a melhor parte: o filho da puta ficou GEMENDO enquanto me chupava.

Quase gargalhei alto, como se fosse a porra de uma sacerdotisa vodu! Foi exatamente o que escrevi no diário, Sara! Funcionou perfeitamente! Deve ser assim que as bruxas se sentem quando seus feitiços dão certo!

Uhahahaha!

É claro que ainda preciso dar um jeito de fazer o cara me elogiar, me dar um apelido e fazer uma tatuagem comigo como tema, mas, até agora, a Biblioterapia Subliminar do Cônjuge está se provando feitiçaria matrimonial! Quero beijar esse seu cérebro maligno!

DE: SARA SNOW
PARA: BB EASTON
DATA: QUARTA-FEIRA, 2 DE OUTUBRO, IIHI4
ASSUNTO: RE: GEME-GEME

Valeu. Eu precisava ter lido a dissertação de uma menina até o meio-dia, mas depois do seu e-mail passei o resto da manhã procurando a roupa perfeita para usar no Good Morning America. *Acho que vai ser um vestido Stella McCartney com sapatos nude Kate Spade. Quero usar um daqueles óculos de professora nerd pra dar credibilidade, mas vou precisar tirar as lentes, como os atores de TV fazem, pra não dar reflexo.*

Sara Snow, ph.D.

Professora associada do Departamento de Psicologia da (nome da universidade deletado)

16. Beirando o incesto

DIÁRIO SECRETO DA BB

19 de outubro

Querido diário,

Tive uma epifania esta tarde.

É fim de semana, e meu objetivo é o mesmo de sempre: fazer com que meus filhos tirem uma soneca ao mesmo tempo para poder trepar com Ken durante o dia. É quando ambos nos saímos melhor. Ele não está cansado demais. Eu não estou bêbada demais. É ótimo.

Então, depois de esperar o dia todo, as duas da tarde finalmente chegaram. Hora da soneca. Subi as escadas correndo, com os braços cheios de crianças, li uma versão vergonhosamente truncada de *O gatola da cartola* para meu filho, botei minha filha para dormir às pressas, desci as escadas aos pulos e aterrissei no colo de Ken, que não suspeitava de nada, em vinte minutinhos. Infelizmente, ele estava envolvido demais com um episódio fascinante de *Politically Incorrect*, com Bill Maher, que tinha começado a ver enquanto eu estava lá em cima, então sabia que ia precisar me esforçar ali.

Quando a respiração de Ken finalmente ficou entrecortada e nossas roupas começaram a ser tiradas, tirei a proteção do meu sutiã de amamentação e abri a parte de algodão macio, deixando meus peitos inchados expostos, ainda mais sexy porque continuavam tendo o suporte do arame. Enquanto Ken colocava um mamilo rígido na boca e massageava o outro, prendi o ar e cruzei os dedos, rezando em silêncio para que ele não levasse uma rajada de leite no olho.

E foi então que me ocorreu. Nem dez minutos antes, aquele mesmo mamilo estava na boca da minha filha. Alguns anos antes, na boca do meu filho. *Então é isso uma família*, pensei. *Uma casa cheia de gente que já chupou seu peito.*

E esteve dentro da sua vagina.

17. Um capuz e um boquete

DIÁRIO SUPERPARTICULAR QUE KEN NUNCA, NUNCA PODE LER

Querido diário,

Amo quando Ken fica resfriado. Sei que parece sadismo ter prazer com a infelicidade alheia, mas ele é muito fofo quando está doente. Nunca reclama. Só se encolhe dentro do moletom mais macio, quentinho e confortável que consegue encontrar, coloca o capuz e fica vendo TV em silêncio, com os braços cruzados. Então na prática Ken doente é igual ao Ken de sempre, usando moletom. O que me deixa louca.

Capuzes e gorros sempre me seduzem. Algumas mulheres gostam de homens de uniforme. Eu gosto de homens que parecem ter acabado de ser dispensados da fileira de acareação de suspeitos de um crime, de preferência os jovens gostosões acusados de arrombamento e invasão cuja silhueta bate com a marca de mais de um metro e oitenta deixada na parede de blocos de concreto e só pôde ir embora porque as tatuagens não conferem com a descrição da vítima. Você deve ter notado que eu não disse "suspeitos de roubo com arma", porque eles usam máscaras, não gorro, diário. O que acaba com o meu tesão.

Bom, na noite passada, depois que eu tinha colocado as crianças na cama, desci e encontrei meu marido encolhido no sofá, detonando com o combo "Ken doente sexy". A imagem daquela mandíbula quadrada e masculina com a barba por fazer em combinação com aqueles olhos azuis em geral tão radiantes escondidos por um capuz preto como tinta gritava perigo e mistério, enquanto a maciez do algodão desgastado do moletom e a vulnerabilidade da postura de Ken sussurravam: *Me abraça. Me ama.*

Incapaz de me conter, subi no sofá ao lado dele e passei as mãos por seu tronco, sob o calor do moletom. O que eu queria fazer mesmo era montar nele e esfregar meus peitos em seu rosto, mas, sabendo que meu marido não estava se sentido bem, só descansei a bochecha no ombro dele, conformada em me aconchegar nele de maneira totalmente unilateral. Ronronei em seu ouvido e murmurei algo sobre como ele era fofo quando estava doente, satisfeita só de ficar perto daquele paradoxo de gostosura por um tempinho.

Foi um momento doce, mas, como qualquer outro intervalo de intimidade que tive com esse homem, acabei percebendo, lamentando e então aceitando com amargura o fato de que o sentimento não era mútuo. Ken provavelmente está nas ilhas Ken, onde quer que ficassem, um lugar com população de uma pessoa, onde o ruído branco de estatísticas de beisebol e cotações da bolsa preenchia o ar. Ele poderia nem saber que eu estava ali. Ou pior: rangia os dentes e tolerava meu toque enquanto tentava me mandar embora me matando de tédio com um programa ao vivo de futebol americano virtual.

Assim, eu estava aconchegada nele, apertando-o e tentando extrair cada migalha de ternura que podia, quando Ken virou sua doce cabeça encapuzada para mim, se inclinou e começou a dar beijinhos no meu pescoço, logo abaixo da orelha.

Então ele sussurrou: "Não quero te dar o que tenho aqui... mas quero te dar o que tenho aqui". Ele girou o quadril um pouco para dar ênfase.

Baixei os olhos e...

Puta que o pariu!

Ken não tinha ido para as ilhas Ken coisa nenhuma. Estava ali, comigo, absorvendo meu afeto e respondendo com uma puta emoreção.

Opa!

Não é preciso dizer que eu não ia deixar que um resfriadinho se colocasse entre mim e aquela novidade. Puxei Ken pelos cordões do capuz até o banheiro, abri com destreza a gaveta à prova de crianças com aparador de pelos do nariz, suplemento de fibras, cera para o rosto, supositório, cola em bastão, moedas e brinquedinhos sexuais e comecei a revirar febrilmente aquelas merdas aleatórias antes de localizar o vibrador bullet do tamanho de um dedo que ficava ali. Caso não conseguíssemos engrenar, com ele resfriado e tudo o mais, eu ia precisar de um reforço.

Sem perder tempo, Ken começou a tirar a roupa, então tratei de fazer o mesmo imediatamente. Enquanto me livrava do jeans, o moletom delicioso dele caiu ao chão ao meu lado. A dor da perda ao ver aquela peça de roupa sexy em uma pilha aos meus pés logo foi substituída pela necessidade pulsando entre minhas pernas quando meus olhos voltaram a seu corpo. Eles deslizaram pelas canelas e coxas musculosas de Ken, dançaram em volta da cabeça daquele pau duro impressionante, subiram os degraus de seu abdome firme, escorregaram pelo peito tonificado, lamberam a barba áspera por fazer na mandíbula quadrada e aterrissaram com delicadeza nos lábios esculpidos entreabertos (talvez porque ele estivesse resfriado demais para conseguir respirar pelo nariz, mas tudo bem). Parecia que Ken tinha acabado de sair da gravação de um comercial de desodorante masculino, provavelmente depois de ter sido demitido por não ser capaz de esconder aquele mastro de vinte centímetros de comprimento por baixo da toalha.

Antes que eu o atacasse, Ken pegou meus quadris e virou meu corpo nu, fazendo com que eu encarasse o espelho gigante acima da pia. Então se colocou atrás de mim e levou as mãos aos meus peitos inchados, pesados por causa do leite, e enterrou o rosto no meu pescoço. Só fiquei olhando, entregue.

Eu nunca tinha assistido a mim mesma fazendo amor. É claro que tinha me visto de relance algumas vezes, em banheiros ou em hotéis baratos na praia, com espelho na porta do armário. Ficar ali de pé, vendo Ken apertar, lamber e sugar meu corpo, fez com que eu me sentisse empoderada e adorada.

Tendo se passado só seis meses do parto, não tenho o hábito de me olhar em espelhos de corpo inteiro. Ainda não voltei ao peso de antes da gravidez e, como alguém que passou a maior parte da vida adulta lidando com um distúrbio alimentar (ou três), aprendi que espelhos e balanças mentem. Ambos sussurram coisas para sua alma que não são verdade — sobre sua beleza, seu valor. Em geral, quanto menos espelhos e balanças encontro, melhor.

Mas, na noite de ontem, naquele espelho, o corpo que vi à minha frente pareceu... surpreendentemente bonito.

Ainda amamentando, eu, que tenho seios pequenos, estava usando sutiã um número maior, alguns até dois. E, com os meus braços levantados sobre minha cabeça, minha barriga dava a ilusão de ser chapada. Meus quadris, um pouco mais largos que antes, balanceavam o preenchimento extra no meu peito e me davam uma leve silhueta de violão, que nem em um milhão de anos eu pensaria que teria, com meu biotipo moleque. Mas não havia nada de moleque na deusa devassa do sexo que me olhava de volta. Era curvilínea. Fértil. Tinha um homem alto de cabelo castanho-claro enrolado à minha volta, como se fosse um xale de vison.

Ken me girou um pouco de lado, para que sua boca tivesse acesso a meu mamilo direito, aquele que eu tinha furado três vezes em alguns anos quando era adolescente, para pôr piercing.

(Meu corpo rejeitara o piercing daquele lado duas vezes, mas eu continuava dizendo: *Vai se foder, corpo! Você vai ter DOIS mamilos com piercing, não só UM. Não pode me dizer o que fazer!* Então, eu tive que furar de novo e de novo, porque, quando você se sentia a única garota no mundo sem peitos, precisava *muito* de piercing nos mamilos para sentir que não havia problema em tirar a blusa na frente de um garoto. É um milagre que eu possa amamentar com o mamilo direto, considerando as cicatrizes deixadas no rastro de mutilação da juventude.)

Ken acariciou o mamilo com a língua por apenas um momento antes de prendê-lo desde a base com os dentes e arrastá-los lentamente por toda a extensão do bico. A sensação me deixou arrepiada, assim como o friozinho que senti quando ele saiu do calor amanteigado da boca de Ken.

Nosso banheiro é um lugar escuro de pé-direito alto, meio cavernoso, com revestimento de pedra de uma parede a outra. É um lugar duro e frio, e eu meio que esperava ver estalactites pendendo do teto toda vez que entrava.

Aquilo fazia com que cada centímetro do meu corpo desejasse o calor da boca de Ken. E eu conseguia pensar em pelo menos um ponto do corpo dele que desejava o calor da minha.

Me estiquei e peguei o vibrador da pia. Virei, segurei Ken pelos ombros fortes e girei nossos corpos de modo que as costas dele ficassem para a pia. Começando pela mandíbula cerrada, tracei um caminho de beijos com a boca aberta descendo por seu pescoço e seu peito enquanto sugestivamente deixava o vibrador na mão esquerda dele. Então me curvei e segurei o pau de Ken, lambendo da base à ponta em um movimento circular lento enquanto ajeitava o quadril de modo que minha bunda ficasse a seu alcance.

Ouvi o barulhinho do vibrador e gemi no pau de Ken conforme sua mão descia pelas minhas costas, com o vibrador entre o indicador e o dedo do meio, fazendo minha pele ansiosa se arrepiar. Enfiando toda a sua extensão até a garganta, chupei forte, revirando a língua em torno da ponta da cabeça lubrificada antes de voltar a engolir tudo de novo. Ouvi Ken gemer de prazer enquanto fazia o vibrador descer pela minha coluna, pela abertura da minha bunda farta e pela minha boceta molhadinha até pousar com firmeza na base do meu clitóris.

Isso!

Movi minha cabeça mais rápido, alternando entre chupar e mexer a língua, enquanto acariciava ou segurava o resto dele. Ken respondeu aumentando mais e mais a velocidade do vibrador sobre meu clitóris inchado, de vez em quando enfiando o dedo no ponto dolorosamente vazio logo abaixo. Quando comecei a sentir meu interior se contorcer, o pau de Ken começou a tremer dentro da minha boca. Ele o tirou antes que um de nós gozasse, então me pressionou contra uma das poucas paredes do banheiro que não era revestida por ladrilho gelado.

Levantando minhas coxas até sua cintura, Ken se acomodou entre minhas pernas, dobrando os joelhos para compensar a diferença de altura, plantando um beijo com a cabeça de seu pau perfeito no meu sexo pulsando. Ele entrou apenas um centímetro ou dois antes de tirar, depois repetiu o movimento. Estava me provocando, me dando só uma amostra do que eu queria, enquanto soltava sua respiração quente na minha clavícula. Incapaz de continuar retardando minha gratificação, agarrei seus quadris e o puxei para mim em uma investida forte e satisfatória. Ficamos ambos parados, desfrutando do momento, antes que eu empurrasse seus quadris para longe e depois os puxasse de novo, ainda mais forte. Quando voltei a empurrá-lo, Ken fez força contrária, metendo em mim com uma força que deixou claro que estava assumindo o controle.

De novo e de novo puxamos e empurramos, e a cada colisão eu me sentia mais perto dele. Mas não perto o bastante. Ainda não.

Virando, fiquei de pé, com as pernas abertas e na ponta dos dedos, com uma das mãos apoiada na parede e a outra guiando Ken entre minhas coxas até encontrar o caminho de volta para meu corpo necessitado. Ele dobrou as pernas enquanto me pegava por trás, então foi devagar, quase me levantando quando estava totalmente dentro de mim.

Isso! Isso! Por favor!

Meu clitóris palpitou, e quase instintivamente Ken pressionou o vibrador esquecido contra aquele pontinho inchado de carne.

Ah!

Reagindo à intensidade, gritei e contraí os músculos em torno do pau de Ken, apertando com força enquanto ele me preenchia de novo, levando-o ao limite. Ken agarrou meus quadris com as duas mãos e tremeu atrás de mim, se enterrando tanto quanto possível no meu novo corpo curvilíneo.

Soltei a testa sobre as mãos, ainda plantada com firmeza contra a parede à minha frente, entregue. Enquanto Ken tirava com delicadeza seu pau já amolecendo, torci para que pelo menos ainda sobrasse um dedinho sem muita vontade pra mim.

Se tem uma coisa com que posso contar é que Ken — como posso dizer? — perde notavelmente o entusiasmo depois de gozar. Em geral, mal consegue reunir forças para ficar acordado, quanto mais continuar a dar prazer a sua esposa safada.

E, como estava gripado, não podíamos nem nos beijar.

Droga.

Quando eu já começava a considerar seriamente a possibilidade de tirar o vibrador de sua mão e me trancar no closet com ele, senti o hálito de Ken na minha nuca enquanto o brinquedinho voltava a provocar meu clitóris inchado.

Hum... Muito bom...

Inclinei a bunda para cima e movimentei os quadris em círculos lentos, desfrutando do zumbido entre minhas coxas. Ia precisar de mais do que aquilo. Me sentia vazia.

Pegando a mão livre dele, levei os dedos de Ken à boca e comecei a lamber e chupar os dois mais grossos, esperando que ele entendesse a dica e enfiasse os dois em mim. Assim que soltei sua mão, Ken a levou até minha bunda, dando um tapinha na pele macia antes de deslizar o dedo do meio, molhado, por uma entrada diferente. Perdi o ar e deixei escapar um gritinho surpreso. Entre a intensidade gritante do vibrador massageando meu clitóris, o sêmen pingando languidamente do meu corpo e Ken bombeando o dedo grosso no meu cu apertado, fiquei suspensa em um estado de êxtase pré-orgasmo.

Por mais gostoso que fosse, minha vergonha não deixava que eu me entregasse ao prazer. Sem nada para me cobrir, nem mesmo a escuridão, me sentia exposta demais.

Superando o constrangimento, guiada por uma necessidade de gozar que me consumia, tirei a mão da parede e belisquei o mamilo esquerdo com força. Uma onda de eletricidade, quase equivalente à que o vibrador provocava lá embaixo, desceu direto para o meu clitóris. Enquanto apertava a carne macia entre meus dedos, fui lembrada de como meus peitos agora são grandes e maleáveis. Passei a mão livre pelos dois, apertando-os, grata, antes de pegar o mamilo direito e dar uma torcidinha.

A sensação foi como um tempestade de trovões de êxtase, e sem perceber eu já estava me balançando sobre o dedo provocador de Ken, gemendo para o ar frio da noite: "Hum... fode o meu cu, fode...".

Tudo ao redor tinha desaparecido. Éramos só eu, minhas terminações nervosas e o estrondo cada vez mais forte dos trovões que cairiam sobre mim a qualquer segundo. Sentindo como eu estava perto de gozar e encorajado por meus gemidos, Ken de repente apertou o vibrador com mais força contra meu clitóris e enfiou o outro dedo molhado em mim, que estava prontinha para ele.

Bum.

Meu interior se contraiu em uma torrente violenta e pulsante. Meus sentidos tinham pegado fogo momentos antes, mas agora meu corpo despencava na escuridão do orgasmo, só remotamente consciente de que também tremia, gemia e falava palavrão enquanto meus joelhos falhavam e eu cravava as pontas dos dedos na parede, buscando apoio.

Quando voltei a mim, Ken lavava as mãos na pia com toda a tranquilidade, me observando de canto de olho e parecendo muito satisfeito consigo mesmo. Andei meio cambaleando até ele e descansei a bochecha em seu braço, olhando entorpecida para seu reflexo no espelho.

Meu cabelo castanho-avermelhado rebelde e cheio de ondas apontava para todas as direções, meu rosto e meus lábios estavam vermelhos, e tinha uma marca vermelha no ponto da minha testa que tinha sido apoiado contra a parede. O cabelo de Ken também estava naquela bagunça de quem tinha acabado de transar, mas na verdade era só por ter ficado debaixo do capuz. Baixei os olhos para o moletom preto confortável, ainda jogado no chão, e fui incapaz de impedir que um sorrisinho tímido se abrisse no meu rosto.

Quando levantei os olhos, a expressão no rosto de Ken era igual à minha.

É, sem dúvida nenhuma tenho uma tara por Ken doente.

Pós-escrito: Acabei de procurar na internet o preço de uma placa de petri com rinovírus — e fiz uma pesquisinha atrás de anúncios —, mas não fui bem-sucedida. Evidentemente, sou a única cretina dos Estados Unidos interessada em ter um estoque do vírus da gripe no meu congelador para infectar meu marido durante o ano. Não sei dizer se isso me torna um monstro ou um gênio. Acho que talvez... um mônio?

18. Dando duro (trocadilho intencional)

DIÁRIO SECRETO DA BB

DE: BB EASTON
PARA: SARA SNOW
DATA: QUARTA-FEIRA, 1º DE NOVEMBRO, 10H27
ASSUNTO: CUNILÍNGUA

Lembra que eu estava toda empolgada porque Ken tinha gemido enquanto me chupava depois de ler a história sobre o Harley e fiquei toda "Essa porra é mágica!" e "Uahahahaha"? Pois é, talvez eu tenha me entusiasmado demais. Depois daquilo, as coisas meio que voltaram ao normal quase que instantaneamente. Então dessa vez decidi tentar uma abordagem diferente e investir na BSC usando o próprio Ken. Achei que se combinasse reforço positivo com a técnica da Biblioterapia Subliminar do Cônjuge talvez conseguisse resultados mais duradouros.

Alguns dias atrás, escrevi (em detalhes pornográficos) sobre um sexo bem gostoso que rolou pouco tempo atrás, quando Ken estava doente. Aquela porra era de fazer até EU corar, Sara. Bom, Ken deve ter lido enquanto eu estava me preparando para dormir na noite seguinte, porque, bem quando eu estava terminando o banho, entrou no chuveiro comigo, já todo duro, e... me levou à loucura.

Ele foi bem confiante e agressivo, Snow. Em, tipo, trinta segundos tinha me feito apoiar os antebraços na parede do box para me inclinar, bateu na minha bunda e então meteu o pau E o dedo em mim ao mesmo tempo. Nossa, foi muuuuito bom... pelos dois minutos antes de Ken gozar.

Nem ligo. Fiquei tão surpresa com seu comportamento que quis bater palmas bem ali, no chuveiro. E, como uma idiota, presumi que era apenas um vislum-

bre do que estava por vir. Que, DAQUELA vez, o efeito duraria mais que a porra de uma hora só.
Mas ontem já estávamos de volta ao sexo medíocre com cadáver, eu por cima e a TV no mudo de pano de fundo, que beleza. Aparentemente tenho que escrever um texto pornográfico de mais de duas mil palavras só para tirar dois minutinhos de sexo animado com Ken. É exaustivo pra caralho. E nem vou comentar a falta de elogios, apelidos e tatuagens personalizadas por aqui.
Espero que você não tenha tirado a etiqueta do vestido Stella McCartney, porque nesse ritmo nunca vai conhecer Robin Roberts.

DE: SARA SNOW
PARA: BB EASTON
DATA: QUARTA-FEIRA, 1º DE NOVEMBRO, 10H29
ASSUNTO: RE: CUNILÍNGUA

Uma jornada de mil quilômetros começa com um único passo.
Sara Snow, ph.D.
Professora associada do Departamento de Psicologia da (nome da universidade deletado)

DE: BB EASTON
PARA: SARA SNOW
DATA: QUARTA-FEIRA, 1º DE NOVEMBRO, 10H37
ASSUNTO: RE: CUNILÍNGUA

Oi???

TROCA DE MENSAGENS DE TEXTO COM SARA CERCA DE UM MINUTO DEPOIS:

SARA: *Não acredito que vc mandou aquilo pro e-mail da universidade*
EU: *Ah! Por isso o provérbio chinês!*
SARA: *O que mais eu podia dizer?*
EU: *“Não te conheço”*
EU: *“Nunca mais me escreve”*
SARA: *Vou ser demitida por sua causa*

EU: *Sério? Mas e todas as merdas que vc me manda daquele e-mail? Pq de repente... ahhhh. Espera. Entendi.*

EU: *Vc tá chapada.*

SARA: *Cala a boca.*

EU: *Rá! Eu sabia! Vc tá mto louca. Sempre sei. Fica toda paranoica.*

SARA: *Porra*

EU: *Pq vc tá chapada no trabalho?*

SARA: *Fui almoçar com aquele hippie que Sophie me apresentou semana passada*

SARA: *Não sou louca*

EU: *Faz todo o sentido*

SARA: *Bom trabalho com Ken, aliás*

EU: *Até parece. Dá trabalho pra cacete, Snow. Vale a pena?*

SARA: *Vale, pelo meu Audi R8. Agora volta lá e consegue meu cargo de professora titular*

EU: *Argh*

EU: *Tenho que escrever sobre o fiasco do banho? Tô tão cansada. Manipular as pessoas é difícil.*

SARA: *Só copia e cola o e-mail que me mandou*

EU: *Vc é genimal, dra. Snow!*

SARA: *Uma gênia do mal?*

EU: *Viu??*

19. BB sofre

DIÁRIO SECRETO DA BB

9 de novembro

Querido diário,
Escrevi um haicai hoje. O nome é "BB sofre".

Você me disse hoje
que faz massagem nos pés da bebê.
Não nos meus, Ken? Por quê??

Então, hoje à tarde, enquanto estava com a bebê no colo, notei que ela fazia um lance estranho de contorcer a perna em uma posição toda torta só para colocar o pé na palma da minha mão.

Quando comentei com Ken, ele explicou, indiferente: "Ela só quer que você faça massagem no pé dela. Eu fa..."

A boca de Ken fechou na hora quando uma onda de arrependimento e medo passou por seu lindo rosto. Ele tinha feito cagada. Ken sabia, e eu também.

Minhas sobrancelhas levantaram na hora, e minha boca se franziu em uma careta homicida. *O que é que você faz?*

Hesitando por uma fração de segundo, Ken decidiu que era melhor tentar suavizar aquela pequena confissão, para não ser castrado.

"Eu faço uma massagenzinha nos pés dela às vezes, quando é minha vez de colocar a bebê na cama, então agora", ele pigarreou, "ela sempre coloca o pé na minha mão quando está no meu colo."

Sei muito bem que a ideia de um homem alto e lindo com um bom emprego e sem antecedentes criminais fazendo massagem nos pés da filha é muito fofa e encantadora. E é claro que Ken ser um bom pai é sexy e tal, mas tenho que te dizer uma coisa, diário. Esse puto* NUNCA tocou nos meus pés. Na verdade, ele *se orgulha* de nunca ter tocado nos meus pés, e olha que eles são bem bonitos! Não são peludos e gigantes, e eu não tenho dedos tortos nem joanete. Meus pés são pequenos e bem cuidados, e os dez dedos apontam na direção certa. Um deles até tem uma sarda bonitinha.

Independentemente da quantidade de cuidados dedicada a meus pés, só de roçar um deles em Ken ele quase se levanta para sentar no outro sofá.

Por quê?, você se pergunta.

Porque, nas palavras do meu marido, "pés são nojentos".

São mesmo? São mesmo, Ken? Está muito claro que você não acha que os pés da bebê são nojentos, e eles acabam se sujando de cocô pelo menos uma vez por semana quando vou trocar a fralda e não tiro a suja do caminho a tempo. E ela está sempre colocando os pés na boca. Nossa filha não é um gato, Ken. Não é mais limpa do que eu porque se lambe. É o oposto, na verdade. Aliás, se alguém nesta casa tem pés nojentos, é a bebê!

Então parece que no fim das contas Ken não tem um problema com pés. Eu poderia apostar que ele não tem nem um problema com *meus* pés. (E como poderia ter? Eles são bonitos, porra.)

Acho que o problema do meu marido na verdade é ter que fazer algo, *qualquer coisa*, que eu queria que ele faça. No mundo da psicologia, chamamos isso de "transtorno opositivo-desafiador". Neste casamento, no entanto, é apenas a razão número novecentos e oitenta e três por que Ken é um babaca.

* Só para deixar registrado, às vezes, quando me sinto mal por chamar o pai dos meus filhos de puto, eu me lembro de que, cerca de uma vez por semana, ele vira o *meu* puto, enquanto fica ali deitado fantasiando com ações do Google. Assim não me sinto tão mal.

20. O pior de todos

DIÁRIO SECRETO DA BB

16 de novembro

Querido diário,

Como é que você pode ter o pior sexo da sua vida com alguém com quem transa há dez anos? Estou chocada. E furiosa, aliás. Achava de verdade que eu já tivesse experimentado todo o sexo ruim que teria na vida antes dos vinte, depois de todas aquelas primeiras vezes, ficadas de uma só noite, sexo bêbado desajeitado, sexo apertado no carro, sexo piniquento ao ar livre, sexo interrompido no meio pela mãe do parceiro, sexo encerrado depois de duas metidas e meia, sexo questionável que faz você desejar ter uma máquina do tempo para tomar cinco martínis a menos, sexo experimental que leva a uma lesão no menisco quando se tenta um oral plantando bananeira, sexo deprimente de quando se descobre na hora H que o cara supergostoso de quem se está a fim há meses tem um pau minúsculo, então é preciso seguir em frente para não magoar o sujeito, ainda que aquilo vá terminar em dez minutos quando você fingir um orgasmo e depois um derrame, sexo desajeitadamente violento quando se descobre que você e o cara são ambos dominantes e a coisa meio que vira uma queda de braço.

Então veio a noite passada.

Só de pensar tenho vontade de dar um soco na cara do meu marido — ou pelo menos agarrá-lo pelos ombros e nunca parar de chacoalhá-lo.

Tudo o que eu queria ontem à noite era apertar seu rosto lindamente esculpido e gritar: *Pelo amor de Deus! Se concentra aqui! Pelo menos finge que você não é um completo desinteressado!*

Então só soltei um suspiro dramático e sibilei por entre os dentes, para me impedir de gritar: "Meu Deus, Ken. Pega logo o vibrador".

Ele foi pegar, claro, e aproveitei sua ausência para respirar fundo algumas vezes.

Não seja grossa. Não seja grossa. Se atacar o cara, só vai piorar tudo — considerando que isso é possível. Mas quem estou tentando enganar? Não tem como piorar.

Então, depois que ele voltou, talvez eu tenha olhado para meu marido de um jeito meio "vai se foder", e *talvez* tenha dito algo do tipo "Acorda, Ken. Pelo menos finge que não está pensando em números. Você tem que ser mais firme comigo que *isso*".

Fica parecendo que peguei muito pesado, mas foi uma situação horrorosa, diário. Aquilo era um insulto ao sexo.

Vou descrever a cena para você. Como sempre, Ken e eu começamos a nos beijar no banheiro depois de nos arrumar para dormir, quando terminamos de escovar os dentes. Pode parecer um ótimo momento para se pegar, mas, na verdade, é o oposto, porque Ken costuma estar cansado, o que o deixa ainda mais letárgico e apático que o normal, e o cheiro do meu hidratante facial de velha entra na boca, o que faz com que pareça que estou beijando minha avó.

Então, lá estávamos nós, nos beijando no nosso banheiro congelante apesar do gosto geriátrico do hidratante. De vez em quando eu limpava a boca no ombro de Ken, tentando remover a fonte viscosa do cheiro de naftalina, enquanto meu marido tocava partes aleatórias do meu corpo com gestos robóticos.

Entediados e com frio, fomos desajeitadamente para o quarto, onde se pode dizer que masturbei seu pau sem vida com minha boceta ao brilho de *Channel 2 Action News* sem som por três minutos antes que ele gozasse de forma inesperada, sem a menor cerimônia.

Caralho.

Sempre otimista, segui em frente, esfregando meu clitóris com força contra sua pélvis e apertando minha boceta em uma tentativa desesperada de me agarrar ao pau que encolhia rapidamente, lambendo e chupando com paixão seu pescoço, seus lábios e sua língua, e recebendo em troca... nada. Eu me sentia uma adepta relutante da necrofilia.

Torcendo para que uma mudança de local lhe desse um pouco mais de motivação, arranquei a bunda de Ken da cama e recuei devagar, fazendo contato visual com ele enquanto o puxava para mim pelos bíceps fortes, até que estivesse presa entre seu corpo e a parede. Envolvendo sua cintura com uma perna, joguei a cabeça para trás e coloquei suas mãos entre minhas coxas, esperando que ele aceitasse o convite para beijar e acariciar meu pescoço. Em vez disso, senti o carinho frígido do ar-condicionado, que tinha bastante espaço para circular no abismo que nos separava.

Ali estava eu, latejando e congelando, em uma pose de deusa grega digna da capa de um romance de banca de jornal, enquanto Ken brincava com meu clitóris, distraído, olhando para o reflexo da TV em uma foto emoldurada do nosso casamento, pouco acima da minha cabeça. Sabendo que estavam passando os melhores momentos do jogo dos Braves, concedi a meu marido o benefício da dúvida e esperei dois minutos inteiros até que terminasse para ver se ele ficava mais entusiasmado — o que não aconteceu — antes de mandá-lo para a missão vergonhosa de ir buscar o vibrador.

Eu deveria ter ido pegar eu mesma e deixado Ken sozinho com Bryant Gumbel. De alguma forma, o apêndice movido a bateria, em conjunto com a apatia inflexível dele, tornou tudo ainda mais mecânico. Acabei desistindo e fui para o chuveiro amargurada.

A inabilidade de Ken de demonstrar um sussurro de intimidade que seja foi como um soco no estômago. E me deixou com vontade de dar um chute *bem* no saco dele.

21. Alguém chame a Oprah

DIÁRIO SECRETO DA BB

15 de novembro

Querido diário,

Acabei de ter uma revelação. Por uma década inteira, tive a impressão de que Ken só tolerava meu afeto porque gostava da ideia de contar com duas fontes de renda.

Então, ontem à noite, durante uma de suas performances mais cadavéricas no quarto, finalmente criei coragem e falei aquilo que estava na ponta da minha língua e que ocupava minha mente desde 2003.

"Não parece que você está com vontade."

Palavras tão simples. Por que nunca falei antes?

Sei que para você devo parecer uma vaca que jogaria a falta de brilho sexual do marido na cara dele, mas na verdade tento ser tão cuidadosa quanto possível quando se trata dessa questão. Para começar, sou psicóloga. Sei que o ego masculino é frágil. Se um cara se sentir inadequado em termos sexuais ou pressionado a ter um bom desempenho, é melhor já comprar uma passagem de ônibus e um cartão telefônico pré-pago pra ereção dele, porque aquela porra não vai voltar por *um bom tempo*. Mas também demorei tanto para falar com Ken porque eu o amo de verdade, com transtorno opositivo-desafiador e tudo. Não quero ferir seus sentimentos, caso ele tenha algum.

Além disso, Ken é maravilhoso de muitas outras maneiras. Sua introversão tranquila complementa meu jeito maníaco à perfeição. Ele é inteligente pra caralho e sarcástico de um jeito discreto que ninguém além de mim parece entender. É a pessoa mais sincera e confiável que já conheci, e cuida de todas as merdas em que não quero pensar. Além disso, é muito, muito lindo. Aceitei sua falta de paixão como prova de que ninguém é perfeito. Mas isso já faz dez anos.

Agora estou sedenta.

Agora grito com ele mentalmente só para sentir alguma coisa.

Agora falo com meu diário como se fosse um amigo imaginário.

Agora fantasio com meus ex-namorados ridículos e devoro romances com personagens bad boys como se fosse minha última refeição.

Agora minha sede por paixão, por amor, finalmente se sobrepôs a meu desejo de proteger o ego masculino delicado de Ken.

E agora estou puta comigo mesma por não ter tocado no assunto antes.

Quer saber o que ele disse, diário?

"Estou tentando não gozar."

Foi como se uma bomba explodisse no quarto.

Cabum!

Essas cinco palavras ecoaram e ricochetearam na minha cabeça até que seu significado começou a emergir, pouco a pouco.

Então... espera aí. Isso quer dizer que, por dez anos, Ken ficou deitado embaixo de mim, fazendo a melhor imitação do mundo de alguém fazendo uma tomografia computadorizada, não porque não estava a fim, mas porque estava a fim demais? *Certo... então isso significa que ele* quer *puxar meu cabelo, apertar minha bunda, devorar minha boca e me agarrar pelos quadris enquanto mete em mim cada vez mais rápido, mas luta contra essa vontade para não terminar rápido* demais?

Aquilo era um pouco gozado (trocadilho não intencional)...

Pensei no sexo insano no chuveiro algumas semanas antes, que tinha durado dois minutos inteiros, e na emoreção de quando ele estava doente no sofá. Naqueles dois momentos, Ken tinha se permitido certo envolvimento. Tinha se permitido sentir. Apalpar. E, em ambas as ocasiões, tinha gozado rapidinho e ficado todo chateado.

É isso! Cacete, diário! O filho da puta agia como um inútil na cama desde a época em que George Bush era presidente para tentar evitar parecer justamente isso!

A expressão vazia em seu rosto, a TV no mudo, o corpo deitado sem vida — tudo aquilo era um exercício de autocontrole! (Só que era eu quem fazia todo o exercício, muito obrigada.) Pelo jeito, ele acha que o único modo de durar mais do que eu é fingir que está assistindo a um jogo de beisebol no teto do consultório do dentista enquanto o torturam!

Argh! Puta que pariu, faz uma década que me sinto indesejável e chateada por causa da falta de entusiasmo dele quando o tempo todo o cara tem mantido os dentes cerrados enquanto tenta não...

Ah, *não*.

Agora estou puta. Ele não sabe que *todos* os homens gozam antes das mulheres? É um fato científico! É por isso que inventaram a porra das preliminares! Não tem nada de errado com Ken, ele só é preguiçoso pra caralho!

Quer saber? Agora a coisa ficou séria, diário. Chegou a hora de um certo astro do rock chamado Hans mostrar àquele puto como é que se faz...

22. O doce metaleiro

DIÁRIO SUPERPARTICULAR QUE KEN NUNCA, NUNCA PODE LER

Hans.

Na primeira vez em que pus os olhos em Hans Oppenheimer, ele estava tocando com sua banda, Phantom Limb, para uma multidão de umas trinta pessoas na festa de uma amiga, a Menina Gótica.

A Menina Gótica tinha acabado de largar a escola para se dedicar em tempo integral a seu hábito recente de se drogar, que era financiado por seu namorado muito mais velho e igualmente gótico, para a casa do qual havia acabado de se mudar.

Para exibir a casa nova, a Menina Gótica organizou uma festança e, para se certificar de que a polícia seria chamada, contratou a banda de heavy metal para tocar na sala de seu amigo.

Eu não era fã de metal — sempre fui mais do rock alternativo, mesmo quando fingia que era punk —, mas a banda fazia vários covers de músicas do Nine Inch Nails, o que diminuiu minha vontade de ir embora. E o fato de que o baixista era um grande e perigoso pedaço de mau caminho também não doía.

Assim que a banda terminou o set, fui para a cozinha pegar mais cerveja. Depois de encher meu copo, dei de cara com uma parede inflexível de músculos quentes e suor quando me virei. Meu corpo foi jogado para trás, e observei horrorizada metade da minha cerveja aterrissar com um ruído dramático no chão, quase acertando os Adidas pretos daquela enorme barricada humana. Por sorte, o gigante segurou meus braços para me equilibrar antes que eu caísse de bunda no barril de cerveja atrás de mim.

Depois que meus olhos fizeram a longa viagem das lanchas que eram seus pés até seu rosto, fiz uma avaliação mental rápida. *Calça larga preta, carteira com corrente, regata ligeiramente suada colada à barriga tanquinho e obviamente alto pra caralho, uma vez que eu ainda nem havia chegado ao rosto...*

Ah, meu Deus! O baixista, caralho!

Torcendo para que fosse um gigante inofensivo, abri meu melhor sorriso "por favor, senhor, não me machuque" e continuei levantando a cabeça, até por fim chegar ao rosto que assomava sobre mim. Aquele cara poderia fazer figuração como um dos vilões alemães de *Duro de matar*, sem nenhuma dificuldade. Tinha traços severos — cabelo preto como piche violentamente bagunçado e espetado, sobrancelha franzida com um piercing de prata, nariz proeminente. Mas seus olhos azuis-acinzentados e seus lábios carnudos, que no momento formavam um sorriso fofo com covinhas, se esforçavam ao máximo para combater o que de outra forma seria uma aparência vilanesca.

Só de olhar para ele eu me sentia como se estivesse sob um poste de luz em uma noite quente de verão. Embora Hans fosse muito alto, esguio, moreno e durão, a sombra que lançava sobre mim não devia nada à luz do sol.

"Oi, gatinha. Vai a algum lugar?"

Consegui pedir licença com a voz fina, mas, quando tentei sair do caminho dele, o gigante simplesmente riu e me enfiou debaixo do braço. Me segurando firme a seu lado, fechou os dedos compridos, fortes e cheios de calor no meu ombro e me conduziu de volta para a sala. Aquilo era meio bizarro, mas, por algum motivo, fui incapaz de impedir o avanço das minhas botas com ponta de aço. Era como se eu tivesse sido sugada por sua aura descolada e autoconfiante e agora estivesse em uma terra mágica onde desconhecidos não estupram adolescentes bêbadas em festas. Além disso, com a diferença de altura, minha cabeça se encaixava perfeitamente sob seu braço grande e tatuado.

Hum...

O roqueiro com cabelos parecidos com penas de corvo me guiou até o sofá de couro preto do Cara Gótico, mas, em vez de me soltar para que eu sentasse, deixou o próprio corpo cair sem esforço ali, me virando no processo, de modo que ambos ficamos lado a lado, sem que seu braço deixasse meu ombro por um momento que fosse. Durante o pouso, também botou minhas pernas sobre as dele, e apoiou sua mão livre sobre minha coxa.

Puta merda. Esse cara é bom.

"Qual é o seu nome, Sininho?"

Enquanto o diabo de covinhas sorria para mim, percebi que seu dedão traçava um círculo lento na minha coxa, como se não estivesse fazendo nada de mais. Senti minhas bochechas esquentarem, certa de que aquele rubor podia ser visto do espaço. Eu estava sentada no colo de alguém que talvez fosse o cara mais sexy que já havia visto ao vivo, e meu cérebro escolhia bem aquele momento para esquecer como articular palavras. Só conseguia processar calor e ritmo — calor do meu rosto, do ponto onde sua mão enorme distraidamente acariciava meu corpo, do fogo virtual sendo alimentado na minha barriga, e o ritmo dos dedos dele tocando minha coxa, que parecia estar em perfeita sincronia com o sangue que corria para entre minhas pernas, a centímetros de distância.

Quando meu cérebro enfim registrou que o olhar de expectativa dele significava que eu deveria responder a uma pergunta, vasculhei minha memória recente freneticamente atrás de qual poderia ter sido.

Não sei quê, não sei quê, Sininho. Não sei quê...

Merda.

Resolvi chutar. "BB?"

Por que falei como se estivesse em dúvida? Ah, meu Deus. Ele vai achar que estou muito louca.

Engoli em seco e tentei de novo, me forçando a olhar em seus olhos azuis. "Sou a BB. Oi."

Isso, muito jeitosa.

"Então, bebê, por que é que você estava lá, pegando sua própria cerveja? Não sabia que é contra as regras garotas bonitas pegarem a própria bebida? Ainda bem que te encontrei."

Ainda bem mesmo!

Era uma cantada ridícula, mas aquele homem misterioso e tatuado disse aquilo de um jeito brincalhão tão sedutor que me senti relaxar um pouco e corar ainda mais.

Voltei a baixar os olhos e prossegui com a conversa, tentando em vão esconder meu rubor. "Bem, quem poderia pegar para..."

"Eu", ele interrompeu, com um sorriso arrogante.

Aquele homem alto, moreno e tatuado levantou meu queixo com a mão que estivera descansando no meu ombro, me encorajando a encará-lo.

"Tenho a sensação de que a partir de agora vou pegar *todas* as suas bebidas, bebê."

Opa!

Para qualquer outra pessoa no cômodo, tenho certeza de que parecia que eu estava sendo hipnotizada por um vampiro sexy prestes a se refestelar com minha jugular. Aquele desconhecido arrogante não tinha absolutamente nenhum limite, e meu alarme interno contra estupradores deveria estar a toda, mas, por algum motivo inexplicável, eu me sentia segura. Seu corpo não emitia nenhuma vibração afoita, nenhuma necessidade devassa, nenhum feromônio predatório — só uma nuvem quente e difusa de flerte e familiaridade.

Embora eu literalmente tivesse acabado de topar com aquele cara, ele fazia com que eu me sentisse mais segura, linda e interessante que qualquer outro que eu já tivesse conhecido. E eu nem sabia seu nome. Não que isso importasse. Ele era um coelhinho fofo de um metro e noventa disfarçado de astro do rock tatuado e cheio de piercings.

Eu me senti em casa.

Ficar de pé na plateia, esperando que o Phantom Limb subisse ao palco, sempre fazia meu estômago se revirar. Não por causa de toda a cerveja que eu tomava no estacionamento. Não por estar nervosa por causa de Hans. Mas por uma possessividade idiota que eu tinha.

Qualquer pessoa do público que tivesse um útero descobriria como meu namorado era incrivelmente sexy, talentoso, maravilhoso e *alto*, e talvez eu tivesse que tirar uma daquelas vacas da cola dele antes que a noite acabasse. Hans era legal *demais*. Se uma tarada começasse a se esfregar na perna dele nos bastidores, o cara simplesmente deixava, e talvez até desse uns tapinhas de incentivo na cabeça dela depois que a garota gozasse. De jeito nenhum que ele ia ferir os sentimentos da pobrezinha ou a constranger a afastando.

Sério, diário.

Então adivinha quem precisava cuidar das fãs depois de cada show? Vou te dar uma dica. Ela é ciumenta e vai te deixar mortaça em trinta segundos se você não soltar a porra do namorado dela.

Em uma dessas noites, o Phantom Limb finalmente era a atração principal em um lugar decente e recebeu um tratamento compatível com esse nos bastidores. A banda tinha um camarim privativo abastecido de todo tipo de embutido imaginável e um monte de espumante. Nada mau para um monte de jovens de vinte anos que nem se formaram no ensino médio.

Ser a atração principal também significava fãs de um calibre mais alto — ou seja, do tipo que tinha respeito próprio suficiente para esconder as veias furadas pelo uso de drogas injetáveis e as marcas de automutilação na parte interna das coxas, como *verdadeiras damas*. Elas já pensavam na aposentadoria, pelo amor de Deus, e não iam deixar que alguém insignificante como eu (ou uma camisinha) se colocasse entre elas e os dezoito anos de pensão alimentar que um filho com um astro do rock poderiam garantir.

Então ali estava eu, ombro a ombro — ou devo dizer tábua a peitos balançantes? — com a concorrência, na primeira fileira. Parecia um menino entre mulheres. E me sentia muito, muito ameaçada. Não ajudava em nada que Hans exalasse sexo em estado bruto aquela noite.

O que é que acontece com um homem com os olhos delineados? Com cabelo preto espetado? Que por acaso tem o braço direito fechado com tatuagens de filmes de terror, que usa para tocar com violência as cordas do baixo enquanto se apresenta diante de milhares de pessoas?

Sendo bem sincera, lápis de olho à parte, o que deixava Hans ainda mais sexy no palco era sua total falta de ego. Quando estava ali, era como se o público não existisse. Ele só tocava com tudo de sua posição no palco, batendo o pé, sacudindo a cabeça e balançando o baixo, de vez em quando lançando um sorrisinho sabichão para os colegas de banda, ou acenando para sinalizar uma coisa ou outra, mas nunca reconhecia nenhuma das tietes na plateia, o que — infelizmente para mim — só fazia com que elas o desejassem mais.

Depois de encerrar a segunda música do bis, com meu cover preferido, uma versão incrível de "Terrible Lie", do Nine Inchs Nails, os caras saíram do palco em meio ao som ensurdecedor dos gritos e das declarações de amor da fileira da frente, que já não me incluía. Eu já estava dando o fora dali, num esforço para levar minha bunda magra para os bastidores e para a calça de Hans antes das concorrentes.

Quando finalmente deixei aquele mar ondulante de punhos erguidos e corpos vaporosos cantando "Mais um! Mais um!", passei correndo pelos seguranças com meu passe para os bastidores na mão, como se fosse uma agente do FBI mostrando suas credenciais.

Não que fizesse diferença. Eu já estava atrasada.

Depois de correr por corredores escuros e me perder repetidas vezes, finalmente vi o vocalista do Phantom Limb do outro lado da porta entreaberta de uma sala.

Trip (que era meio que o nome de palco dele) era um pateta desleixado. Usava o cabelo tingido de preto cortado tigelinha pouco acima das orelhas e dividido no meio, e era pervertido num nível inacreditável, do tipo que acha que é totalmente apropriado ver pornô japonês doentio na companhia de mulheres e então pausar "na melhor parte" para ir até a frente da TV fazer sua própria versão de uma pantomima de teatro kabuki de um homem ejaculando enquanto grita "aaaahhh" na frente de todo mundo.

Quando cheguei um pouco mais perto, notei que Trip estava debruçado sobre uma bandeja de frios, comendo uma fatia de peito de peru enrolada, enquanto uma materialização de todos os estereótipos de vulgaridade estava de joelhos, massageando as bolas dele com as duas mãos, por cima da calça de couro.

Caralho!

Eu instantaneamente soube que, se havia uma mulher desesperada o bastante para venerar o pauzinho desprezível de Trip, aquilo só podia significar uma coisa.

Com os punhos cerrados a postos e meu coração batendo na garganta, terminei de abrir devagar a porta. Sentado no sofá, estava meu namorado alto, moreno e perversamente sexy, que era uma estrela do rock, no maior papinho com uma bela ninfeta. Usava uma regatinha tão decotada que ele podia ter guardado uma latinha de cerveja nos peitos dela. Hans parecia totalmente confortável, com o braço apoiado no encosto do sofá, uma postura aberta e convidativa, com o sorriso autoconfiante de lado que era sua marca registrada no rosto.

Fiquei observando, me segurando para não partir para o ataque, enquanto aquele poço de herpes entregava uma caneta a Hans e enganchava o indicador no decote da regata, como se estivesse prestes a expor o peito esquerdo para que ele autografasse. Quando eu ia tomando impulso para voar em cima dela, Hans notou minha presença de canto de olho.

"Oi, bebê!"

O sorriso que iluminou seu rosto me desarmou temporariamente. Ele pulou do assento com tanta rapidez e tamanho entusiasmo que quase esqueci que estava brava, e a consumidora número um de Valtrex teve que se agarrar à almofada (provavelmente toda manchada de porra) para não cair de cara.

Hans me esmagou em um abraço de urso que definitivamente não retribuí. Sentindo minha resistência, ele me colocou de volta no chão, devagar. Sem soltar meus braços, que estavam grudados à lateral do meu corpo por suas mãos gigantes e cheias de calos de baixista, Hans me manteve à distância de um braço à sua frente e me olhou com o cenho franzido.

"Qual é o problema, bebê?" Seu humor jovial azedou em um piscar de olho delineado. "Sério, o que foi? Aconteceu alguma coisa com você lá fora?"

Sério? Sério, Hans? Você não tem ideia do motivo por que estou chateada?

Bufei e me desvencilhei dele, saindo do camarim e voltando ao labirinto lá fora. O corredor era iluminado a intervalos aleatórios por lâmpadas vermelhas, com uma escuridão sombria e ameaçadora preenchendo os intervalos. Parecia submundano.

Muito apropriado, pensei, vendo que eu já estava no inferno.

Finalmente tinha achado o homem perfeito, mas estava condenada a ficar assistindo pelo resto da eternidade às outras mulheres tentando dar para ele sem poder fazer nada.

Seguindo as placas de saída, acabei encontrando uma porta que dava para a rua. Só que, em vez de ser revivida por uma explosão revigorante de ar fresco, como eu esperava, deparei com uma mistura viscosa, quente e pegajosa que só poderia ser considerada oxigênio no nível molecular.

Não sei por que esperava que fosse diferente. Moro na Georgia. Por pelo menos cinco meses no ano o ar aqui tem exatamente a mesma temperatura e consistência de molho em fogo baixo — um caldo fervente que se passa por ar livre.

Sufocar com aquele primeiro suspiro de ectoplasma derretido acabou com meu ímpeto no mesmo instante. Inclinei o corpo e levei as mãos aos joelhos, tentando recuperar o fôlego e me preparar para os cinco quarteirões que precisaria nadar para atravessar o oxigênio pútrido e líquido até onde tinha estacionado o carro. Posso não ter vomitado, mas provavelmente parecia que era o que eu estava fazendo, e minha bolsa aproveitou a deixa para despejar todo o seu interior sobre o leito de garrafas quebradas e bitucas de cigarro sobre o qual eu pisava.

Perfeito.

Antes que eu pudesse resgatar minha miscelânea de brilho labial, identidade falsa e cigarros do chão, cinco dedos compridos e vigorosos recolheram tudo de uma vez. Sem me levantar, ergui os olhos apenas o bastante para identificar a silhueta de cabelos espetados de Hans agachado ao meu lado. Embora estivéssemos tecnicamente cara a cara, eu não conseguia ver seu rosto por causa das luzes atrás dele, o que só contribuía para manter intacta a distância que eu sentia entre nós dois.

Hans me perguntou em voz baixa se eu estava bem, com um tom de quem estava achando que eu tinha passado mal.

Ah, meu Deus, considerando que eu tinha saído correndo e agora estava apoiada sobre os joelhos no estacionamento... argh! Ele ainda não tinha entendido nada!

Arranquei minhas coisas de seus dedos talentosos, me endireitei tanto quanto pude e disse: "Vai se foder, Hansel!".

Ninguém além de sua *mutter* de origem alemã o chamava assim, e mesmo ela só o fazia quando ele estava encrencado.

"Não estou passando mal, seu idiota. Estou *puta*! Você ia mesmo autografar o peito daquela menina, não ia? Ia deixar ela montar um pouquinho em você também, só até eu chegar? Não consigo mais fazer isso! Acho que sou ciumenta demais pra namorar você. Sinto muito."

Com aquelas palavras de despedida, eu pretendia dar as costas, jogando meu cabelão imaginário por cima do ombro, e marchar em direção a meu fiel Mustang. Ia descartar Hans como alguém com quem havia me divertido — uma bela alma encerrada dentro de uma figura muito alta, morena e sexy, com tatuagens lambíveis e piercings brincáveis, cujo sorriso perfeito irradiava de seu rosto imoral como uma lua crescente no céu da meia-noite. Ia segurar as lágrimas até chegar à segurança do carro. Então ia ligar o ar-condicionado e chorar até não poder mais.

Só consegui dar meio passo antes de ser completamente imobilizada por um par de mãos enormes no meio do meu corpo. Hans girou meu corpo para me obrigar a encará-lo. Só que agora estava ajoelhado à minha frente, e não agachado ao meu lado. Com as mãos nos meus quadris e a cabeça inclinada para me olhar, Hans me fez lembrar do modo como eu mesma precisei levantar o queixo para olhar para ele aqueles meses todos. Podia muito bem estar me segurando, mas, com a diferença de altura invertida, deixava claro que era eu quem tinha o poder ali.

Suas sobrancelhas geralmente relaxadas estavam tão franzidas que chegavam a encostar uma na outra, formando um V profundo de dor sobre a ponte do nariz. Ele comprimia os lábios que costumavam ostentar um sorriso de lado, brincalhão. E seus olhos, que em geral brilhavam como diamantes azuis em uma mina de carvão, agora só refletiam as lágrimas que se acumulavam.

Aquele homem lindo — por dentro e por fora — rastejava aos meus pés, ainda ostentando o delineador e as roupas suadas do palco, me lembrando de que eu tinha acabado de ver aquele Adônis se apresentar na frente de milhares de fãs em estado de histeria. Só que, em vez de estar recebendo um boquete nos bastidores, como a divindade do heavy metal que ele era, estava de joelhos em um estacionamento cheio do que pareciam ser cacos de lâmpadas e dentes humanos. Eu me senti péssima.

"Desculpa, bebê. Cara, desculpa mesmo. Sou tão idiota. Aquela garota tinha crachá de imprensa. Ela disse que era da Y105 e que queria fazer uma entrevista rápida. Eu só pretendia responder algumas perguntas antes que você chegasse, mas depois que começamos a conversar ficou bem claro que ela não era da estação de rádio porra nenhuma. Era só uma menina tonta que tinha conseguido uma credencial de imprensa e queria um autógrafo."

"Ah, acho que ela queria mais que só um autógrafo", foi inevitável dizer.

Ainda que Hans estivesse claramente se martirizando, era a mesma história toda vez.

A garota só precisava de uma carona até em casa porque o namorado foi embora com o carro dela.

A garota precisa desocupar o apartamento e não tem ninguém que a ajude a fazer a mudança.

A garota só precisa de mais uns trocados pra parar com o strip e entrar na escola de astronautas.

Ou ele tinha sérios problemas de autoestima que o faziam pensar que as mulheres queriam sua ajuda, e não seu pau, ou a altitude dificultava seu raciocínio.

"Eu não sabia. Juro, bebê. Pensei que ela só fosse entrevistar a gente."

"Hans, é disso que estou falando. Você é tão inocente que só se dá conta de que estão dando em cima de você quando a garota está praticamente sentada na sua cara! Nem sempre vou estar por perto pra espantar a concorrência, e ficou muito claro que você não tem condições de fazer isso."

Quase cuspi as palavras nele, em um tom injusto de acusação. Sabia que ele não tinha como evitar o que havia acontecido. Era otimista e fofo demais para ver maldade em quem quer que fosse, e era em parte por esse motivo que eu tinha me apaixonado por ele.

De acordo com meu professor de relações interpessoais, existe um nome para o que eu e Hans tínhamos — *atração fatal*. Trata-se de um fenômeno em que as mesmas qualidades que tornam uma pessoa atraente levam ao fim do relacionamento. Eu adorava que Hans fosse tão gentil e romântico, especialmente considerando, quando Knight e eu terminamos, que meus pais tinham me mostrado a apólice do seguro de vida que haviam feito para mim.

"Só pra garantir", eles haviam dito.

Não, Hans era um cara sincero e direto, o artista sensível incorrigível. Sempre que me envolvia com seus braços fortes e tatuados, eu me sentia como se tivesse acabado de vestir um casaco de pele feito com cachorrinhos vivos capazes de cantar "Lovesong", do Cure, à capela. O único problema era que Hans fazia todo mundo se sentir daquele jeito. E esta Cruela Cruel aqui não estava a fim de compartilhar seu casaco de cachorrinhos.

"Me solta, Hans. Suas fãs estão te esperando."

Por mais brava que eu estivesse, o olhar de consternação e desespero no rosto dele depois que eu disse aquilo me fez querer alugar uma máquina do tempo para poder voltar atrás. Aquele homem era um unicórnio. Um mito. Um conto de fadas. De alguma forma, eu tinha conquistado um bad boy tatuado com coração de ouro e pinto de chumbo, e o que estava fazendo? Ampliando ainda mais sua sensação de culpa quando o cara já estava de joelhos aos meus pés, sobre um leito de parafusos enferrujados e estilhaços de amianto?

Era ele quem deveria terminar comigo. Abri a boca para retirar as minhas palavras, mas o único som que saiu foi um suspiro surpreso quando Hans entrelaçou as mãos às minhas costas e enterrou o rosto na minha barriga.

Ele virou a cabeça de lado, só o bastante para conseguir falar, mas manteve sua pegada mortal na minha cintura. "Você não pode ir, bebê. Por favor. Por favor, fica. Quer saber por que não percebo quando dão em cima de mim? É porque só consigo pensar em você. Não vejo mulheres, tietes ou fãs: só vejo você e pessoas que não são você. Só isso. Pra mim, todas as outras são só um pedaço de carne que anda e fala, obstáculos que preciso contornar pra chegar até você."

Ele me chacoalhou um pouco, frustrado, então ergueu seus olhos brilhantes e delineados para mim, fazendo o V de dor entre eles se aprofundar. "Você é tipo uma Sininho muito linda, com esse cabelo curto e esses olhões verdes, mas esperta pra caralho, toda fogosa e safada. Tudo o que eu quero fazer é te colocar no meu bolso pra não precisar te dividir com mais ninguém."

Sua pegada se apertou um pouco, e sua voz ficou cada vez mais alta e frenética. "Não notou que não olho mais pra você quando estou no palco? É porque não consigo, bebê. Não consigo olhar pra plateia de jeito nenhum, porque sempre que faço isso tem um idiota tentando te pagar uma bebida, quase te derrubando ou esfregando o pau na sua bunda se você está na primeira fileira. A cada cinco segundos, vejo alguma merda que me faz querer pular na multidão e quebrar os dentes de algum filho da puta. Isso acaba com a minha concentração, então não posso nem olhar. Só cerro os dentes e tento me concentrar na música, rezando pra você vir me encontrar nos bastidores ainda inteira depois, quando o show acabar. Só quero te proteger, mas me sinto impotente pra caralho lá de cima."

Virei uma mistura de lágrimas, rímel e alívio enquanto absorvia as implicações das palavras de Hans. Segurei seu rosto com ambas as mãos e o puxei para meus lábios salgados do choro. Eu o beijei com tudo o que tinha, e então me dei conta de que o problema de verdade nunca havia sido Hans. Ele era ainda mais perfeito do que eu temia. O problema era que eu nunca me sentira à sua altura.

Eu via as mulheres que ficavam atrás dos caras de bandas e sabia que não fazia aquele tipo, com a tábua que era meu peito, meus quadris estreitos e minha pele cheia de sardas. Meu guarda-roupa tampouco ajudava. Eu parecia saída diretamente do filme *Tank Girl*. Tinha até tentado aliviar o estilo punk naquela noite com um vestidinho preto, mas ainda tinha um monte de caveiras bordadas em branco, e eu usava minhas botas de cano médio características, com ponta de aço. Era como se alguém tivesse dado botas, uma tesoura e água oxigenada a Píppi Meialonga.

Que porra esse ícone da rebelião e do sexo poderia querer comigo?

Hans retribuiu meu beijo como se eu fosse o último cantil do Saara, e decidi que a insegurança e o ciúme precisavam acabar. Ele obviamente me amava, se estava disposto a respirar aquela merda daquela emulsão de fluoreto de carbono *e* se ajoelhar no vidro quebrado só para me impedir de ir embora.

Até esse momento, eu nem sabia que aquele tipo de amor existia. O Esqueleto teria me perseguido, me derrubado no estacionamento e então carregado meu corpo esperneando em vão e sangrando sobre seu ombro de volta para dentro. O Cabeção nem teria notado que eu havia ido embora até depois de ter depositado pelo menos meio galão de sêmen em uma tiete com uma credencial de imprensa falsa. Mas Hans — meu artista sensível, lindo e fofo — era diferente.

Ele interrompeu o beijo e apoiou a testa na minha. Pegando meu rosto em suas mãos colossais e calejadas, disse apenas: "Diga que vai ficar".

"Não posso", sussurrei. O rosto dele se desfez em tristeza antes que eu conseguisse me explicar. Peguei seu queixo e o forcei a olhar para mim. "Não! Hans! O que estou dizendo é que preciso ir agora porque tenho aula amanhã, mas não vou te deixar, tá? Eu prometo. Não sei por que me quer por perto, mas sou sua pelo tempo que desejar."

Com minhas palavras, a expressão do cara passou de arrasada para alegre num piscar de olhos delineados. Foi uma graça. Ele me pegou pelo braço e disse: "Bom, então me permita acompanhá-la até seu carro, senhorita".

A caminhada foi mágica. Eu tinha estacionado a alguns quarteirões do lugar onde a banda ia tocar, em uma região linda da época do pré-guerra e recentemente revitalizada, onde sabia que não apenas encontraria uma vaga, mas também que poderia ir e vir sem que me atacassem com um pano com clorofórmio. Ainda que estivesse a uns bons oitocentos metros, e enfrentar o ar carregado e quente do verão parecesse mais com afundar em areia movediça, era como se eu e Hans estivéssemos flutuando em uma bolha de amor só nossa.

Embora tivesse sido amor à primeira vista com Hans — o modo como ele tirou o meu chão (literalmente) na festa da Menina Gótica deu o tom do turbilhão que fora nosso romance —, eu sempre mantinha secretamente um pé à porta.

Não importava quão perfeitas as coisas fossem, uma parte pequena e implicante da minha mente estava sempre sussurrando: *Ele é bom demais pra ser verdade. Astros do rock não são fiéis. Ele vai partir seu coração. Não se apega demais.*

Mas, depois de ver Hans de joelhos à minha frente ainda com a roupa do show, os sussurros se silenciaram para sempre, substituídos por uma necessidade pulsante e ensurdecedora. Pela primeira vez em oito meses desde que o havia conhecido, eu ia apostar todas as minhas fichas nele, e parecia que tudo estava certo com o mundo.

De mãos dadas e conversando aos sussurros, eu e Hans entramos no último quarteirão no caminho para meu carro. Assim que as lanternas traseiras do meu fiel Mustang preto se tornaram visíveis, Hans começou a me conduzir para fora da calçada e para o jardim muito bem-cuidado de alguém.

Caralho.

Hans, como todos os baixistas, tinha a capacidade de concentração de um peixinho dourado, então não era a primeira vez que se distraía com lâmpadas piscando. Eu protestava baixo e tentava puxá-lo de volta para a rua quando levantei o rosto e notei de relance a maravilha etérea para a qual me arrastava. Os fundos daquela McMansão em particular estavam repletos de milhares e milhares de luzinhas brancas de Natal — no meio de julho.

Ficou claro que devia ter havido uma festa, um casamento ou outra celebração grandiosa qualquer, mas no momento não havia nenhum sinal de vida. A água da piscina rústica estilo gruta italiana no meio do lugar estava imóvel como vidro, o que permitia que refletisse à perfeição as luzinhas envolvendo cada galho de árvore e pilar de madeira em um raio de cem metros. E, falando em madeira, todo o térreo daquela casa moderna de três andares estilo fazenda, equipado com um deque que incluía cozinha externa, lareira de pedra e uma jacuzzi do tamanho do meu quarto, estava com lanternas de papel suspensas.

Abaixo do nível do deque havia um pátio, mobiliado com uma fileira perfeita de pelo menos seis espreguiçadeiras de madeira que não pareciam ser baratas, com almofadas vermelhas fofinhas e pelo menos três ventiladores de teto, ainda funcionando em alta velocidade. As pedras rústicas que cercavam a piscina davam início ao pátio e terminavam em portas duplas que provavelmente levavam a uma casa de banhos inferior, equipada com outra piscina, só para o caso de precisarem.

Nem consegui processar toda aquela beleza de uma vez só. Minha atenção ia de um ponto brilhante para outro, e tive uma amostra de como devia funcionar o cérebro de Hans o tempo todo. Com minha mente em parafuso e meus olhos ocupados com a caixinha de joias brilhante que era aquele quintal, não notei que Hans me puxava cada vez mais para dentro daquela propriedade claramente particular.

Foi só quando meu corpo caiu no colo de Hans (aquilo era a cara dele) que me dei conta de que o cara tinha me guiado por todo o pátio e agora estávamos sentados em uma daquelas espreguiçadeiras delicinha.

Ah, não. Que porra é essa?

Os proprietários obviamente tinham uma quantidade ridícula de dinheiro e deviam ter um sistema de segurança estilo *Jogos vorazes*, com lasers invisíveis e neblina paralisante. Eu sabia que Hans era impulsivo e precisava que eu fosse a voz da razão, só que era tarde demais. Entre seus braços fortes na minha cintura, o aconchego isolado do pátio coberto e o aspecto majestoso causado por uma centena de milhares de luzinhas dançando nas árvores e na água à minha frente, eu estava paralisada.

Hans e eu ficamos só sentados ali, em silêncio, desfrutando da vista. Os galhos brilhantes das árvores tremulavam em sintonia com o barulho dos grilos, das cigarras e do ar-condicionado à distância, entremeando ruído branco e luz branca de uma maneira que fazia a imobilidade escura de nosso refúgio no pátio parecer ainda mais protegida. Enquanto observávamos tudo, aconchegados um no outro, tivemos toda uma conversa por telepatia, cheia de promessas, alianças de compromisso, "eu aceito" e nomes de bebês.

Além do cenário e da reclusão íntima, eu também desfrutava dos braços tatuados de Hans em torno do meu corpo e sentia seu desejo, duro e pronto, contra meu quadril. Ele sempre teve um pau sensível — e estou falando no sentido *emocional* da coisa.

Hans começou a traçar uma linha de beijos leves como plumas do meu ombro até meu pescoço, então até atrás da minha orelha.

Hum...

Ele repetiu o ataque delicado do outro lado. Só que, dessa vez, quando sua boca chegou ao meu pescoço, Hans mordeu uma das pontas do laço que segurava meu vestido frente única e puxou. Em segundos, no lugar do tecido preto cobrindo meu peito só havia o ar quente e úmido.

Meu primeiro instinto foi puxar a parte de cima do vestido de volta e prendê-la antes que os proprietários tivessem a chance de soltar os cachorros em cima da gente, mas, quando Hans pegou meus mamilos com piercing em seus dedos talentosos e torceu de levinho, me deixei levar. Apoiei a cabeça em seu ombro, e minhas costas se arquearam involuntariamente. A onda psicológica iniciada por meus peitos expostos em um cenário ao mesmo tempo romântico e perigoso se juntou àquela experiência já intensa e a fez ultrapassar os limites. Só a sensação já valia o risco de ser atacada por abelhas treinadas.

Quando eu estava prestes a chorar de tanto prazer, Hans se levantou de repente e se ajoelhou ao pé da espreguiçadeira em que eu estava sentada. Aquilo lembrava nossa posição no estacionamento minutos antes. Só que tudo tinha mudado. O sorriso característico de Hans estava de volta a seu lugar de direito, e eu estava pronta para comprar passagens para Las Vegas juntos, em vez de louca para ir chorar no carro.

Ah, e meus peitos estavam de fora.

Depois de ficar me observando por um momento, com um olhar suave e amoroso, a boca sem conseguir esconder o sorriso safado, Hans se inclinou e pegou o piercing do meu mamilo esquerdo entre os lábios. Ficou girando a língua em torno da pele rosada e sensível, até deixar minha calcinha toda molhada e meus nós dos dedos brancos de tanto apertar a estrutura de madeira da espreguiçadeira.

Lendo minha linguagem corporal, Hans pegou a barra do meu vestido com ambas as mãos e a levantou, me deixando sem nada.

Ah, meu Deus.

Eu estava completamente nua no pátio de um desconhecido, a não ser pela calcinha vermelha de algodão e pelos coturnos.

E estava amando.

Hans voltou sua atenção para meu outro peito, apalpando e chupando, enquanto eu tentava desesperadamente tirar sua regata. Me ignorando, ele abriu caminho pelo meu tronco, me torturando ao plantar beijos sem pressa em uma trilha que só poderia levar a um lugar. Ao mesmo tempo, usava as mãos nas argolas de prata dos meus mamilos para me fazer deitar na espreguiçadeira. Assim que minha cabeça tocou a almofada, a boca dele chegou ao cós da minha calcinha toda ensopada. A sensação de sua língua, seu nariz e seus lábios me provando através do tecido fino era uma agonia gloriosa e elétrica. Eu não queria que acabasse nunca, mas de alguma forma ao mesmo tempo culminasse em um orgasmo gritante com dias de duração.

Não! Não posso gozar assim. Não de calcinha! Hans, por favor!

Meus quadris começaram a investir involuntariamente, implorando para que ele se enterrasse em mim, para que acabasse com a tortura.

Por favor!

Foi então que senti um dedo grosso se enganchar no tecido ensopado entre minhas pernas e puxá-lo lentamente para o lado.

Assim que esse dedo afastou a barreira entre nós, escorregou para dentro do meu sexo úmido, entrando e saindo em um ritmo excruciantemente tranquilo. Parecia que meu útero estava cheio de napalm borbulhante. Eu ia morrer. Era demais. Estava quase nua na espreguiçadeira de um desconhecido, com as pernas abertas e os peitos expostos ao ar quente da noite, os mamilos cada vez mais rígidos, por causa dos ventiladores de teto ligados. Dedos que pouco antes tinham manejado com maestria um contrabaixo na frente de milhares de pessoas agora tocavam meu ponto G, e os olhos devassos, brincalhões e delineados de um astro do rock entre minhas coxas me encaravam, e sua língua experiente provocava e atiçava o piercing no meu clitóris.

Quando eu começava a sentir meu doce alívio vindo, ouvi Hans desafivelando o cinto e abrindo a braguilha.

Ah, graças a Deus! Me come, Hans! Por favor! Agora!

Sua língua e seus dedos mágicos não deixaram minha boceta enquanto ele tirava os tênis e a calça larga, com facilidade. No instante em que sua boca deixou minha pele, Hans arrancou a regata e me pegou em seus braços em um movimento fluido. Envolvi sua cintura com as pernas e seu pescoço com os braços, esperando que voltasse a me deitar na espreguiçadeira e me comesse — ou, melhor ainda, que pressionasse meu corpo suado contra a parede da casa para que não tivéssemos que nos preocupar com chiados inesperados das almofadas dos móveis do pátio.

Hans começou a andar. A sensação de suas mãos cheias de calos pegando minha bunda e de seu pau grosso e firme roçando o interior da minha coxa me deixou necessitada. Enfiei as mãos em seu cabelo suado e beijei seus lábios inchados, já escorregadios e picantes do meu próprio sexo. Meus sentidos estavam tão sobrecarregados de desejo que nem notei que Hans me conduzia para longe da segurança do pátio coberto... até que senti a água morna nas minhas botas. Meus olhos se abriram de imediato, diante da constatação de que Hans me levava

para
a porra

da *piscina*!

Antes que eu pudesse gritar ou reclamar em protesto, ele enfiou a língua na minha boca e a cabeça de seu pau imenso e duro como diamante na minha boceta.

Minha consciência afundou na água onde nossos corpos agora se encontravam. Hans era tudo que eu podia sentir. Simplesmente não havia espaço na minha consciência para processar preocupação, medo, molhado, seco, quente, frio, passado, futuro. Cada sensação era inundada por Hans, e eu queria ainda mais dele — em todos os sentidos.

Quando estávamos completamente submersos, Hans pressionou minhas costas contra o azulejo frio da piscina e me preencheu não só com seu pau latejando, mas com tudo de si. A cada retirada dolorosamente lenta, era como se outra camada de separação entre nós fosse removida, até que não fôssemos mais duas pessoas na piscina. Éramos a piscina. Éramos o mar infinito ondulando.

Hans interrompeu nosso beijo por tempo o suficiente apenas para sussurrar no meu pescoço: "Te amo".

Senti as lágrimas virem. Ele já havia me dito aquilo milhares de vezes antes, mas eu nunca tinha conseguido *realmente* ouvir até esse momento. Antes daquela noite, tinha presumido que "te amo" era só algo fofo que Hans dizia para as namoradas, e que mais cedo ou mais tarde falaria para alguém melhor que eu. Mas então veio a expressão em seu rosto no estacionamento. E aquele tom de voz. Era possível sentir aquilo tudo a cada investida de seus quadris. Hans me amava *de verdade*. E eu não tinha mais ressalvas.

Peguei seu rosto lindo com as duas mãos e o fiz olhar para mim. Quando ele finalmente fez isso, luzinhas brancas das árvores atrás de mim dançavam na superfície brilhante de seus olhos, me dando a sensação de que, através daqueles buracos negros de delineador e cílios, eu podia ver o céu.

Desfiz com o dedão o V de preocupação entre suas sobrancelhas e sussurrei de volta, sem interromper o contato visual: "Te amo".

Hans apertou ainda mais a pegada na minha bunda e se enterrou em mim, até onde podia ir, pressionando a testa contra a minha. "Te amo."

Ele falou com mais força, mais expressividade e mais convicção que antes. Suas palavras ecoaram em mim, rebatendo nos espaços ocos que não conseguiam atingir antes e deixando uma vibração satisfatória em seu encalço.

Depois de um momento de devaneio, Hans tirou o pau devagar e então meteu ainda mais forte. Gemi em meio ao beijo, involuntariamente.

Caralho!

Se ele continuasse com aquilo, eu ia acordar os moradores e suas cobras de estimação, com toda a certeza. A estocada seguinte de Hans foi ainda mais forte.

Humpf!

Mordi o lábio para segurar o gemido de prazer, agarrei um punhado de seu cabelo preto bagunçado e sibilei em sua boca: "Te amo".

Meus sentimentos foram imediatamente recompensados com metidas tão fortes que água transbordou da piscina.

Beijando um ponto abaixo da minha orelha, Hans grunhiu enquanto batia os quadris nos meus: "Eu te amo".

De forma repentina, ele pegou minha bunda com ainda mais força e endireitou o corpo, expondo nossos troncos nus ao ar quente da noite. Pus os braços para trás e me apoiei na beirada da piscina, expondo os peitos para o bad boy à minha frente e a alma para o artista sensível que havia dentro dele. Hans respondeu à minha submissão pegando o piercing do meu mamilo esquerdo entre os dentes e metendo em mim até o talo enquanto me mordia.

Fogo.

Eu podia estar submersa na água, mas minhas entranhas, meu coração e meus pulmões queimavam de prazer. Eu só conseguia me contorcer, me arquear e gemer, a cada estocada: "Te amo. Te amo. Te amo".

Arqueei as costas e apertei a cabeça do pau de Hans com tudo que eu tinha. Ele grunhiu em resposta e meteu na minha boceta apertada de novo.

Hans se retirava e voltava a atacar, cada vez mais forte e mais rápido, até que a massa de água à nossa volta, outrora um espelho, tinha se tornado uma ondulação incontrolável e luxuriosa, transbordando da piscina e se infiltrando nas frestas do piso de terracota do entorno.

Com meu mamilo direito entre os dentes, Hans bateu a língua devassamente contra a carne perfurada e sensível até que eu estivesse revirando os olhos, me contorcendo por dentro e entrando em erupção como um vulcão de fluidos seminais, choramingos, palavrões e lágrimas.

Hans tapou minha boca às pressas com dois dedos molhados e grunhiu no meu pescoço, enquanto despejava o restante de si dentro de mim: "Caralho, eu te amo".

Ficamos ali, na água, com delineador correndo de nossos rostos, jogados um sobre o outro, arfando em um emaranhado de felicidade pós-sexo até que nossos cérebros recuperassem a habilidade de reconhecer e processar informações externas.

Quanto tempo levou? Vai saber... Não existe tempo no paraíso.

Mas sei que, quando finalmente olhei para a casa, algo tinha mudado.

"Hum, Hans? A luz já estava acesa?"

"Que luz?" Ele virou a cabeça, e a expressão que passou por seu rosto assim que encontrou uma janela iluminada no terceiro andar disse tudo.

Caralho! Fui na direção dos degraus para sair da piscina, mas logo me dei conta de que ia demorar até a terça-feira seguinte, com as âncoras que eram minhas botas com ponta de aço e cheias de água. Andar sobre areia movediça na superfície lunar seria mais fácil do que sair daquela piscina com aqueles malditos blocos de cimento nos pés.

Então ouvi as sirenes.

Por sorte, Hans tinha o tempo de reação fodaço de um ninja. Em cinco segundos, tinha me tirado da piscina e me sentado na beirada, se içado para fora, corrido feito louco para o pátio coberto e voltado já calçado e segurando nossas roupas debaixo de seu braço tatuado como se fosse uma bola de futebol americano. Embora sua expressão fosse brincalhona, não perdeu tempo para me levantar com a mão livre e assim me tirar, junto com minhas botas de quase quarenta quilos, daquela terra cintilante das fadas.

De mãos dadas, atravessamos os jardins vizinhos na direção do meu carro. O som dos sapatos molhados sobre a terra ricocheteava através da escuridão, do silêncio e da riqueza que nos cercava. Rezei para que os proprietários dos jardins milionários que estávamos destruindo estivessem mergulhados em um mar turquesa induzido por remédios e não conseguissem ouvir nossos palavrões e risos enquanto tropeçávamos por seus canteiros de flores perfeitamente bem-cuidadas, esbarrávamos sem querer em uma fonte ou batíamos a cabeça em seus sinos de vento.

A cada inspiração de ar quente e úmido em meio ao pânico e ao êxtase, as sirenes pareciam mais altas e próximas. Finalmente, meu Mustang pôde ser visto ao longe. Hans e eu demos a volta pelo castelo diante do qual estava estacionado, parando para olhar se a barra estava limpa.

Virei para Hans e levantei um braço com a mão espalmada no que me parecia ser o sinal universal — ainda que exagerado — dos guardas de trânsito para "espera". Ele se manteve próximo à casa enquanto eu atravessava o jardim, me lembrando no caminho de que havia deixado a bolsa no porta-malas e prendido a chave do carro no cadarço da bota, já que tinha ido ao show com um vestido sem bolsos.

Graças ao Senhor que eu ainda estava com os coturnos! Se Hans os tivesse desamarrado e tirado antes de nosso lance na piscina, a chave poderia estar em qualquer lugar!

Levantei meu pé de vinte quilos e o apoiei na borda da janela do motorista. Embora estivesse com os peitos de fora, pelo menos não havia tirado a calcinha vermelha, que de alguma forma tinha voltado ao lugar depois da corrida de quinhentos metros. Inexplicavelmente, a constatação de que minha xoxota não estava exposta enquanto eu mantinha uma perna levantada no meio da rua e água escorria da minha bota, mexendo na porta de um carro às três da manhã, fazia com que eu me sentisse uns mil por cento melhor quanto à situação. Quer dizer, era como se eu estivesse usando um biquíni. Só tinha perdido a parte de cima.

Não tem problema, policial. Tenho certeza de que esse tipo de coisa acontece o tempo todo.

Finalmente!

Consegui abrir a porta e mergulhei lá dentro para apertar o botão do porta-malas. Fiquei observando admirada enquanto o corpo pelado e musculoso de um metro e noventa de Hans atravessava o jardim correndo na minha direção. Eu sabia que ele havia jogado futebol no ensino médio, mas, com aquele físico e aquela velocidade, poderia ter virado profissional.

Poderia esse homem ser ainda mais perfeito?

Assim que ele bateu a porta, o retrovisor foi iluminado por lanternas azuis.

Virei para olhar atrás de nós e soltei um suspiro aliviado quando vi que a viatura estava parada na frente da McMansão, e não atrás de mim. Embora eu tivesse estacionado a pelo menos um quarteirão de distância, à sombra de uma magnólia enorme, não queria chamar a atenção para o Ford 1996 muito suspeito estacionado na rua em uma vizinhança cheia de carros importados que eram devidamente mantidos na garagem, então Hans e eu decidimos só nos afundar nos assentos e esperar.

Ainda que estivéssemos nus e nos escondendo da polícia, Hans abriu um sorriso confiante de astro do rock e estendeu o braço para acariciar minha bochecha com o dedão. "Isso foi incrível."

"A melhor noite da minha vida", murmurei, desviando os olhos rapidamente quando um calor familiar se esgueirou para minhas bochechas.

Graças a Deus estava escuro demais para que ele me visse corar.

Hans era muito, muito sexy. Eu vinha tentando bancar a tranquilona e manter distância emocional por todos aqueles meses, porque sabia que de jeito nenhum aquele cara podia me ver do jeito que eu o via, me amar do jeito que eu temia que o amava ou ser fiel a mim pelo resto de nossas vidas.

E, agora que eu estava vulnerável e exposta (literalmente), mal conseguia encará-lo, com medo do que encontraria em seus olhos. Hans me veria apenas como outra fã apaixonada, agora que sabia que era sua? O esforço da conquista seria dado por encerrado?

Eu já estava de luto pela morte iminente do nosso relacionamento quando Hans virou meu queixo na direção do rosto dele, me forçando a retribuir seu olhar.

"Aí está você", ele disse, com o sorriso torto que lhe era característico. "Achei por um minuto que tinha te perdido."

Hum...

Olhar naquele rosto dos sonhos era como injetar ansiolítico na veia. A brisa familiar de calma e contentamento que eu costumava sentir sempre que estava com Hans preencheu o carro até fazer com que eu me esquecesse do que estava me preocupando tanto antes. Então ouvi o som de uma porta de carro batendo, e me lembrei rapidinho do motivo para ficar tensa.

A porra da polícia!

Puxei o vestido da pilha de roupas sobre as pernas de Hans — cujos olhos enevoados estavam agora grudados no espelhinho lateral — e enfiei pela cabeça. Não conseguia amarrar direito a frente única em minha posição fetal diante do volante, mas pelo menos a metade inferior do meu corpo estava coberta. É claro que Hans, com sua habilidade manual notável, conseguiu vestir a calça sem nem tirar os olhos do espetáculo que se desenrolava atrás de nós.

Curiosa para ver o que tinha feito Hans ficar tão sério, saí do buraco em que estava escondida e me inclinei para o painel do carro para dar uma olhada no retrovisor. No processo, me deixei distrair por um instante pelo peito nu e tatuado do baixista esguio e alto sentado no banco do passageiro. Sua pele estava molhada, quente e cheirava a cloro. Então me lembrei de que eu também continuava com a parte de cima do corpo exposta.

Cara. Se eu conseguisse inclinar totalmente o banco rapidinho...

Onde eu estava? Ah, sim.

Reprimi os hormônios e apoiei a bochecha no peito de Hans, para poder ver o que estava acontecendo no espelhinho do lado dele, porque levantar poderia estragar nosso disfarce. A viatura ainda estava com as luzes acesas, e um policial esperava ao volante.

Merda.

O parceiro dele estava na porta da McMansão, falando com um homem de meia-idade usando roupão. Eu não conseguia distinguir muita coisa à distância, mas vi quando o dono da casa levantou um dedo furioso na direção do meu carro.

"VAI!", Hans gritou, me fazendo pisar na embreagem, dar a partida e sair dali no mesmo instante, sem nem acender os faróis.

Merda, merda, merda!

Por sorte, eu tinha dirigido por aquele bairro procurando uma vaga para estacionar o suficiente para conhecer todas as saídas. A sirene começou a soar assim que arranquei com o carro.

Puta que pariu.

Meu corpo operava aquela máquina por pura memória muscular, já que minha consciência tinha abandonado por completo o barco e se dividido em um milhão de direções diferentes, todas horríveis.

Vamos ver. Por onde começo? Fuga da polícia, exposição indecorosa, posse de documento de identificação falsificado, consumo de álcool sem ter idade para beber, atentado ao pudor com ato sexual em público, perturbação do sossego, excesso de velocidade...

O que eu achara que entraria para a história como a experiência sexual mais gloriosa da minha vida agora seria eternamente lembrada como a noite em que sofri um estupro na cadeia. Embora nunca tivesse ouvido falar de mulheres estuprando mulheres, eu era uma adolescente magra criada por hippies pacifistas. Não tinha nenhuma habilidade de autodefesa (além de balançar sem jeito minhas botas com ponta de aço de dez toneladas na direção da outra pessoa), e a única roupa de baixo que usava aquela noite era uma calcinha tipo tanga, vermelha e molhada. Se havia uma boa candidata para estupro por outras mulheres, era eu.

Entrei na primeira rua que apareceu, pisando no acelerador no meio da curva para ganhar velocidade assim que possível.

Tinha aprendido a dirigir assim na época em que namorava Harley. Tinha um conjunto habitacional abandonado na rua da casa da mãe dele onde as pessoas costumavam tirar rachas. Todo mundo chamava o lugar de "a pista", porque as ruas eram todas asfaltadas, mas nem uma única casa tinha sido concluída antes que a construtora quebrasse. Como tecnicamente não era propriedade particular nem pública, podíamos pisar fundo sem que a polícia pegasse no nosso pé.

Sempre que eu acelerava demais e estourava uma correia ou coisa do tipo, Harley ligava para seus colegas da oficina e logo eles apareciam, com suas caminhonetes imensas, suas lanternas de cabeça e uma cerveja na mão, para consertarem a porra toda enquanto cantavam músicas de David Allan Coe, como se estivéssemos em um conto de fadas trash tipo *Lixo Branco de Ferro-Velho e os sete caipiras*. Graças a eles, agora tenho as letras de "Don't Bite the Dick", "Little Susie Shallow Throat" e "Cum Stains on the Pillow" gravadas no meu cérebro.

Mas também sei como fazer uma curva acelerando sem perder o controle do carro.

Na verdade, aquela lembrança em particular pareceu acalmar meus nervos. Minha consciência voltou, e decidi colocar para tocar mentalmente "You Never Even Called Me by My Name", me sentindo nostálgica.

I was drunk... the day my mom... got out of prison...

Só finge que você está de volta na pista, BB. Você costumava fazer isso o tempo todo. Era divertido. Você está se divertindo.

Forçando o carro ao máximo na segunda marcha, pisei forte nos freios antes de dar uma guinada para transferir parte do peso para dianteira e depois virar o carro na direção oposta. Quando eu estava na metade da curva, com o motor rodando a 3500 RPM, o que era perfeito, pisei no acelerador e na embreagem ao mesmo tempo, passando para a terceira em segundos.

"Cacete, bebê! De onde saiu isso?"

Era a primeira coisa que Hans dizia desde que tínhamos começado nossa fuga, e a surpresa em sua voz era clara. Olhei para meu namorado astro do rock e percebi que ele tinha uma mão agarrando o puta que pariu (não sei qual é o nome certo daquela porra no teto dos carros em que a gente se segura. Na minha terra, a gente chama de puta que pariu), enquanto a outra se segurava no painel do carro, com uma cara de choque e admiração ao mesmo tempo. Era todo o incentivo de que eu precisava.

Depois de passar quase um ano me sentindo inadequada ao lado daquele homem, finalmente havia descoberto um jeito de impressionar, de me destacar das hordas de mulheres oferecidas que se jogavam aos pés de Hans. Eu dominava a porra daquele Mustang, e ainda com os peitos de fora. Minha consciência aumentou o volume da música:

And I went... to pick her up... in the raaaain...

Voltei a esticar a marcha e segurei o carro em mais uma curva. Ainda podia ouvir a sirene da viatura atrás de mim, e de vez em quando via o reflexo azul iluminar uma casa ou uma placa de rua, mas tinha conseguido manter distância suficiente entre nós para que não pudéssemos ser identificados.

Mas a curva seguinte levaria à liberdade ou ao nosso fim.

But before I could get to the station in the pick-uuuuuup truck...

Se eu conseguisse sair daquele bairro e atravessar o cruzamento sem precisar parar, estaríamos salvos. Em dez segundos poderíamos nos esconder no estacionamento do lugar onde havia sido o show. Reduzi para segunda e prendi o fôlego conforme nos aproximávamos do cruzamento.

Esteja livre, por favor, por favor, por favor...

She got runned over by a damned old traaaain!

"Tá livre! Tá livre! ANDA, ANDA, ANDA!" Hans estava na beirada do assento, olhando para a esquerda, para a direita e para a esquerda de novo, se certificando de que eu não estava prestes a nos matar.

Rá!

Pisei no acelerador com os vinte quilos de aço e couro molhados envolvendo meu pé direito, e fui recompensada com uma cantada satisfatória dos meus BFGS gastos (é assim que os caipiras chamam pneus BF Goodrich) e a visão ainda mais satisfatória da cabeça de Hans sendo jogada para trás pelo torque, na direção do apoio do banco.

Liguei os faróis e acelerei na direção da entrada do estacionamento, que estava a pouco mais de um quarteirão de distância. Algumas centenas de metros e estaríamos livres.

Duzentos, cem...

Hans estava agora totalmente virado para trás no banco, com os punhos agarrados ao descanso de cabeça, os olhos vidrados vasculhando a imensidão atrás de nós à procura de qualquer sinal da viatura. Mordi o lábio bem a tempo de reprimir o sorriso convencido e satisfeito consigo mesmo que ameaçava estragar minha fachada tranquilona, respirei fundo e fiz uma última curva para entrar no estacionamento, fazendo os pneus cantarem um pouco só para me mostrar. No instante em que o carro estava fora da via, desliguei os faróis e estacionei na primeira vaga livre que encontrei.

Hans entrou em um surto histérico, batendo no descanso de cabeça e gritando "UHUUUU!", como se estivesse no meio de um estádio lotado.

Eu nunca tinha visto ninguém tão empolgado.

Quando desliguei o motor e virei para encará-lo, Hans já estava com as mãos gigantes nos meus ombros e me sacudia como se eu fosse uma boneca de pano.

"Puta merda, bebê! Você despistou eles! Você despistou a polícia, caralho!" Um sorriso maníaco surgiu em seu rosto. "Você parecia tipo a porra da Angelina Jolie em *Sessenta segundos*! Onde foi que aprendeu a dirigir assim?"

Observei os olhos de Hans, sempre propenso a se distrair, descerem para meus peitos ainda expostos. Ele acariciou um dos meus piercings de mamilo, por impulso. Ao me ouvir suspirar, voltou a olhar para o meu rosto, como se tivesse acabado de se lembrar de onde estava.

Ele balançou a cabeça e continuou a falar, em um tom mais sério: "Foi a coisa mais sexy que já vi na vida".

Antes que eu pudesse formular uma resposta para tamanho elogio, me vi colada à porta do motorista enquanto aquele moreno de um metro e noventa todo tatuado devorava minha boca, meu pescoço, meus peitos à mostra e minha boceta ainda inchada com cada peça de seu arsenal. Eu nunca o tinha visto tão voraz.

Sabendo que eu havia feito aquilo, acabei me sentindo especial, no fim das contas. Talvez, quem sabe, eu tivesse coisas a oferecer a ele que outras mulheres não tinham.

Daquele dia em diante, sempre que minhas inseguranças mostravam suas caras feias, eu simplesmente tirava aquela lembrança incrível do bolso e a esfregava como um talismã, até que os sentimentos autodepreciativos derretessem em meio a luzes cintilantes, água escura e revolta, "eu te amo" sussurrados e fugas em alta velocidade com um final feliz.

23. No porão, cercada pelo Phantom Limb

DIÁRIO SECRETO DA BB

7 de dezembro

Querido diário,

Então... talvez eu tenha me empolgado um pouco em meu último texto. Na verdade, o melhor sexo que já tive na vida foi muito mais frio, sujo e masmorrento de modo geral. Em vez de uma terra encantada luxuriosa, mágica e fluida no calor abafado do verão, o ato na verdade aconteceu em um porão com revestimento de madeira nas paredes e chão de linóleo esquálido... sobre uma cama coberta com poeira e cocô de rato... no auge do inverno. E, em vez de rodeados por milhões de luzinhas majestosas, estávamos cercados pelos colegas de banda de Hans, que estavam dormindo, assim espero, espalhados pelo chão.

Depois da maior parte de seus shows, Hans e o restante do Phantom Limb passavam a noite na casa do pai do vocalista. (Trip tinha herdado cada pedacinho de sua personalidade pervertida do pai. Na primeira vez em que entrei na casa, o cara se aproximou, cheirando a bebida e bizarrice, piscou para mim, entregou uma lanternazinha para o filho e disse: "Caso as coisas fiquem esquisitas". *Sério.*)

Exaustos depois de um show particularmente foda e bêbados até não poder mais, os caras entraram no porão e um a um praticamente desmaiaram assim que seus rostos tocaram o piso de linóleo. A não ser por Hans.

Vê-lo se apresentar sempre me deixava com tesão, mas naquela noite em especial eu estava subindo pelas paredes. Não fora capaz de tirar as mãos dele no carro, e assim que chegamos à casa do pai de Trip a única coisa em que nossas mentes conseguiam pensar era em terminar o que haviam começado no caminho.

Quando chegamos ao porão, o lugar parecia uma cena de crime. Havia corpos inconscientes espalhados pelo cômodo como se uma bomba tivesse explodido por ali. Não havia explicação para cada um deles ter deitado onde estava, principalmente considerando que a cama no canto permanecia intocada. Havia algumas caixas e outras coisas em cima, o que através das lentes da cerveja pode ter parecido trabalho demais para pouca recompensa.

Hans e eu contornamos na ponta dos pés seus colegas de banda aos roncos no caminho para a cama, então tiramos a bagunça — e nossas roupas — o mais rápido possível. Em segundos, estávamos juntos sob uma manta horrível e piniquenta, nos esforçando ao máximo para fazer silêncio. A cama rangia, então tínhamos que nos mover de forma lenta e deliberada. Ficávamos atentos à nossa respiração e ao nosso ritmo, a cada som ou movimento. Embora a princípio parecesse um pé no saco, todo esse cuidado deliberado fez com que estivéssemos mais presentes. Cada arrastar e puxar delicado parecia *significativo*. O tempo avançava devagar, se é que avançava, e cada vez que olhávamos um para o outro três palavrinhas pareciam escapar com um suspiro, apesar de nossos esforços para fazer silêncio. Apesar da cama precária, era como se eu e Hans estivéssemos dentro de um útero de seda de um amor que revela a alma, que transcendia nosso ambiente decrépito, cheirando a naftalina.

Gosto de pensar naquela experiência do mesmo modo como as pessoas descrevem a primeira vez que fumaram crack. Dizem que é sempre a melhor, né? Então talvez o amor seja como qualquer outra droga. Talvez o motivo por que não experimentei a mesma sensação de bolha interconectada depois daquela noite no porão seja porque estou fadada a perseguir aquele barato pelo resto da minha vida. Fosse quem fosse com quem eu terminasse — um peixe frio e límpido ou um artista sensível.

Mas, bem no fundo, sei que não é verdade.

Eu *poderia* experimentar o mesmo sentimento. Na verdade, toda vez que fecho os olhos e volto àquela noite, isso acontece. Não estou perseguindo um barato distante. Ele é acessível. Só de pensar em como a luz do cômodo transformava os olhos azuis-acinzentados e delineados de Hans em piscinas de mercúrio líquido, como minhas mãos deslizaram por seu tronco tatuado e encontraram um lar em seu cabelo preto e rebelde, como seus lábios roçaram minha orelha tal qual asas de borboleta enquanto ele sussurrava "eu te amo", já sinto despertar a mesma combinação de feromônios e endorfinas e fico pronta para... nada.

Sempre que tento iniciar uma salva de amor como essa com Ken, meu marido simplesmente levanta as mãos e recua um passo, como se eu tivesse jogado uma cascavel viva nele. É como se ele fosse um figurante em *CSI: Miami*. Talvez tenha uma silhueta em giz traçada em torno do corpo dele enquanto transamos — não, enquanto *eu* transo.

Se Ken tivesse um maldito sentimento de vez em quando, fizesse um pouco de contato visual, pegasse meu rosto nas mãos, encostasse a testa na minha, dissesse algo doce — e nem precisariam ser frases completas, podia só ser "Você é linda" em código Morse, com batidinhas na minha bunda, se fosse tão excruciante se expressar em voz alta —, poderia ter sido o protagonista da história anterior. Na verdade, eu nem precisaria ter escrito aquilo. Não haveria necessidade. Seríamos como John e Yoko, porra.

Falando em músicos, preciso te contar um pouco mais sobre o Hans Oppenheimer de verdade... Depois que eu me explicar...

Apesar da completa e absoluta falta de paixão por parte de Kenneth Easton, eu ainda amo o cara pra caralho. Na verdade, ele é minha pessoa preferida de todos os tempos. Acho até que gosto mais dele do que dos nossos filhos. (Sério, o que aqueles merdinhas fizeram por mim ultimamente?)

Ken me aceita, me apoia e, com toda a discrição, faz todos os meus sonhos se tornarem realidade sem necessidade de nenhum tipo de autoafirmação ou agradecimento. É o tipo de homem que espera até que todos estejam sentados para começar a comer; que fica de pé no trem, seja qual for a quantidade de assentos livres; que dobra as roupas simplesmente porque precisam ser dobradas; e que sempre me deixa escolher o restaurante. Apesar de seu senso inerente de responsabilidade e cortesia, Ken também sabe xingar como um marinheiro (mesmo na frente das crianças, e não só das nossas) e nunca falha em fazer um comentário espertinho sempre que reconheço um gesto gracioso seu. E, de alguma forma, sempre consegue ser ao mesmo tempo o cara mais bonito e o mais humilde no recinto.

Quero levar Ken comigo para toda parte. Quero que a gente viva até os cem anos e morra junto. Quero que misturem nossas cinzas e joguem no rio, para vê-las rodopiando como creme no café por todo o caminho até o oceano. Quero que nossas almas (tá, minha alma e o que quer que ele tenha, talvez um sistema operacional?) se encontrem do outro lado assim que possível, só para que possamos nos apaixonar, ter mais filhos e fazer tudo de novo.

Só que também quero que ele me coma até eu não aguentar mais.

Ken me deu uma vida linda, cheia de segurança, risadas, conversas inteligentes, luas de mel em Paris, filhos sem problema de déficit de atenção e com narizinhos fofos, pias separadas no banheiro, previdências privadas e gramados bem aparados. Eu só queria que os orgasmos combinassem com as cortinas, se é que você me entende. E que as cortinas tivessem meu nome tatuado de forma descaradamente amadora em um lugar bem visível.

É pedir demais?

24. Baixistas são cheios de ritmo

DIÁRIO SECRETO DA BB

14 de dezembro

Entre sua altura, sua estrutura óssea, seu cabelo preto rebelde e seu pau gigante que apontava ligeiramente para a esquerda, Hans sem dúvida nenhuma podia ser dublê de corpo de Tommy Lee no vídeo de sexo com Pamela Anderson — se não fosse pelas tatuagens diferentes, claro. Era uma alma sensível e romântica camuflada pelo corpo e pelas roupas de um baixista de heavy metal de um metro e noventa de altura com um caso sério de TDAH. O Coitado, como passei a chamá-lo, talvez tenha me estragado para os homens em geral.

O desgraçado me dizia que eu era linda *todos os dias* — com sinceridade, me olhando nos olhos, acariciando minha bochecha com suas mãos gigantes e cheias de calos. Me comprava buquês de flores ostensivos sem nenhum motivo. Segurava minha mão em público. Chegou a pintar minhas unhas dos pés enquanto víamos *Sex and the City*. E, sempre que seus pais estavam viajando, ele levava uma TV para o banheiro luxuoso deles para que pudéssemos ficar mergulhados no esplendor de sua banheira enquanto Leeloo e Korben Dallas se apaixonavam de novo em *O quinto elemento*.

Hans também era tão distraído e impulsivo quanto descrevi no diário falso que deixei para Ken encontrar. Na verdade, a parte em que ele é atraído pelas luzinhas penduradas é baseada em fatos reais. Era uma noite quente de verão, como a que descrevi, e atravessávamos uma ponte perto da casa dos pais do Coitado, de carro. Antes que conseguíssemos chegar do outro lado, ele pisou no freio, encostou devagar sua BMW antiga, me tirou do carro e montou sobre o guard-rail, fazendo seu movimento característico de me girar no ar e me colocar de lado em seu colo. Segurei seus ombros com firmeza e fechei bem os olhos, pensando que aquele doido tatuado estava prestes a pular no lago.

Àquela altura, nada teria me surpreendido. Eu tinha aprendido rápido que, com Hans, tudo o que eu podia fazer era aguentar firme e desfrutar da viagem.

Quando finalmente concluí que não estava prestes a cair de uma altura de sete metros na água preta como tinta lá embaixo, abri os olhos e percebi o que o havia atraído. A superfície do lago dava a impressão de que alguém tinha pegado o céu noturno e aberto à nossa frente, como uma toalha de piquenique. Um milhão de pontos de luz cristalinos ondulavam abaixo de nós, enquanto outro milhão flutuava fora do nosso alcance, no ar espesso do verão. Eu queria ficar ali para sempre, mas a emoreção do Coitado não permitiu.

Acabamos voltando para o carro, onde passamos a hora e meia seguinte abraçadinhos, desvelando a alma um para o outro e fazendo amor enquanto Jimmy Eat World competia com o som da água correndo sob nós. Era como se estivéssemos em nosso próprio globo de neve de arrebatamento, em que os flocos brancos flutuando à nossa volta não eram neve, mas estrelas. Estrelas por toda parte — no céu, na água, tatuadas em sua pele, em meus olhos, se revirando em uma onda de prazer.

O que impediu essa festa do amor em particular de entrar para a história como o melhor sexo da minha vida foi ter acontecido num *carro*. Quase precisei de enxertos de pele no joelho de tão esfolados que ficaram com o contato com a porta e com o painel aquela noite.

Acho que é assim que a gente descobre que virou adulto, diário. Se tem idade para reclamar de uma queimadura provocada por um estofado, então não tem mais idade para se pegar com alguém num sedan parado no acostamento.

Namorar um roqueiro (mesmo um que vivia no quarto acima da garagem dos pais) era meio como ter tudo. Na verdade, era mais como ter um melhor amigo gay e poder sentar na cara dele. Embora ambos gostem de moda, maquiagem, fofocas, sentimentos e experiências anais brincalhonas, o roqueiro não insistiria que você usasse uma cinta peniana e se enchesse de perfume masculino primeiro. Ele só *desfrutaria.*

Parece incrível, não acha?

E é.

Até deixar de ser.

Faça um favor a si mesmo, diário. Se por acaso se apaixonar por uma estrela do rock, bom pra você. Parabéns. Mas não se case. Confia em mim. Você vai querer ter filhos bizarramente altos, morenos e com déficit de atenção com ele. Não faz isso. Você vai querer assinar um contrato de aluguel de seis meses e comprar um aquário com um peixe. Não faz isso, porra.

Porque, quando a merda toda acontece — e vai acontecer, de um jeito espetacular —, quem você acha que vai perder todo o dinheiro do depósito e ainda precisar fazer uma pequena pira funerária no estilo viking para o pequeno e fofo Betta Bob Thornton sozinha? Quem vai encontrar o cara na cama com a melhor amiga no dia seguinte? Quem que vai receber uma ligação telefônica às cinco da manhã uma semana depois para ir buscá-lo no hospital porque ele estava triste e achava que podia se suicidar, ainda que depois de uma avaliação de dez minutos o psicólogo de plantão concluísse que ele não pretendia fazer mal a si mesmo nem a qualquer outra pessoa (além de você, emocionalmente, mais um pouco) e então dar um pé na bunda sem seguro de saúde dele?

Vou te dar uma dica. Seu nome rima com PP, e ela acabou de se foder magistralmente.

Então eis como agir se por acaso você se apaixonar por um astro do rock: é só fazer um sexo apaixonado capaz de estabelecer novos paradigmas enquanto os dois moram cada um em sua casa e mantêm contas bancárias, cartões de crédito, planos de celular e até contas da Netflix separados. Se você conseguir emplacar um nome falso, melhor ainda. Principalmente no caso de um baixista. Todos os baixistas e bateristas têm TDAH. Sem exceção. É um fato científico. E, por esse motivo, não se pode esperar que tenham um emprego estável, apareçam no horário, se lembrem de pagar a porra das contas ou de colocar gasolina no carro, não esvaziem a conta no banco e resistam a drogas ou à oferta de bocetas. Mas, cara, eles têm ritmo. É verdade o que dizem, diário. Baixistas têm ritmo até na cama.

Mas não me entenda mal. Tive uma parcela de sexo incendiário que mudou minha vida (e, às vezes, ameaçou) antes que o Coitado aparecesse. Knight me dobrou em posições que só a cartilagem pós-pubescente permitiria, e Harley tinha um anel vibrador para a língua. (Sim, isso existe, e é uma *maravilha.*)

Mas Hans foi o único homem com quem já estive que posso dizer que *fez amor* comigo de verdade, sem sombra de dúvida. Transformou o sexo em algo transcendente, impressionante e, bom, *profundo*. Quer dizer, Hans era o único cara que já conheci que não apenas podia ficar de pau duro vendo *Diário de uma paixão* como insistia que reencenássemos a cena de tirar as roupas molhadas no caminho para o quarto depois de passear de canoa na chuva. *Sério.*

Esse cara existe, diário, e vai acabar com o seu crédito bancário e com a carga genética dos seus descendentes se você deixar.

25. Anivereção

DIÁRIO SECRETO DA BB

20 de dezembro

Querido diário,

Acho que meu marido acabou de fazer amor de verdade comigo. Espera aí, deixa eu marcar no calendário. Não quero esquecer essa porra. A partir de agora, 20 de dezembro vai ser oficialmente a data do Anivereção da BB e do Ken. Vou deixar as crianças na casa dos meus pais, preparar (encomendar) um jantar delicioso e então Ken e eu vamos nos sentar com a cabeça inclinada em uma recordação silenciosa da única vez em que ele não se comportou como um peixe impávido e frio durante o sexo. Nosso Anivereção vai me dar ânimo para seguir em frente. Vai me sustentar.

Ken e eu nos preparamos para ir para a cama no mesmo horário esta noite, o que não acontece com muita frequência, porque sou um animal noturno e ele meio narcoléptico, então eu estava otimista com a possibilidade de alguma coisa rolar. Só que, em vez de subir na cama comigo — ou subir em cima de mim na cama, como eu esperava —, Ken voltou pra sala para terminar de assistir ao jogo dos Falcons, que ele tinha gravado.

Então ali estava eu, no escuro, resignada com o fato de que o Atlanta Falcons tinha ganhado de novo — não o jogo, mas a guerra.

O velho e familiar manto da derrota se assentou sobre meu corpo nu. Tentei lutar contra ele, pensando em coisas felizes. Pensei em Ken cantando uma música do Bob Marley para a bebê depois do jantar. Ninguém adivinharia, olhando para sua aparência suave e certinha, que aquele homem amava funk e reggae.

Pensei em como ele tinha me surpreendido com ingressos para o cinema na semana anterior, e mantido o segredo até que a babá chegasse. Fiquei animada na hora, mas então me dei conta de que não estava maquiada e meu cabelo estava cheio de frizz e preso em um rabo de cavalo. Quando comentei a respeito, Ken apenas deu de ombros e disse: "Vai estar escuro lá". Filho da puta! Não, nada de "Gosto do seu cabelo preso, assim seu rosto lindo aparece mais" ou "Você é tão linda, não precisa de maquiagem". Só um "Não se preocupa com sua cara feia. Ninguém vai ver".

Voltando à cama, bem quando eu estava começando a lembrar por que estou sempre querendo dar uma joelhada no saco do meu marido, a porta se abriu. Ken tateou pelo quarto e, em vez de assumir seu lugar do outro lado da Montanha da Castidade — o calombo do tamanho de uma pessoa que se formou no meio do colchão porque nunca ficamos abraçadinhos ou de conchinha, nem nos envolvemos em nenhuma outra atividade divertida naquele espaço —, subiu na cama atrás de mim e enlaçou minha cintura com os braços.

"Te amo", ele sussurrou no meu ombro, roçando-o com os lábios.

Oi?

"Também te amo", eu disse, com palavras envoltas em confusão. Eu não pretendia que soasse tanto como uma pergunta, mas aquele comportamento não era nada a cara dele. Ken só diz que me ama quando um de nós vai sair, e ainda assim acho que só faz isso por garantia, para o caso de uma morte em um acidente de carro horrível ou coisa do tipo.

Senti a mão de Ken afastar gentilmente o cabelo do meu rosto. Senti seu hálito quente na minha orelha quando ele sussurrou de novo: "Te amo".

Estendi a mão para trás e toquei seu rosto. Minha voz saiu trêmula de preocupação quando eu disse: "Também te amo, querido. Está tudo bem?".

Ken ignorou minha pergunta, pegou o lóbulo da minha orelha com a boca e pressionou seu pau duro coberto pelo tecido de algodão contra a abertura da minha bunda. Minha psicóloga interior imediatamente mudou a placa do consultório de ABERTO para FECHADO, porque eu não estava nem aí para a causa daquele comportamento atípico. A única coisa com que me importava naquele momento era em tirar a porcaria da cueca dele.

"Te amo", Ken sussurrou de novo, enquanto sua mão desaparecia entre minhas pernas.

"Também te amo", respondi, dessa vez sem nenhum vestígio de dúvida na voz, então suguei as palavras de volta ao ofegar quando ele enfiou um dedo em mim. Abri mais as pernas e me esfreguei contra seu pau ainda coberto.

Virei a cabeça para a direita, procurando pelos lábios que haviam estado na minha orelha. Quando os encontrei, recebi um beijo suave e demorado, tão carregado de emoção que achei que nunca mais experimentaria algo parecido.

"Te amo." As palavras flutuaram até minha boca aberta, desceram para minha garganta e se enraizaram na minha barriga, florescendo.

Ken não tinha assistido ao jogo na sala, ele havia lido meu texto sobre Hans!

Eu já tinha quase esquecido aquela história, e Ken estava fazendo um ótimo trabalho para que eu a esquecesse de vez. Depois do beijo, ele me deitou de costas, tirou a cueca em um movimento fluido e se posicionou entre minhas pernas.

Plantando os pés firmemente na cama, levantei os quadris na direção dele e aceitei o amor que oferecia. Quando eu e Ken estávamos unidos, eu o enlacei com as pernas, peguei seu lindo rosto entre as mãos e sussurrei: "Também te amo, querido. Te amo pra caralho".

Quando começamos a nos movimentar, o ar pareceu carregado de uma intensidade que me fez sentir como se eu estivesse sendo venerada de novo no banco da frente de uma BMW preta velha. Infelizmente, aquilo teve o mesmo efeito em Ken. Ele gozou primeiro, o que só serviu como prova de que havia sido tomado pela emoção.

Eu enfim tinha rompido uma barreira.

Sentia que estava em um daqueles filmes em que a protagonista permanece fielmente sentada ao lado do parceiro em coma, noite após noite sem dormir, contrariando todo mundo que diz que não tem jeito. Só que a única pessoa ali que me dizia que não tinha jeito era Ken — toda vez que se afastava de mim quando eu tentava ficar abraçadinha com ele na cama, toda vez que voltava a dobrar um dos meus poemas românticos em caligrafia cheia de frufrus e enfiava no bolso com um "Valeu, cara", toda vez que me dava um tapinha na bunda cinco segundos depois de gozar.

Ken está em um coma emocional há dez anos, mas o que eu escrevi o despertou. Ele pode voltar a escapar de mim, mas agora pelo menos tenho esperança.

E todo ano, no 20 de dezembro, vou me certificar de que, ainda que sua emoreção tenha ido embora, nunca será esquecida.

26. Proteja suas coxas

DIÁRIO SECRETO DA BB

18 de janeiro

Hans costumava ter emoreções o tempo todo. Tudo o que eu tinha que fazer era dizer que o amava e ele já ficava duro que nem diamante. Foi a primeira pessoa com quem morei junto, e no começo eu adorava brincar de casinha. Decorava as paredes com minhas pinturas e enchia as gavetas da cozinha de tranqueiras variadas e talheres que havia roubado dos meus pais ou da seção de artigos para casa da Macy's, onde eu trabalhava meio período.

Mas não gostava nem um pouco do fato de Hans não conseguir dar um jeito de me ajudar a pagar o aluguel, limpar ou, depois de alguns meses, nem voltar para casa que fosse.

Hans estava passando os fins de semana cheirando e gastando todo o dinheiro no clube de striptease da rua. Eu sei, diário. Pois é. Meu namorado astro do rock se comportava como um astro do rock. Eu deveria ter previsto isso. Não precisa jogar na minha cara.

Depois de descobrir que ele também havia escondido de mim que tinha sido reprovado em todas as disciplinas em que eu o havia matriculado na escola noturna *e* perdido o emprego, finalmente surtei com o comportamento dele. E olha só isso: o cara teve a audácia de terminar comigo!

No dia seguinte, eu estava tão distraída no trabalho que bati o ponto no meio do turno em meio a lágrimas, peguei algumas caixas do depósito da Macy's na saída e decidi correr para casa e pegar todas as minhas coisas enquanto Hans estava... onde quer que passasse a porra do dia. Só que, quando fui estacionar na minha vaga de sempre, em frente ao prédio, a BMW preta antiga dele já estava lá, com um pneu sobre a calçada, as janelas abertas e a chave na ignição.

Puta merda! É claro que ele está em casa! É meio-dia de uma terça-feira! Onde mais poderia estar? O cara não trabalha nem estuda!

Até aquele ponto da minha vida, eu só tinha passado por dois tipos de rompimento — um em que seu namorado se prova um stalker violento aterrorizante e outro em que você simplesmente para de atender o telefone e ele desiste. Eu estava entrando em águas desconhecidas. E, embora tivesse mil por cento de certeza de que Hans nunca machucaria fisicamente outro ser humano, estava prestes a descobrir que o mesmo não podia ser dito de mim mesma.

Assim que abri a porta, duas coisas chamaram minha atenção de imediato. Ambas eram pretas. Ambas tinham salto alto. E ambas estavam jogadas à beira da escada. A escada que levava para a porra do *nosso* quarto. Entrei em curto-circuito. Físico. Mental. Digestivo. Meu primeiro instinto foi vomitar meu baço naquelas botas baratas que imitavam couro e iam até os joelhos, mas não tive a chance, porque meu corpo foi mais rápido que meu estômago e meu cérebro e subiu a escada correndo.

Quando minha mente racional fora de forma alcançou o que estava rolando ali, bufando e parando para acender outro cigarro, eu já tinha chutado a porta do *nosso* quarto, arrancado os lençóis da cama e gritado: "Sai da porra da minha cama", enquanto estapeava a coxa nua da Menina Gótica. Minha mente assistia ao ataque como uma testemunha inocente, pensando distraída: *Sério? A coxa? É uma escolha meio esquisita, não acha?*

Acho que foi a primeira parte do corpo dela em que consegui colocar a mão. Sei lá. Pelo menos bati em vez de morder.

Infelizmente, antes que eu escolhesse um lugar mais descolado onde bater, Hans pulou da cama, me arrastou para o corredor, fechou a Menina Gótica dentro do *nosso* quarto e me acompanhou até a sala. Depois de lançar três controles remotos, um cinzeiro de cristal de quase dois quilos — também roubado dos meus pais — e todos os porta-copos de cerâmica na cabeça dele, como se fossem estrelas ninjas, fiquei sem munição e me joguei no sofá, berrando, me sacudindo inteira de chorar e hiperventilando.

Em algum momento, através do barulho do sangue e da bile fervendo e dos meus próprios gritos, comecei a distinguir o mantra tranquilo que Hans repetia.

"Não aconteceu nada. Não aconteceu nada, bebê. Juro. Não aconteceu nada."

Quando finalmente me acalmei o bastante para voltar a processar os estímulos visuais, notei que Hans estava usando cueca e camiseta. (Ele costumava dormir pelado.) Quando repassei na minha cabeça meu ataque à Menina Gótica, percebi que ela também estava usando uma camiseta e uma cueca boxer de Hans.

Merda.

Enquanto eu tremia, fungava e fumegava no sofá, Hans explicou que tinha ido ao bar depois da nossa briga da noite anterior, enchido a cara e ligado para a Menina Gótica, porque precisava de um ombro amigo.

A Menina Gótica tinha acabado de terminar com o Cara Gótico, então estava no bar para afogar as mágoas também. Acabou indo dormir na nossa casa porque estava bêbada demais para dirigir até sua casa. (Considerando a maneira como Hans tinha estacionado, ele também estava.)

Eu até queria que eles tivessem transado, para que minha raiva fosse justificada, mas eu sabia que Hans estava dizendo a verdade. Não era menos doloroso que ele tivesse corrido para os braços de outra garota poucas horas depois de terminarmos, mas o fato de que só estava em busca de conforto fez com que eu me sentisse ainda mais psicopata por conta daquela história dos tapas.

Depois de algum tempo, a Menina Gótica saiu na ponta dos pés da segurança de sua pequena jaula, e choramos e fumamos juntas no sofá enquanto Hans andava de um lado para o outro, parecendo perdido. Quando me cansei de chorar, pedi aos dois que fossem embora para que eu pudesse empacotar minhas coisas em paz...

Então depenei de tal maneira aquela espelunca que mais parecia o Grinch tentando roubar o Natal.

Peguei a cortina do chuveiro, o varão e o tampãozinho de borracha da banheira. Peguei o papel higiênico. Peguei as cortinas, e nem tinha chave de fenda. Só arranquei aquela merda da parede. Peguei os travesseiros, o edredom e os lençóis de vinte e cinco fios do Walmart. (O colchão só ficou porque não ia caber no Mustang. Nem a TV, o que não me impediu de levar os controles remotos.) Peguei as panelas, as frigideiras, os pratos, os restos de comida na geladeira e os puxadores de gaveta da cozinha. Cara, eu era mesmo o Grinch.

E quer saber, diário? Isso fez com que eu me sentisse um pouco melhor.

E quer saber o que fez com que eu me sentisse *muito* melhor? Descobrir que Hans foi despejado no mês seguinte e perdeu todo o dinheiro do depósito por causa de tudo o que tinha sido tirado do apartamento, incluindo os pedaços de drywall.

Mas sabe o que me fez esquecer que Hans existia? Conhecer minha alma gêmea.

27. A Skynet se tornou autoconsciente!! A Skynet se tornou autoconsciente!!

DIÁRIO SECRETO DA BB

2 de fevereiro

Emergência, diário! Emergência!

Você foi comprometido! Não há outra explicação possível! Ken passou de me chupar com a frequência com que troca o filtro do ar-condicionado a fazer isso *toda vez* que transamos. Toda. Vez. Pois é. Ninguém passa de nunca a *sempre* fazer uma coisa a menos que haja uma intervenção séria, principalmente no caso de Ken. Seu comportamento é tão calcificado que acho que ele não conseguiria se sentar do outro lado do sofá nem com uma arma apontada para sua cabeça. Tem só uma coisa que poderia fazer aquele puto sentir de repente a necessidade de me chupar o tempo todo, e é o que escrevi em 1º de novembro.

O que ele leu? E quanto leu??

Isso é ruim. É muito bom, mas é muito, muito, ruim. Subestimei o cara, diário. De todos os maribôs no mundo, por que eu tinha que terminar com a versão gênio do mal do TL9000?

Tenho escrito bastante ultimamente, então aposto que ele foi dar uma olhadinha no Diário Superparticular que Ken Nunca, Nunca Pode Ler, para ver o que eu estava tramando, então ficou desconfiado quando viu que não tinha nada de novo e iniciou uma expediçãozinha de caça.

Ele descobriu como pesquisar arquivos recentes? Foi assim que encontrou você? Achei que o cretino fosse analfabeto digital! Será que bancou o simplório tecnológico esse tempo todo, quando na verdade é uma espécie de minerador de informações diabólico?? Ele é o Kevin Spacey em *Os suspeitos*?? (Isso foi um spoiler para quem não viu *Os suspeitos*.)

Espera aí! Ah, meu Deus, já sei o que aconteceu! Ken não leu você coisa nenhuma, diário! Ele leu meu e-mail! Meu E-MAIL! Aquela confissão sobre ele nunca me chupar na verdade foi copiada da conversa que eu estava tendo com Sara. E Ken tem acesso ao meu e-mail, porque somos mão de vaca demais para comprar outro iPad, então sempre que ele quer verificar suas mensagens tem que abrir minha caixa de entrada para deslogar. Em geral, não me preocupo com isso, porque tudo na minha caixa de entrada parece capaz de injetar uma dose letal de estrogênio se aberto — newsletter da Oprah, alertas de consultas com o ginecologista e de horários no cabeleireiro, meia dúzia de notas de romances que comprei na Amazon —, mas tenho certeza de que o assunto "cunilíngua" deve ter chamado a atenção dele.

É tão simples! Isso explica por que Ken tem me chupado dia sim, dia não em vez de estar enfiando agulhas em uma boneca de vudu de cabelo castanho-avermelhado, como seria o caso se tivesse lido tudo isso. Estamos a salvo, diário! Estamos a salvo!

É um milagre no estilo *Feitiço do tempo*! Sexo oral grátis com frequência, e não vou ser sufocada enquanto durmo? Obrigada, universo! Obrigada, Oprah! Obrigada, Deepak Chopra! Namastê! Namastê!

28. Um SUV balançando

DIÁRIO SECRETO DA BB

8 de fevereiro

Querido diário,

Fiz sexo no carro ontem à noite. Em um bairro qualquer. Às onze da noite. Não foi a primeira vez para mim, mas foi outro ponto negativo na minha disputa para Mãe do Ano, principalmente considerando que espirrou leite do meu peito em toda a camisa social de Ken, e que precisei usar meu estoque de emergência de lencinhos umedecidos para a bebê para me limpar depois. Droga. Eu queria muito aquele troféu.

A noite começou com classe. Ken e eu tínhamos ingressos para um show, então chamamos a babá e paramos para jantar em um restaurantezinho italiano fofo no caminho.

(Um parêntesis: nunca vou parar de escrever no Diário Superparticular que Ken Nunca, Nunca Pode ler. O fluxo constante de saídas noturnas e sexo oral continua a toda. Elogios não solicitados e uma tatuagem com meu nome não devem estar muito longe!)

Era um show sem lugar marcado, então, quando chegamos, deixei Ken na fila para pegarmos bons lugares enquanto procurava um lugar escondido para estacionar e tirar um pouco de leite, *como uma dama.*

(Viu, diário? É por isso que eu estava na disputa para Mãe do Ano! Quem mais é consciente o bastante para continuar amamentando nove meses depois do parto, tem sempre à mão uma bombinha quase profissional que pode ser carregada no carro *e* se planeja para tirar o leite *antes* de pedir uma dose dupla de uísque com gelo? Até aqui, sou a própria June Cleaver, de *Leave It to Beaver.*)

Quando meus peitos já tinham sido esvaziados o bastante, fechei com destreza meu sutiã de amamentação, ajustei minha regatinha preta de quem ia a um show de rock, tirei a proteção com que vinha me cobrindo para não mostrar tudo a transeuntes inocentes e guardei as garrafas de leite na caixa térmica dentro da sacola com todos os aparatos necessários.

Torcendo para que ainda tivesse tempo de fazer xixi e pegar uma bebida antes que o show começasse, repeti, animada: "Não precisa, obrigada", enquanto passava depressa pelo mar de cambistas que mais pareciam moradores de rua no caminho para a porta.

Quando emergi da cabine menos fétida que encontrei no banheiro, notei um grupo de adolescentes produzidas se arrumando em frente ao espelho. As três pareciam quase idênticas, com seu corpinho esquelético de quinze anos e o cabelo perfeitamente liso que ia até a cintura. Aproveitei para ouvir o que diziam enquanto lavava as mãos.

Adolescente 1: "Vocês repararam naquele cara sentado perto da gente? Ele é tão lindo!"

Adolescente 2: "Não! Como ele é?"

Adolescente 1: "Ele tá usando tipo uma camisa e parece meio arrogante, mas tudo bem. Fiquei o tempo todo olhando pra ele."

Minha atenção tinha sido despertada. *Lindo? De camisa? Arrogante?*

Só tinha um cara na plateia que correspondia à descrição. Ken tinha saído direto do trabalho e estava todo executivo quando me encontrou para jantar, com uma camisa social azul-clara e gravata azul-marinho.

A Adolescente 3 revirou os olhos. "Para de ser esquisita."

Sequei as mãos sorrindo.

É melhor ouvir sua amiga, vaca.

Fui até o balcão, seguindo as instruções que Ken havia me mandado por mensagem enquanto eu tirava o leite, e o encontrei na fileira dos fundos. Nossos olhares se cruzaram imediatamente, como se ele estivesse me esperando. Ken sorriu, me dando um tchauzinho casual com dois dedos erguidos. Olhei satisfeita para suas roupas de trabalho no melhor estilo Christian Grey.

Cara, ele tá mesmo um gato.

Seu sorriso se alargou conforme me aproximei. Ele claramente percebeu que eu o olhava admirada. Parei no corredor atrás do assento dele e me inclinei para lhe dar um beijo antes de ir até o bar. Quando me endireitei, ele fez graça, dando uma mordiscadinha na minha coxa.

Quem era aquele cara??

Retribuí, dizendo: "Passei no banheiro antes de vir e ouvi umas adolescentes falando de um bonitão de camisa que estava sentado perto delas. Imaginei que fosse você".

Ken apontou com a cabeça para a direita e disse: "Eram aquelas?".

Olhei mais à frente, para o grupo de meninas se sentando aos risinhos, a cerca de três metros de onde estávamos. E, puta merda, eram elas mesmo! Era mesmo no meu marido que as safadinhas estavam de olho!

Não consigo explicar o que aconteceu comigo depois, diário. Chamar de ciúme seria flagrantemente enganoso. Foi visceral, fisiológico. Saber que um bando de meninas mais novas, mais magras e com o cabelo mais liso queria meu marido fez meu corpo começar a produzir feromônios em um nível nuclear.

Quando voltei para o assento com dois litros de uísque, estava à beira de uma explosão nuclear de energia sexual. Não sei se o pulso que eu emitia era um mecanismo de defesa com a intenção de alertar as outras vacas sentadas por perto ou se era uma tática ofensiva com a intenção de confundir os pensamentos de Ken e manter sua atenção exclusivamente em mim, mas, o que quer que fosse, ele sentiu o cheiro de longe.

Enquanto assistíamos às bandas que abriam o show, sentei bem ereta no assento para conseguir ver melhor, o que me deixou mais alta que Ken e aquelas vadiazinhas. Usei o desnível de poder para me afirmar colocando um braço protetor no ombro do meu marido, ao mesmo tempo que fazia carinho em seu cabelo com as pontas dos dedos. Eu me sentia ridícula, como um quarterback do ensino médio tentando provar para todo mundo no refeitório que a animadora de torcida loira e peituda era minha, mas não dava para evitar. Mantive o olhar fixo à frente, como um gângster, sem reconhecer a presença do elenco de *Hannah Montana* sentado ali perto. Fantasiava que elas estivessem me olhando de soslaio e pensando: *Quem é essa mulher? Está mexendo no cabelo dele? Ah, meu Deus, ela é tão foda. Ele parece um executivo podre de rico, mas essa roqueira está com o braço em volta dele como se o cara fosse seu brinquedinho. Aposto que ela tem tatuagens. E anda de moto. E tem um soco-inglês na vagina.*

Quando eu começava a me preocupar com a possibilidade de estar fazendo com que Ken se sentisse emasculado pela minha postura possessiva, ele se inclinou e descansou a cabeça no meu peito! Foi fofo pra caralho. Àquela altura, qualquer energia que estivesse gastando para alertar aquelas vacas foi redirecionada para meu sexo latejante. Aquele homem maravilhoso, bem-vestido e alto como uma torre estava aninhado em mim como um ursinho de pelúcia. Ele era meu. Eu só conseguia pensar em passar a perna por cima do apoio de braço de madeira entre nós e usá-la para masturbá-lo por cima das roupas pelo resto do show.

E foi um show bem bom — até que deixou de ser.

Duas bandas iam abrir, e as duas na verdade foram ótimas. Ken e eu ficamos balançando em nossos lugares, sem interromper o contato físico, e nos rendemos ao som. Quando a atração principal enfim subiu ao palco, a plateia já estava em um frenesi fervilhante movido a hormônios — incluindo Ken e eu. Ficamos de pé num pulo, junto com a galera, e dançamos com total entrega.

Quem não tem filhos nunca vai apreciar de verdade o aspecto majestático de poder sair à noite. A liberdade extraordinária da responsabilidade é intoxicante, principalmente depois de virar um bornal cheio de uísque.

Então, depois de duas músicas, a banda parou. Uma nuvem de murmúrios e reverberação flutuou no ar quando o vocalista foi levado até o canto do palco por alguém da equipe, que sussurrou em seu ouvido por tempo demais para ser uma boa notícia. O silêncio foi ensurdecedor. Quando o técnico finalmente devolveu nosso amado cantor ao microfone, o cara parecia transbordar de orgulho.

"Vocês são tão malucos que quebraram o chão!", ele exclamou, antes de ser conduzido para fora do palco.

Quebraram o quê?!?!

As luzes se acenderam, mas ninguém se moveu, já que tinham acabado de dizer que o chão poderia desmoronar aos nossos pés.

O mesmo técnico (que obviamente estava de pau duro por pisar no palco para se dirigir à plateia lotada) anunciou, se esforçando para parecer a autoridade no local: "Fiquem calmos. Não façam movimentos bruscos. Quando a segurança liberar, dirijam-se devagar para as saídas".

Dirijam-se para as saídas?? O show acabou?? NÃO! Não, não, não, não, não, não, não!!! Mas acabou de começar! E a babá fica em casa até a uma! Vocês não podem nos fazer ir pra casa! POR FAVOR, não nos façam ir pra casa!

Ao que parece, quando chegou a vez da banda principal e todo mundo correu na direção do palco, os cretinos da balada emo que ficava no porão se assustaram porque ouviram "estalos altos" e sentiram "o chão tremer". *Molengas.*

Não que eu estivesse surpresa. Era um prédio antigo, e todo mundo que já foi a um show lá havia temido pela própria vida pelo menos uma vez durante a experiência — a não ser por mim, que sou uma otimista inveterada. Mesmo que o chão parecesse balançar de um jeito que me fazia questionar as leis mais básicas da física, eu me sentia segura presumindo que era *óbvio* que os bombeiros/ proprietários/ responsáveis pela segurança não deixariam que milhares de pessoas se espremessem naquele lugar noite após noite a menos que fosse absoluta e comprovadamente cem por cento seguro. Certo?

Eu sei, diário. Pois é. É um milagre que eu tenha sobrevivido por tanto tempo.

Enquanto esperávamos que liberassem a saída do nosso setor, com todo mundo de pé, espichando o pescoço para tentar ver o que estava acontecendo lá embaixo, Ken e eu estávamos envolvidos demais em nossa bolha das preliminares para notar. Ele tinha me puxado para seus braços e passava sedutoramente as mãos nas minhas costas. Entre o raio de feromônios motivados por ciúmes que eu emitia, minha barriga cheia de uísque irlandês e o frenesi em que a música havia nos deixado, precisava de cada grama do meu autocontrole já limitado para me impedir de rasgar minha blusa ali mesmo.

Quando eu não aguentava mais, fiquei na ponta dos pés e sussurrei em seu ouvido: "Não vou conseguir aguentar até chegar em casa".

Ken só sorriu e disse: "O que tem em mente?".

Assim que fomos liberados pelos seguranças, peguei a mão dele e disparei pela saída de incêndio, passando pelos adolescentes malvestidos e sexualmente ambíguos de coração partido que saíam com passos lentos do prédio ruindo. Corremos três quarteirões, ignorando os pedintes e sem-teto, até enfim chegarmos ao carro.

Quando estávamos em segurança lá dentro, Ken levantou uma sobrancelha para mim e perguntou: “Aonde vamos?”.

Fui passando as instruções para chegar num bairro meio suspeito onde Sara tinha morado quando era só uma psicóloga que trabalhava em escola, como eu. Não era o ideal, mas era o lugar escuro e discreto mais próximo em que conseguia pensar. Na verdade, era tão mal iluminado que, quando deixei meu carro lá por algumas noites enquanto Sara e eu estávamos em uma conferência, descobri ao voltar que meus quatro pneus tinham sido furados sem que os vizinhos nem vissem. Seria perfeito.

Assim que encontramos um bom lugar para estacionar, Ken desligou o motor e me olhou com preocupação. “Então... como vamos fazer isso?”

Eu já estava no processo de tirar as botas, a calça e a calcinha. Pensando nas preliminares, minha única instrução foi: “Troca de lugar comigo”. Fui do banco do passageiro para o console central, ficando na ponta dos pés como uma coruja empoleirada, tentando deixar espaço o bastante para que ele conseguisse passar.

Ali, de frente para o banco de trás, agachada seminua no descanso de braço enquanto esperava que Ken se ajeitasse, parecia que as duas cadeirinhas de criança vazias me encaravam, julgando.

Vão se foder, cadeirinhas! Ainda sou uma boa mãe! Vocês têm sorte por eu deixar que fiquem vendo!

Ken passou para o banco do passageiro, abriu a braguilha e abaixou as calças só o bastante para liberar seu pau impaciente. Ainda curtindo um barato dos feromônios e territorialidade, quase gozei só de olhar. Embora tenha tentado montar em Ken com tanta graciosidade quanto o litro de uísque que eu havia bebido permitia, fracassei espetacularmente quando meu joelho esquerdo errou a mira e escorregou entre a porta e o banco do passageiro.

Merda!

Tentando ser discreta, logo tentei tirar minha perna daquele buraco, como se eu a tivesse colocado ali só para fazer alavanca ou coisa do tipo... só que ela ficou presa!

Entrei em pânico e puxei minha perna como se estivesse presa sob uma pedra em uma terra tomada por lobisomens em noite de lua cheia, até que por fim a soltei. Tentando salvar o que quer que restasse de sexy em mim, olhei de forma sedutora para Ken e coloquei meu pé esquerdo (em vez do joelho) ao lado de seu quadril no banco, fazendo com que eu terminasse em uma posição esquisita, meio agachada, meio escarranchada.

Muito sexy, BB.

Deixei o ego de lado e segui em frente. No instante em que as partes nuas e quentes de Ken entraram em contato com as partes quentes e escorregadias do meu corpo, soltei um suspiro que não fazia ideia de que estava segurando. Aquilo... era aquilo que tornava esperar até chegar em casa impossível.

Hum...

Enquanto eu começava a subir e descer, Ken levantou minha blusa e abriu as duas taças do meu sutiã de amamentação simultaneamente. Naquele ponto, fazia quase quatro horas desde a última vez que eu havia tirado leite, e meus peitos estavam quase explodindo. No momento em que Ken pôs as mãos neles, senti um formigamento familiar e observei com um horror distante meu peito esquerdo esguichar leite em sua camisa azul. O direito, que depois de ser furado três vezes para colocar piercing no passado tinha ficado meio revoltado (eu o chamo de 50 Cent* agora), vazou no colo dele.

Ah, porra! Tô vazando!

Quando finalmente deixei o arrepio de lado por tempo o bastante para observar a reação de Ken, notei que a cabeça dele estava inclinada para trás, apoiada no descanso do banco, e que seus olhos estavam fechados em êxtase. Ele não tinha visto! Ele não sabia!

No entanto, o alívio que senti foi logo sobrepujado pela constatação de que Ken estava sentindo muito, muito prazer.

* Para aqueles entre vocês que não estão tão ligados no mundo do hip-hop, 50 Cent é um rapper que sobreviveu a nove tiros e acabou se tornando uma superestrela zilionária. Ele comeu a Chelsea Handler, foi entrevistado pela Oprah, atuou em um filme com Al Pacino e Robert De Niro, lançou sua própria linha de camisinhas e recebeu um mantra pessoal para meditação de ninguém menos que Deepak Chopra. Ele é meio que o herói do meu mamilo direito.

Merda.

De repente me ocorreu que aquilo ia terminar como quase todas as minhas experiências com sexo alternativo: com Ken gozando cedo demais e pedindo desculpas profusamente antes de meio que pegar no sono, meio que tentar me aliviar com o vibrador que de alguma forma estava sempre com a bateria acabando.

Aquela ideia me deixou triste. Eu queria muito, muito gozar. Minha energia sexual reprimida assoviava tão alto que era surpreendente que os cachorros dos vizinhos não uivassem de sofrimento.

Eu sabia o que precisava fazer. Era hora de tratar daquilo com minhas próprias mãos — com minha própria *mão*, no caso.

Enfiei o braço entre nós, e meus dedos encontraram seu alvo. Inchado e sensível, não levou muito tempo para que toda a minha metade inferior estivesse prestes a entrar em erupção. Ken parecia tão entusiasmado quanto eu, pegando minha bunda com ambas as mãos e metendo bem fundo em mim, tomando o cuidado de não me levantar tanto a ponto de bater a cabeça no teto do carro.

Sempre muito cavalheiro, meu Ken.

Enfiei a outra mão no cabelo dele e tomei sua boca com a minha. Assim que Ken sibilou contra meus lábios que estava prestes a gozar, senti meu corpo entrar em detonação em volta dele, gemendo enquanto apertava, agarrava e beliscava qualquer coisa em que pudesse pôr as mãos.

Ficamos abraçados por um momento, enquanto nossos corações voltavam a bater no ritmo normal. Então Ken quebrou o silêncio satisfeito. "Hum, como vamos limpar isso?"

Ah... droga.

Eu não tinha pensado naquilo antes.

Fazendo um inventário mental dos itens no SUV de Ken, de repente me lembrei do pacote de lencinhos umedecidos que tinha enfiado no porta-luvas alguns meses antes, para usar em caso de emergência. Aquilo definitivamente se configurava como emergência.

Estendi o braço para trás, tomando o cuidado de não fazer nenhum movimento brusco, e alcancei o pacote.

Ken levantou uma sobrancelha como se dissesse: *Você está brincando comigo.*

Só dei de ombros e entreguei a ele um lencinho quase seco.

Em minha defesa, caso uma de vocês realmente seja do comitê de julgamento da Mãe do Ano, quero que conste que fiquei com os dois lencinhos sujos na mão até chegarmos em casa, para me assegurar de que seriam descartados sãos e salvos ao lixo. Eu poderia ter jogado tudo pela janela, como uma desordeira qualquer — mas não, não sou desse tipo. Eu me preocupo com o meio ambiente — e com a paz mundial.

Depois, fiquei sabendo que aquela era a primeira vez que Ken transava no carro. *Na vida.*

Como uma pessoa vive trinta e quatro anos em bairros residenciais distantes das regiões centrais das cidades e nunca recorre a transar dentro de um carro, por conveniência ou necessidade?

Em retrospectiva, começo a perceber que todo o nosso relacionamento pode ter sido baseado em uma grande e falsa suposição.

29. Mark McKen

DIÁRIO SUPERPARTICULAR QUE KEN NUNCA, NUNCA PODE LER

Quando comecei a sair com Ken, tinha acabado de voltar para a casa dos meus pais, depois de minha breve e limitada coabitação com Hans ter se transformado em um pesadelo violento (da minha parte, não dele) e litigioso. Eu estava muito puta com aquela história toda porque me sentia superpronta para ser adulta, e meus pais estavam muito putos com aquela história toda porque não podiam mais andar pelados pela casa e fumar maconha nas áreas comuns a qualquer hora do dia. Ao que parecia, nos poucos meses em que eu tinha ficado fora, o lar da minha infância havia se transformado em uma casa de ópio hippie e hedonista.

Quando apareci na casa deles depois do término impressionantemente dramático com Hans, às dez da noite, gritando, chorando e tentando levar minha cômoda de dois metros e meio de comprimento escada acima, de volta para o meu antigo quarto, meus pais nem... levantaram... do sofá. Eu os imaginava de luto pela minha ausência, segurando velas de vigia noturna no meu antigo quarto, e não ouvindo CCR no último volume e dançando em um estupor psicodélico sobre uma lona de plástico coberta de tinta no chão da sala.

Eu, por minha vez, não usava drogas fazia, tipo, um ano inteiro. Tinha média alta na faculdade e nome limpo no banco, e estava me inscrevendo para a pós-graduação. Talvez eu pudesse parecer uma fodida, com minha cabeça parcialmente raspada e minha calça de couro sintético de cobra, mas, de alguma forma, a tocha da responsabilidade foi passada para mim na minha ausência, e eu era agora mais adulta que meus pais. Tinha acabado de voltar, mas estava na cara que já era hora de ir embora.

Antes da minha briga maluca com Hans, eu já tinha conhecido Ken, e sempre conversava com ele nas festas do meu amigo Jason a mais ou menos cada dois meses. Por algum motivo, Hans nunca ia comigo. Ah, sim, talvez estivesse ocupado demais cheirando cocaína do corpo de strippers com os colegas de banda todo fim de semana. Enfim. Eu não ligava de ir sozinha. Sempre havia bebida — o que é meio que importante para alguém que ainda está a dez longos meses de completar vinte e um anos —, a casa tinha piscina e mesa de bilhar, e não faltavam inúmeras oportunidades de papinho inofensivo para inflar o ego. Era uma salsichada total. Iam sempre as mesmas pessoas, incluindo eu e alguns caras para quem já tinha dado, além de um carrossel de figurantes, todos eles vagamente familiares. Ken era um deles. Tínhamos feito o ensino médio na mesma escola gigantesca, mas, como ele estava no último ano quando eu ainda estava no nono, nossos caminhos nunca haviam se cruzado.

Quando conheci Ken, ele estava de pijama e eu ainda morava com Hans, então não rolou nenhum clima. O desgraçado estava sempre de pijama.

(Sempre que conto essa história na frente de Ken, ele me interrompe, irritado, e insiste: "Não era um pijama. Era uma calça de corrida". E eu respondo: "E por acaso tem diferença?".)

Sempre que o via na casa de Jason, Ken estava sentado no sofá, todo confortável com a porra do pijama, assistindo a um jogo ou coisa do tipo com outros caras — e por acaso era exatamente para onde minha bunda provocante e louca para chamar atenção sempre ia: onde os caras estivessem.

Toda vez, eu e Ken de alguma forma acabávamos começando uma conversa. Ele nunca dava em cima de mim. Nunca estava bêbado. Só fazia contato visual, sorria nos momentos apropriados e falava comigo da forma como um ser inteligente costuma se comunicar com outro. Conversávamos sobre museus a que tínhamos ido, músicas de que gostávamos, filmes que havíamos visto. Na verdade, Ken era gerente de um cinema na época, e tinha visto todos os filmes lançados desde 1995 (com exceção de *Conheça os Feebles.**)

Ken queria ir para o Egito um dia. Eu estava fazendo uma aula de história da arte egípcia. Eu queria desesperadamente ir para a Europa. O filho da puta já tinha ido duas vezes. No entanto, ele nunca havia visto uma apresentação do Cirque du Soleil, o que me surpreendeu, já que eles vinham para Atlanta todo ano.

Eu gostaria de poder dizer que foi amor à primeira vista. Mas, sendo bem sincera, na época não levava Ken a sério.

Diário, você conhece meu histórico. Um cara simpático de pijama sem antecedentes criminais nem tatuagens visíveis não é exatamente meu tipo — ou pelo menos não era, até a festa do Super Bowl.

Hans tinha acabado de me dar um pé na bunda, e eu estava deprimida até não poder mais por conta daquilo. Tudo o que queria naquela noite era sentar no sofá com outras pessoas e ficar muito, muito bêbada. A festa do Super Bowl na casa de Jason seria a distração perfeita.

Mal tivera tempo de pegar uma cerveja e sentar no sofá desde que chegara quando notei alguém entrando. O tempo parou, um ventilador imaginário e inexplicável ganhou vida e os primeiros acordes de "Fly", do Sugar Ray, começaram a tocar na minha cabeça. A figura misteriosa era alta e esguia, tinha o cabelo castanho-claro e curto mais cheio na frente e usava preto da cabeça aos pés — uma camisa preta com as mangas dobradas, sapatos pretos e uma gravata preta fina. Meu coração parou. Era como se o próprio Mark McGrath tivesse acabado de entrar.

(Ele ainda era o máximo em 2003, eu juro!)

O Homem Misterioso cumprimentou Jason com um sorriso/ aceno de cabeça sexy e perfeito, então desapareceu do meu campo de visão.

* Vou te poupar uma pesquisa no IMDB dizendo agora mesmo que *Conheça os Feebles* é uma merda doentia, diário. Bem antes da trilogia *O Senhor dos Anéis*, Peter Jackson estava claramente em um momento sombrio e ferrado. É tipo *Os Muppets*, se os Muppets fossem pornógrafos depravados e pervertidos viciados em drogas. Eu sabia que aquele filme seria demais para Ken.

Quem era aquele cara??

Não que fizesse diferença. Eu ia trepar com ele. Ia acabar com ele. O cara ia estar repetindo sua palavra de segurança para mim no fim da noite. Eu ia...

Quando saí em busca do sósia do sr. McGrath (e de alguma coisa rígida para açoitá-lo), ele voltou ao meu campo de visão... agora usando calça de corrida e camiseta branca.

Não pode ser.

De repente compreendi como tanta gente era enganada por Clark Kent.

Eu costumava pensar: *Sério, Super-Homem? Óculos e uma gravata? Sério, esse disfarce é um insulto a toda a raça humana. Você acha que nós somos tão idiotas assim?*

Mas ali estava. Ken, o cara quieto, articulado e introvertido de pijama com quem eu vinha tendo conversas intelectualmente estimulantes e cem por cento platônicas a cada dois meses tinha conseguido despertar minha libido apenas trocando de roupa e passando gel no cabelo.

Fiquei muito confusa. Ken estava tão longe do meu tipo quanto alguém sem uma vagina poderia: até onde eu sabia, sem tatuagem, piercing, mandado de prisão, evasão escolar ou vícios. Ele nem bebia! Só ficava sentado no sofá, tomando um Gatorade a noite toda, de calça de corrida e tênis. Mas, cara, como ficava bem quando estava arrumado. E, com seu corpo alto, esbelto e em forma, provavelmente fazia jus àquelas roupas esportivas.

Vai ver ele corre. Seria tão ruim assim? Um adulto bonito e responsável que sabe cuidar de si mesmo, tem um bom trabalho e consegue conversar sobre arte e viagens?

Considerando que eu ainda estava desempacotando minhas coisas depois de ter sido chutada por um candidato a astro do rock que não conseguia descolar trezentos e cinquenta dólares por mês para pagar sua metade do aluguel porque tinha cheirado tudo ou gastado com garotas chamadas Candy no clube de striptease, um cara como Ken parecia fantasticaralho.

Não falei com ele naquela noite. Ken se sentou e ficou vendo o jogo enquanto eu me contentava em olhar para ele, dispensando sem dar muita bola os avanços indesejados dos irmãos Alexander.

Ethan e Devon Alexander eram dois vagabundos bem bonitos, convencidos e carismáticos, que competiam entre si em tudo. Ethan tinha acabado de fazer dezoito e estava fazendo o irmão mais velho suar nas categorias História Mais Engraçada Contada na Festa, Cara que Comeu a Menina Mais Gostosa na Festa e Irmão Mais Alto, mas não na categoria Quem Se Mijou no Lugar Mais Estranho Depois de Desmaiar. Aquele título ficava sempre com Devon, o mais baixo e mais nervosinho, que uma vez urinou nos próprios pais enquanto dormiam na cama.

Diziam que quando eles acordaram e começaram a gritar para que Devon parasse, o cara simplesmente levantou a mão e gritou de volta: "Bico calado! Sei o que estou fazendo!".

Adoro essa história.

Em defesa dos Alexander, eu *meeeeio* que era conhecida por ficar bêbada nas festas e levar garotos para o banheiro para mostrar meus piercings, então tenho certeza de que parecia presa fácil em meu estado deprimido.

Minha única outra lembrança clara daquela noite, além da entrada em câmera lenta de Ken e sua troca de roupa perturbadora, é de Jason perguntando qual era o sobrenome dele. Me pareceu uma pergunta estranha para se fazer a alguém do nada, mas me lembro de ouvir com atenção à resposta, me perguntando por que estava tão interessada.

Talvez porque a palavra que saísse da boca de Ken a seguir, por mais que fosse péssima, impronunciável ou tivesse vogais faltando, um dia acabaria se tornando meu sobrenome também.

Os dias se passaram, e por algum motivo eu não conseguia esquecer aqueles dois segundos em que tinha vislumbrado Mark McKen. Queria vê-lo de novo. Queria ver se conseguia relacionar aquele moreno bonitão de molhar a calcinha com seu alter ego capaz de conversas platônicas.

Então, cerca de duas semanas depois, o universo me deu um presente.

No caminho para a aula, ouvi por acaso um comercial no rádio anunciando que o Cirque du Soleil vinha para Atlanta e que os ingressos começariam a ser vendidos naquela semana. A conversa de meses antes com Ken veio à minha mente na mesma hora, e aproveitei a oportunidade para ligar para Jason.

Antes que ele pudesse dizer "Tudo bem?", gritei ao telefone: "Por favor, por favor, liga pro seu amigo Ken e diz que ele vai me levar pra ver o Cirque de Soleil! Por favor, por favor!".

No dia seguinte, no caminho para a aula de história da arte egípcia, meu celular tocou. Era um número desconhecido.

Ai, meu Deus! Bem que podia ser Ken!

Só podia ser. Tinha luz do dia demais para ser o Esqueleto ligando. Os telefonemas de Knight bêbado aconteciam em algum horário entre a meia-noite e as quatro da manhã. Aquela pessoa, no entanto, estava entrando em contato comigo às duas da tarde, o que me dava esperança o bastante para atender. Respirei fundo, me preparando subconscientemente para uma explosão incomum de palavrões, e apertei o botão verde do meu Nokia. Soltei um suspiro de felicidade assim que ouvi a frase espertinha com que Ken iniciou nossa conversa.

"Ouvi dizer que vou te levar ao circo."

Ken se ofereceu para comprar os ingressos, mas o que ele queria dizer era: *Vou pegar fisicamente os ingressos e deixar que você me pague sua metade depois.*

Sorte a dele que eu vinha de um lar que não me fornecera absolutamente nenhum modelo de homem como provedor financeiro. Minha mãe era a cozinheira, a empregada, a jardineira, a principal fonte de renda, a principal cuidadora e a CFO. Meu pai era o homem branco que fumava como uma chaminé, estava sempre desempregado, tinha sido guitarrista de uma banda de garagem e se considerava absolutamente merecedor de tudo. Uma noite típica em casa envolvia minha mãe chegando de seu trabalho de tempo integral, fazendo um bom jantar para a gente — que meu pai sempre dava um jeito de levantar da cama para aproveitar — e então me convencendo a ajudar a lavar a louça. Enquanto isso, ele ficava sentado na sala, bebendo, fumando e alimentando seu transtorno generalizado de depressão e ansiedade com uma bela dose de condenação e desespero (a CNN) até altas horas da madrugada.

Ken deveria mandar um cartão de agradecimento a eles.

Depois que desliguei e segui flutuando para minha aula de história da arte, começou a cair a ficha de que havia marcado um encontro com uma cara de quem gostava de verdade para dali a *um mês*. Que era tipo uma década para universitárias solteiras. Eu poderia estar grávida de um senador até lá. Poderia estar fazendo tatuagens combinando de saleiro e pimenteiro com um garçom da Waffle House por quem tinha me apaixonado. Eu podia estar presa por mergulhar "acidentalmente" os incensos do meu pai em arsênico.

Por sorte, Jason ia fazer outra festinha naquele fim de semana.

Ken estava uma graça. Não usava preto como eu tanto gostava, e sim uma camisa azul-clara que fazia seus olhos brilharem, e sua calça cinza-escura era feita de um tecido macio, que ficava perfeito no corpo. Aquilo não era selvagem. Não era punk, emo, rockabilly ou motociclista. Era o que um homem adulto de bom gosto (e com um belo corpo) usava para ir a uma festa depois do trabalho. E, surpreendentemente, eu gostava.

Conversamos a noite toda. Era bem esquisito encontrar com alguém com quem eu estava "saindo", mas que nunca havia tocado. Então eu o toquei — e muito.

Quando eu ia lá fora fumar, puxava Ken pela mão para o frio da noite de março. Se precisava de outra cerveja, enroscava meu dedinho em sua camisa e o levava até o frigobar no canto do porão de Jason. Eu pegava seu braço e sussurrava em seu ouvido sempre que ia falar mal de alguém na festa. E ele deixava, o tempo todo sorrindo, fazendo contato visual e se inclinando para me contar uma de suas histórias engraçadas envolvendo pessoas que eu não conhecia.

Era uma dinâmica fascinante. Eu estava claramente no comando, mas Ken mantinha uma confiança digna e silenciosa. Eu podia imaginá-lo de camisa e gravata, sentado à mesa do escritório, demitindo as pessoas sem sequer piscar, como se não fosse nada demais.

Bum. Você está demitido.

Bum. Pode pegar suas coisas.

Aquele cara era um chefe. E estava *deixando* que eu o dominasse.

Quando chegou a hora de ir embora, não arrastei Ken até meu carro (muito embora tenha parecido isso). Ele me deixou fazer isso. E, quando me joguei nele e enlacei seu pescoço em um abraço de despedida exageradamente fervoroso, a intensidade com que Ken devolveu meu olhar me deixou sem fôlego. Eu tinha planejado dar um beijinho na bochecha dele e cair fora de um jeito fofo, tipo risadinha, abraço, beijo, te vejo por aí. Mas, em vez disso, me peguei presa pela extensão de seu corpo, como um inocente graveto jogado em uma cerca elétrica.

Nem me lembro se meus pés tocavam o chão. Só sei que os braços fortes de Ken me puxaram para seu corpo pelo que pareceu um namoro inteiro.

Quase dava para ouvir a faísca. Quando eu estava prestes a levantar as mãos para o alto, envolver sua cintura com minhas pernas e invadir sua boca linda com a língua, Ken me soltou e virou para ir embora.

NÃO!

Antes que ele saísse do alcance do meu braço, peguei sua mão e puxei com a maior força que pude. Como se eu fosse Patrick Swayze e ele fosse Jennifer Grey. Quando consegui virá-lo para me encarar de novo, agarrei sua jaqueta de couro marrom com ambas as mãos e, em vez de levantá-lo acima da minha cabeça ao som da música de Bill Medley, ataquei o cara com um beijo bizarramente agressivo de lábios fechados. Foi como o pior beijo de TV do mundo, como quando uma menina de dez anos (ou vinte) beija as costas da mão fingindo que é o Ryan Gosling.

POR QUE a boca fechada? POR QUE fui fazer o lance de puxar e virar de Dirty Dancing*??*

Ainda quero morrer quando penso em como nosso primeiro beijo foi constrangedor.

Por sorte, Ken não deve ter sido completamente dissuadido pelo meu entusiasmo, porque passou na Macy's no dia seguinte para almoçar comigo (o que naquela época consistia em tomar um smoothie e fumar três Camel Lights). Foi a melhor surpresa de todos os tempos.

Por azar, fiquei tão feliz em ver o cara que meu abraço exageradamente fervoroso, agora patenteado, resolveu se manifestar de novo, fazendo com que Jamal — o vendedor halterofilista que dirigia um Honda customizado e usava perfume demais com quem eu dividia o caixa — me puxasse de lado e me sussurrasse um sermão sobre "pegar leve".

O almoço foi uma delícia, e acabou rápido demais. Enquanto Ken me acompanhava de volta ao caixa, arrastei os pés e lutei com todas as forças contra o desejo de me agarrar a ele como um macaquinho. Provavelmente sentindo que estava prestes a ser amarrado e amordaçado, Ken teve pena de mim e perguntou o que eu ia fazer no dia seguinte.

Hã, vou ter filhos com você. Dã.

Depois de combinar às pressas um jantar, nosso intervalo para o almoço terminou da mesma maneira como tinha começado: comigo colada ao peito de Ken e Jamal sacudindo a cabeça, decepcionado.

No dia seguinte, às seis em ponto, estacionei meu velho Mustang em uma vaga excelente na frente do cinema antigo que Ken administrava. Assim que abri a porta pesada da entrada, o tempo parou, e "Every Morning" começou a tocar, em uma serenata que só eu podia ouvir.

Ele existe mesmo.

Mark McKen estava de pé no saguão, parecendo a porra de um Pégaso com gravata fina, dando instruções a um punhado de funcionários com espinhas no rosto. Parecia tão gostoso quanto eu me lembrava de tê-lo visto na festa do Super Bowl — cabelo castanho-claro com gel, mãos cheias nos bolsos da calça preta inesquecível, bíceps apertados contra as mangas dobradas da camisa preta e aquela bendita gravata preta fosca. Fazia semanas que eu vinha fantasiando com a ideia de prender os pulsos dele à cabeceira da minha cama usando aquela faixa fina de seda.

Depois de ter passado os dias anteriores com Ken McCáqui, eu estava começando a duvidar de que seu alter ego vestido de preto existia de fato. Talvez fosse tudo obra da minha imaginação, produto da combinação perigosa do término de um relacionamento com as lentes da cerveja.

Mas ali estava ele, em carne e osso, e era de tirar o fôlego.

Quando Ken finalmente abriu caminho até a porta em que estava meu corpo imóvel (o que levou cerca de uma hora, com aquele ventilador imaginário e tudo o mais), ele se inclinou e enlaçou minha cintura, me puxando para outro daqueles abraços eletrizantes seus, que agora me eram familiares. Ele me soltou por um instante para segurar a porta aberta com uma mão enquanto fazia sinal para que eu saísse para o ar frio da noite de março com a outra.

Quando chegamos ao estacionamento, Mark McKen me soltou — *não!* — e perguntou onde eu queria jantar.

Eu queria muito, muito mesmo, parecer tranquila e relaxada, mas, depois do curto-circuito que tinha acabado de acometer meu cérebro, simplesmente entreguei o controle para meu eu mandão e tenso e soltei: "Ah, meu Deus, eu adooooro comida italiana e tem um lugarzinho não muito longe daqui em que faz tempo que quero ir e acho que tem uma promoção de comprar uma entrada e ganhar outra às segundas!".

Fiz uma careta na hora, constrangida por ter mostrado que era uma filha única mimada cedo demais.

Ken respondeu com um sorriso de olhos cintilantes: "Sério? Comida italiana é minha preferida".

Fomos para o lugar sobre o qual eu guinchara, claro, e não sei se foi a comida ou a companhia, mas até hoje é nosso restaurante preferido.

Com o passar daquela noite, me dei conta de que, além do gosto para comida, Ken e eu tínhamos *tudo* em comum. Gostávamos das mesmas músicas. Tínhamos ido aos mesmos shows. Nosso filme preferido era o mesmo (*Coração valente*). Ken era completamente apolítico e ateu, então minhas crenças políticas e religiosas da contracultura, inspiradas por meus pais hippies e por Oprah Winfrey, não eram um problema.

A única coisa que não tínhamos em comum era nossa necessidade de controle. Ken não tomava nenhuma decisão. Deixava que eu conduzisse tanto a conversa como seu corpo para onde quisesse — falar sobre lembranças de infância, comentar episódios de *Seinfeld*, sair para fumar, entrar para a sobremesa.

Quando já estava batendo o luto pelo fim do melhor jantar de todos os tempos, Ken perguntou se eu queria ir para a casa dele.

De acordo com a minha experiência na época, quando um homem te convida para ir para a "casa dele", está falando do porão, da garagem ou de um cômodo convertido na casa da mãe. É isso: porão, garagem ou cômodo convertido, onde ele vive sem pagar aluguel, mal podendo bancar os próprios cigarros.

Então dá pra entender minha confusão quando segui o carrinho esportivo vermelho de Ken até a garagem de uma casa que se alastrava por dois andares, branca e tradicional, muito charmosa e cercada por dúzias de azaleias em flor. Estamos falando de floreiras nas janelas, persianas e uma varanda coberta que ocupava toda a extensão do térreo e culminava na porra de um gazebo com um balanço do outro lado. Era a casa dos sonhos — pelo menos para uma garota que tinha se mudado bastante e crescido entreouvindo seus pais sussurrando alto palavras como "falência" e "infestação apocalíptica de carrapatos" no meio da noite.

Com uma surpreendente animosidade, segui Ken para dentro da casa, me desdobrando para encontrar uma maneira educada de perguntar de quem era aquele lugar. Não era a casa de um homem solteiro. Era a minha casa, droga, e eu precisava saber quem morava nela!

O interior era igualmente charmoso e imaculado. A porta da frente dava para um cômodo com uma escada logo à direita. Seguindo reto, havia uma entrada para a cozinha. E à esquerda a sala de estar era pintada de um tom aconchegante de sálvia. Uma lareira de pedra ocupava quase por inteiro a parede mais distante à esquerda, e o sofá bege de camurça no centro do cômodo parecia um marshmallow gigante muito convidativo, cercado por móveis contemporâneos marrom-escuro, lustres com detalhe em cromo acetinado e uma eclética coleção de pinturas originais e rascunhos da Torre Eiffel feitos a bico de pena.

Não, sério. Quem mora aqui??

A casa tinha uma mobília esparsa demais para ser dos pais dele. Parecia mais o showroom de uma loja de móveis, e não havia nenhuma foto de família ou qualquer recordação onde quer que fosse. Não, aquela com certeza era a primeira casa de alguém, e eu queria que fosse *a minha*!

Quando enfim engoli a raiva invejosa e elogiei a decoração, Ken simplesmente disse: "Obrigado. Meu pai ajudou com a moldura de gesso".

A-há! "Ah, ele mora aqui também?"

"Não, mas minha irmã aluga um quarto. Ela concordou em me pagar uma grana a mais se ficasse com a suíte e pudesse estacionar na garagem."

Então uma mulher mora aqui. Isso explica todas as Torres Eiffel. "Ela te ajudou a decorar a casa?"

"Não. Eu que pintei e decorei. Faz só alguns meses que ela mudou."

"Sério? Você fez tudo sozinho? Ficou lindo! De onde são os quadros?"

"Ah, eu comprei em Paris. Tem artistas de rua a cada esquina que ficam o dia todo pintando a Torre Eiffel. Eles fazem um trabalho incrível, e sai bem barato."

Então ele não era só um homem lindo, inteligente, bem empregado e em forma, mas também tinha uma casa que havia decorado sozinho com quadros que trouxera de Paris. Era como se soubesse que eu iria para lá. Meu devaneio logo foi estilhaçado quando me dei conta de que, se morasse com ele um dia, provavelmente dividiria uma cama de solteiro em um quartinho minúsculo, já que a vaca da irmã tinha roubado a suíte.

Tentando descobrir onde ele dormia, arrisquei: "Não acredito que você tem casa própria e não dorme na suíte".

"Ah, eu não me importo. Acabei de reformar um quartinho, então durmo lá."

Pronto. *Bum. Porão, garagem ou cômodo convertido. Eu sabia!*

Quando eu estava começando a compreender a situação de moradia de Ken, uma asiática minúscula saiu da cozinha. Parecia ter mais ou menos minha idade, talvez menos, e não podia ter mais de um metro e cinquenta e dois. Quando notou que Ken estava acompanhado, desviou os olhos correndo e correu escada acima.

Sério, quem é que mora nessa porra??

Notando meu horror, Ken explicou: "Essa é a Robin. Ela trabalha no cinema e precisava de um lugar onde ficar, então alugo outro quarto para ela".

Aquele filho da puta era esperto. As duas provavelmente pagavam toda a hipoteca e ainda cuidavam da casa. Ken era mesmo um chefe nato!

E mesmo assim deixava que eu o arrastasse como uma boneca de pano e tomasse todas as decisões. Não fazia sentido. Por que alguém que exercia tanto controle sobre cada aspecto de sua vida entregava todo o poder por vontade própria? Não era nem necessário. Eu era só uma universitária de vinte anos que trabalhava na Macy's e morava com os pais. Ken, por outro lado, era um *homem* de vinte e três anos com inúmeras gravatas e uma casa grande o bastante para abrigar um pequeno exército de criadas.

Ken claramente não devia satisfações a ninguém, mas, quando estávamos juntos, era como se ele tivesse nascido sem opinião. Estações de rádio, restaurantes, aonde íamos, o que fazíamos, ele deixava tudo comigo. Por quê?

Ah, meu Deus.

Ken quer ser machucado por mim.

Era a única explicação. Ele era algum tipo de masoquista. Tinha sentido minha vibe de menina rebelde, impetuosa e obstinada, ou ficado sabendo dos meus piercings e pensado que talvez eu topasse despejar cera quente no saco dele.

Não me entenda mal, diário, o sadomasoquismo não me era desconhecido, e *talveeeez* eu tivesse um armário cheio de couro sintético e artigos de bondage, mas não era eu que acabava sempre presa por algemas? Quer dizer, eu não era nenhuma *dominatrix*.

Ou era?

Desde o momento em que coloquei os olhos em Mark McKen na noite da festa do Super Bowl, senti uma necessidade opressiva de dar uma amarradinha e uma chicotadinha nele.

E estava gostando de conseguir o que queria o tempo todo. Sempre que o conduzia ou o empurrava para algum lugar, ele respondia com um sorriso de quem acha graça e nenhuma resistência.

Ai, meu Deus. Ken queria mesmo ser machucado por mim.

E eu meio que queria aquilo também.

30. Missão cumprida!

DIÁRIO SECRETO DA BB

21 de janeiro

Querido diário,

Acabei de escrever sobre quando conheci Ken no Diário Superparticular que Ken Nunca, Nunca Pode Ler. Pela primeira vez, fui fiel à realidade, e espero conseguir massagear um pouco o ego dele com aquilo. Dito isso, o ego de Ken *não* precisa saber o que de fato pensei sobre nossa primeira experiência sexual, então vim para cá, para a segurança dos seus braços, meu querido e doce diário secreto, para prosseguir com a história.

Ken e eu não transamos logo de cara.

Tá, tá, sei o que você está pensando.

BB não foi fácil? Ela estava com mononucleose?

Mas é verdade, diário. Juro!

Eu ia para a casa dele quando não tinha aula no dia seguinte e nos pegávamos naquela nuvem fofinha de camurça que era seu sofá, depois dormíamos assistindo a *Highlander* ou qualquer outra merda. Ele nunca me pressionava a transar, e por algum motivo nunca avancei nesse sentido.

Acho que eu ainda estava confusa demais sobre como me sentia em relação a ele. Ken não era perigoso ou rebelde, apesar de talvez ser masoquista. Não fazia joguinhos. Era um cavalheiro. E acho que todo esse cavalheirismo meio que deixava minha vagina seca. Ainda que meus olhos gostassem do que viam e minha cabeça soubesse que Ken era uma escolha certa e segura, meu coração selvagem continuava procurando uma faísca, uma chama de safadeza, e não encontrava nada.

O fato de Ken demonstrar tantas emoções quanto um tomate também não ajudava. O cara não reconheceria um sentimento nem se montasse na perna dele. Esqueleto, Cabeção e Coitado demonstravam umas mil emoções diferentes por hora. Eles passavam de olhar nos meus olhos e me pedir em casamento antes mesmo de tirar a camisinha a gritar e jogar latas de lixo pela janela do porão, da garagem ou do cômodo convertido porque *alguém* tinha feito um macarrão que não era da marca que eles queriam para o jantar!

Era uma faca de dois gumes. Eu gostava de não precisar fazer remendos no drywall o tempo todo e andar pisando em ovos com Ken, mas, depois de algumas semanas, ficou muito claro que não iam rolar flores ou declarações de amor tão cedo.

Mas apesar de seu afeto neutro, ou talvez por causa disso, quanto mais conhecia Kenneth Easton, mais gostava dele — como pessoa. Sua introversão e seu estoicismo estavam em perfeita harmonia com minha extroversão e meu jeito sensível e emotivo. Ele era lindo pra caralho e gostávamos das mesmas coisas.

"*Não acredito. Você tem o* Marvin the Album *do Frenté, aquela banda obscura de um único sucesso dos anos noventa? Eu também!*"

"*Sua pizza preferida é a de presunto e azeitona preta do Papa John's? A minha também!*"

"*Ah, meu Deus, você gosta de colocar marshmellow em formato de bichinho no micro-ondas com palitos de dente debaixo do braço para ver qual deles espeta o outro primeiro quando começarem a inflar? EU TAMBÉM!*"

Levei cerca de três semanas para superar a falta de tatuagens e de expressividade emocional de Ken, mas, assim que finalmente me dei conta de como estava louca por aquele cara, soube que era hora de fazer o que eu fazia melhor: abrir as pernas.

Nossa primeira vez não foi exatamente *ruim*, mas foi na posição papai-mamãe, que em geral eu não faço. Mas estava numa missão, e gozar estava quase no fim da minha lista de prioridades. Meu primeiro objetivo era investigar se Ken era mesmo masoquista e, em caso afirmativo, em que grau. O segundo só ficou claro quando começamos com as preliminares. Aquele cara precisava de uma dose imediata de autoconfiança.

Depois que tínhamos começado a nos pegar, percebi que Ken me tocava com tanto cuidado que era como se eu fosse o bode mais perigoso da fazendinha, e ele estivesse a um movimento equivocado de perder o dedo.

Não fazia sentido, diário. Estávamos saindo havia mais de um mês. Eu estava noventa e cinco por cento certa de que ele não era gay nem casado. Nenhum de nós estava bêbado. E uma ereção de um tamanho bastante respeitável estava pressionada contra meu quadril desnudo. Por que ele hesitava tanto em me atacar?

A princípio, achei que poderia ser porque eu nunca tinha estado com um cavalheiro antes.

Talvez ele só não queira ultrapassar nenhum limite, pensei. *Talvez exista algum sinal discreto de consentimento que ainda não dei, porque não sei qual é, porque nunca fiquei com um cara legal antes.*

Mas então me lembrei de que havia trazido uma mala para passar a noite. Sem dúvida nenhuma, se houvesse um sinal universal para "a fim de trepar", era aquele.

Fosse qual fosse o motivo, meu Ken tranquilo, calmo e contido se comportava como um mímico tentando sair de uma cabine telefônica invisível, então decidi ajudar o cara. Colocando-o em cima de mim, movi os quadris até que a cabeça de seu pau impressionante estivesse localizada na entrada do meu corpo impaciente e latejando. Então dei um beijo bom pra caralho nele.

Pronto, seu puto. Você tem meu consentimento. Agora manda ver.

Mas nem assim ele relaxou. Seu corpo continuou rígido sobre o meu, e sua respiração estava rasa e acelerada, como se ele estivesse concentrado em algo. Eu, por outro lado, não conseguia pensar em nada com ele deslizando com hesitação toda a extensão de sua virilidade para cima e para baixo da minha carne escorregadia.

Aos poucos, ele acelerou o ritmo. De novo e de novo, a cada esfregada, Ken roçava minha entrada só o bastante para que eu levantasse os quadris em um convite antes de ser esnobada de novo. Confusa e frustrada, olhei para seu rosto em busca de uma explicação.

Ele está com medo de me comer sem camisinha?

(Deveria.)

Ele está revivendo um trauma de infância? Está tendo uma convulsão?

Embora o homem em cima de mim parecesse tenso, por motivos que na época eu não compreendia, o sorriso familiar e o brilho devasso em seus olhos claros me fizeram perceber que aquilo era um jogo. Ken ia me fazer *comandar*, como sempre deixava acontecer com todo o resto.

Kenneth Easton tinha todo o poder, e o estava usando para fazer com que eu assumisse o controle. Ainda que não gostasse de ser manipulada, não dava para negar que era empoderador comandar aquele marionete real, bonitão e misterioso.

Me submetendo à sua vontade, enfiei a mão entre nós e peguei o pau escorregadio de Ken, que me pareceu pronto e perfeito. Então o guiei para dentro do meu corpo e arfei ao sentir como me alargava e preenchia. Não doeu. Foi perfeito, como uma peça de quebra-cabeça se encaixando no lugar. Eu o abracei, desfrutando daquela plenitude rara, e ele ficou lá esperando.

Não sei se Ken sentia o que eu sentia ou se apenas se recusava teimosamente a assumir as rédeas, mas, quando começamos a nos mover, ficou bastante óbvio que ele sentia *alguma coisa*, e bastante. Enfim abandonando o autocontrole, Ken colocou minha coxa em torno de sua cintura e meteu em mim com tudo o que tinha. Sua boca esmagou a minha. Suas mãos agarraram meu cabelo, meus quadris, minha bunda. Ele parecia feroz, livre, e sexy pra caralho, e eu queria demais recompensá-lo por aquilo.

O único problema era que nenhum homem nunca poderia me fazer gozar na posição papai-mamãe. Era fisicamente impossível para mim.

Em vez de arriscar perder a confiança recém-descoberta de Ken já o colocando deitado de costas, decidi fingir um orgasmo na marca de três minutos só para dar uma força pra ele.

Porque sou assim altruísta, diário.

Tendo alcançado meu segundo objetivo (Dose de autoconfiança? Pode riscar!), fui para o principal: descobrir se aquele gostosão queria mesmo ser machucado por mim. Enquanto fingia que ainda curtia o barato do orgasmo estonteante que ele havia acabado de me proporcionar, enfiei as unhas nas suas escápulas, o mais fundo que pude. Em vez de ouvi-lo prendendo o ar de dor ou sentir que ele se afastava em resposta, ambas reações apropriadas, senti os músculos tensos de Ken relaxarem nas minhas mãos.

Que porra era aquela?

Eu tinha acabado de enfiar dez pequenas lâminas afiadas no cara! Ele devia ter recuado e dado na minha cara com o próprio pau, e não desmoronado em uma poça de êxtase, como se eu tivesse acabado de injetar heroína nele!

Bom, então minhas suspeitas estavam certas. Ken curtia dor.

Agora, era hora de descobrir em que medida.

Sem aliviar a pressão um pouco que fosse, continuei enterrando minhas garras em um ritmo lento por toda a extensão de suas costas.

Parecia uma tortura medieval, diário, e Ken... estava amando.

Antes que minhas unhas com esmalte cinza-escuro tivessem passado da cintura dele, Ken já estava agarrado ao meu corpo, estremecendo em silêncio ao gozar.

Puta merda.

Tá, então eu tinha um verdadeiro masoquista nas minhas mãos. (Literalmente. Seu DNA estava embaixo das minhas unhas.)

Havia coisas piores a descobrir sobre um namorado, certo?

Era só um pouquinho esquisito. E, se meu histórico era prova de alguma coisa, era de que eu conseguiria lidar com esquisito, especialmente se pudesse ver Ken em toda a sua glória relaxada pós-sexo.

Com o ego inflado e cheio de vergões nas costas, Ken era um novo homem. Passamos as horas seguintes abraçados, conversando e rindo, e quando o segundo round (durante o qual fiz questão de ficar por cima) veio, foi mil por cento melhor (pelo menos para mim).

Quando vi, o sol da manhã já entrava pela charmosa janelinha acima da cama de Ken. Enquanto admirava a luz entre cor-de-rosa e laranja se espalhando pelos lençóis brancos e se acomodando sobre a topografia de nossos corpos entrelaçados, percebi que não só era possível se sentir atraída por alguém estável e responsável, mas também era fácil.

Em algumas semanas, a questão do *número* de cada um acabou vindo à tona. Meio que menti e falei que tinham sido oito para Ken. Não era *totalmente* mentira, porque eu tinha *mesmo* dormido com oito pessoas — antes dele.

Não sei por que não disse nove logo de uma vez. Acho que foi porque, quando chega a nove, a pessoa está a apenas um pulinho dos temíveis dois dígitos. Fora que eu queria parecer um pouco mais casta do que realmente era.

Diz a garota com piercing nos mamilos e no clitóris.

Quer saber qual era o número de Ken? Três. Uma delas sendo eu.

Aos vinte anos, dava para formar um time de beisebol com o número de paus que tinha recebido dentro de mim. Enquanto isso, Ken era três anos mais velho e todas as suas conquistas caberiam confortavelmente no banco de trás de um Toyota Tercel.

E foi aqui, querido diário, que cheguei a conclusões totalmente erradas. Eu *deveria* ter tomado a ansiedade de desempenho e o número reduzido de parceiras sexuais exatamente pelo que eram: uma prova de que Ken era um amante inexperiente que poderia se beneficiar de um suave processo de aprendizado. Mas sabe o que disse a mim mesma em vez disso, só para não me sentir tanto como uma meia velha, desgastada e suja? Que Ken provavelmente já tinha feito sexo *milhares* de vezes. Afinal, quando *eu* chegara ao número três já tinha passado pelo Esqueleto e pelo Cabeção — aqueles pervertidos filhos de uma puta. Já tinha me graduado em sexo no carro e estava afiada em toda a merda da pós-graduação.

Por isso, o número baixo de Ken na verdade não fazia a menor diferença. E com certeza não significava que eu era uma vadia. Não, de jeito nenhum. Ken podia muito bem ser tão experiente quanto eu, e talvez ainda mais!

Os números mentem!

Na verdade, porém, o lindo e introvertido (e definitivamente masoquista) Ken podia contar suas experiências sexuais pré-BB nos dedos de uma só mão, e eu já fui logo despejando carrinhos de mão reversos e caranguejos de duas cabeças nele. Tenho certeza de que para ele aqueles primeiros meses comigo devem ter sido como ser contratado para ser piloto da primeira expedição a Urano sem ter como qualificação prévia nada além de um diploma de ensino médio e um macacão elegante.

Coitado. Não era à toa que ele insistia para que eu assumisse o controle.

Eu me pergunto que tipo de experiência sexual essencial para os adolescentes Ken perdeu, além de sexo no carro. Sexo com movimentos discretos debaixo de um cobertor no mesmo cômodo em que estão pelo menos três amigos seus enquanto vocês fingem estar só vendo um filme? Sexo na piscina pública em plena luz do dia? Sexo no banheiro do seu emprego de salário mínimo, com uma placa na porta da frente para os clientes: GOZOVOLTO EM DEZ MINUTOS? Sexo numa casa na árvore? (Não na minha, claro. Hippies não constroem casas na árvore para os filhos. Eles se agacham descalços na entrada para carros e desenham mandalas com giz colorido enquanto comem brownies de maconha que deveriam ter ficado mais tempo no forno direto da assadeira. O que, em defesa deles, parece uma ótima tarde para uma criança de cinco anos.)

Meu Deus, acho que posso ter superestimado o valor dos ritos de passagem da adolescência. Quer dizer, existem coisas piores na vida do que nunca ter precisado tirar os pelos pubianos de alguém do seu aparelho dentário.

Na verdade, acho que Ken é que deve para *mim* um cartão em agradecimento por tê-lo salvado de toda aquela baboseira — e recheado de cupons resgatáveis para café da manhã sem os filhos e com muito sexo oral, mas não ao mesmo tempo. Ou talvez ao mesmo tempo? Hum... *definitivamente* ao mesmo tempo.

31. A maldita palavra de segurança

DIÁRIO SECRETO DA BB

28 de fevereiro

Faz onze anos que enfiei pela primeira vez minhas garras na carne musculosa e tensa de Ken e, mesmo depois de todo esse tempo, esse truque nunca falha em dar prazer — a nós dois. Sou obrigada a dizer que não ligo de machucar aquele homem. Antes de conhecer Ken, não tinha ideia de como podia ser gratificante morder a clavícula de um homem adulto e sentir as costas dele se arquearem em êxtase sob mim. Beliscar seu mamilo e sentir um gemido de prazer reverberar na minha boca. Puxar seu cabelo e perceber que sua pegada na minha cintura fica mais firme e cheia de excitação.

O fato de ele curtir dor também faz com que pareça um pouco mais foda. Ken pode ser um funcionário de escritório caladão, com mãos tão suaves quanto a barriguinha macia e rosada de um cachorrinho recém-nascido, mas, por baixo daquele exterior de intelectual de camisa social, há um homem que aguenta uns tapinhas. E, se é preciso um pouco de dor para deixá-lo a fim, fico mais do que feliz em agradar.

Só que estou começando a perceber que um pouco de dor pode ser só a ponta do iceberg.

Ontem à noite, tomei uma das minhas clássicas taças de pinot grigio muito bem servidas antes de ir para a cama com Ken, então posso ter subestimado a quantidade de pressão que apliquei ao executar minha jogada clássica de enfiar as unhas nas costas dele. Mas funcionou. Assim que coloquei minhas pequenas adagas em uso, Ken meteu tão fundo em mim quanto possível, e gozou por toda a jornada de dez segundos de suas escápulas até sua bunda. Embora eu suspeitasse que tinha sido um pouco mais bruta que o normal, Ken caiu em cima de mim e quase ronronou de prazer quando acabou, então imaginei que não podia ter sido muito ruim.

Então, enquanto ele e eu nos limpávamos no banheiro, sob o brilho duro da realidade fluorescente, dei uma olhada no que tinha feito.

Puta merda.

Me senti como se estivesse em algum tipo de filme de terror em que a pessoa acorda e se dá conta de que mutilou o próprio amante enquanto sua mente estava sob controle de um alienígena ou coisa do tipo. As costas de Ken pareciam um quadro de Jackson Pollock. Havia vergões rosados e vermelhos por toda a extensão de seu tronco, tão irritados e inflamados que parecia que ele tinha oito espinhas dorsais de reserva.

Assim que vi o estrago, comecei a beijar, acariciar e examinar cada centímetro dele, dos ombros ao ísquio, enquanto Ken simplesmente continuava a lavar as mãos, me observando do espelho com uma sobrancelha levantada em interrogação, como se não fizesse ideia do motivo de tanto drama.

Se ele pudesse ver o que eu vi! Ficaria enojado! Horrorizado! Iria...

Peguei o bíceps de Ken e virei seu corpo de frente para o meu, para que olhasse por cima do ombro para o espelho e pelo menos tivesse ciência da carnificina que se dera em suas costas.

“Olha o que eu fiz! Desculpa, Ken! Arranhei suas costas com força demais!”

Depois de se olhar no espelho, em vez de pegar as crianças e ir para a casa da mãe dele ou pedir uma medida protetiva, Ken só murmurou: “Pff. Não existe arranhão forte demais”. Então virou as costas para escovar os dentes.

Oi?

Sei, bem lá no fundo, que Ken pretendia que aquilo fosse um comentário sobre si mesmo, sobre as profundezas de seu masoquismo e sua tolerância à dor incrivelmente alta, mas a única coisa que meus ouvidos de filha única autocentrada conseguiram registrar foi o tapa na cara que eram suas palavras.

Ah, é? Não existe arranhão forte demais? Aceito o desafio, seu filho da puta! É melhor arranjar uma palavra de segurança, porque vou te entalhar todo.

P.S.: Ken arranjou uma palavra de segurança. É patum.

EU: Por que sua palavra de segurança é patum?

KEN: Não sei, só gosto dessa palavra.

EU: Não é uma palavra.

KEN: Claro que é. É o que os ingleses comem no chá da tarde.

EU: Não seria panqueca?

KEN: Claro que não. Panqueca é almoço.

EU: Tô falando de panqueca doce.

KEN: Mas patum é salgado.

EU: Você está falando daqueles sanduíches sem gosto de patê de atum de que as pessoas fingiam gostar nos anos noventa?

KEN: Quem *fingia* gostar?

Nem sei por que senti a necessidade de ter aquela conversa. Sempre que você está fazendo algo com um cara e ele responde murmurando uma palavra nonsense como "patum", é melhor parar imediatamente e verificar os outros três sinais de derrame, porque o primeiro você já tem.*

* Como minha intenção aqui é salvar vidas, o acrônimo de que você precisa se lembrar para identificar um possível derrame é VISH. O V é de "visagem caída", o I é de "ininteligência da fala" (tipo "patum"), o S é de "sensação de fraqueza ou dormência no braço" e o H é de "hora de ligar para a emergência já que todo o resto bate".

É claro que, se Ken usou sua palavra de segurança comigo, é melhor ligar para a emergência de qualquer maneira, porque talvez eu tenha arrancado o pâncreas dele sem querer com minhas garras.

Enfim, "patum" está se revelando uma palavra bem útil.

32. Leprechauns adoram sexo anal

DIÁRIO SECRETO DA BB

7 de março

Querido diário,

Devo estar bêbada. Acabei de mostrar o dedo do meio para meu marido. Mas não me sinto bêb...

Merda.

Na verdade, acho que estou superbêbada. Mas só tomei uma taça de pinot grigio barato!

(PSC: Quando digo uma taça, quero dizer uma tacinha minúscula cheia até a borda. Tenho que compensar, diário! Minhas taças de vinho parecem miniaturas! São quase taças de digestivo. Eu juro!)

Tanto faz. Não importa como cheguei aqui. O que importa é que estou naquele momento mágico, elusivo e preciso da bebedeira em que é possível incitar uma briga de soco OU sexo anal (duas coisas que nunca, nunca, NUNCA aconteceriam se eu não tivesse tomado a quantidade perfeita de vinho branco de estômago ligeiramente vazio em Mercúrio retrógrado) e ainda estar consciente o bastante para terminar o que começou.

Bom, já ficou claro que Ken se recusa a me elogiar. É quase uma fobia, diário. Na verdade, acabei de procurar no Google "medo de elogiar", pensando que deve haver um termo para essa patologia. E sabe o que apareceu? Nada. Existe medo de receber elogios, o que é claro que Ken sabe fazer com toda a elegância, mas não de elogiar. Sabe por quê? Porque ninguém *nunca* foi patologicamente avesso a elogiar a esposa. Porque isso não existe.

Não dá pra se esconder atrás de um diagnóstico, Ken. Não existe grupo de apoio para você. Não tem uma doença mental. É só um babaca.

Muito bem, diário. Vou explicar o contexto para que você possa tirar suas próprias conclusões...

Gosto de fotografia. Já fiz curso. Tenho uma câmera legal com uma lente legal. Esse é meu hobby. Eu costumava pintar, mas com um bebê e uma criança pequena demandando minha atenção não existe nenhuma perspectiva de que no futuro próximo serei presenteada com dez abençoadas horas de solidão para espalhar a tinta na tela e cantar ao som de Death Cab for Cutie, então, se vou produzir algum tipo de arte, tem que ser apertando um único botão, com um bebê no meu colo.

Gosto bastante de fotografia. Também gosto de pensar que sou boa nisso, mas não tenho certeza, porque as únicas pessoas que validaram essa hipótese são meus amigos mais próximos e minha família. E, vamos ser sinceros, a opinião deles é inútil. Não porque necessariamente tenham um gosto de merda, e sim porque são um pouco legais e solidários demais para sentar comigo e dizer: *Olha, talvez seja melhor não passar tanto tempo com sua câmera, tá?*

Tá. Agora que situei melhor você, vou voltar à coisa de mostrar o dedo do meio ao meu marido.

As crianças tinham sido postas na cama e eu estava sentada no meu lado do sofá, mexendo no laptop, como sempre. Só que, em vez de escrever, estava encomendando uma impressão ampliada de uma das minhas fotos preferidas, que tinha acabado de ser escolhida para uma exposição de arte. Era uma que eu tinha tirado enquanto visitava minha amiga Sara na Califórnia. Estávamos passeando pelo calçadão de Venice Beach quando vi a pista de skate e fiz a seguinte imagem:

Eu amo a porra dessa foto. Quando mencionei a honra para Ken, ele se inclinou de seu lugar no sofá e olhou para a imagem na tela. Em vez de aproveitar a oportunidade para elogiar a esposa, disse apenas: "Hum. Uma foto de skate", então LEVANTOU E FOI EMBORA.

Eu teria aceitado qualquer coisa, diário.

Ah, olha só. Você não estragou a foto. Ou até mesmo um comentário condescendente, enquanto ele dava uns tapinhas na minha cabeça, como: *Ah, que fotinho mais bonitinha.*

Qualquer coisa.

Então, quando Ken passou pela sala em seu caminho para o quarto e me deu boa-noite, escolhi responder mostrando o dedo do meio para ele.

Toma essa, babaca!

Acho que a consequência que eu esperava era que Ken ficasse na mesma hora tão magoado quanto eu com sua apatia, como se meu dedo do meio fosse uma varinha mágica composta de sentimentos, efeminação, tesão e lágrimas de unicórnio. Então ele correria para o meu lado para se desculpar, valorizar minha arte e compensar o que havia feito massageando meus pés, e depois faríamos um sexo anal cuidadoso e bem lubrificado, com um vibrador apropriado.

(Pois é, eu estou bêbada a esse ponto.)

Em vez disso, ele só pareceu não entender. Não estava surpreso e achando graça, tipo: *Ah, Brooke.* (Porque é assim que Ken me chama: Brooke. A porra do nome na minha carteira de motorista. É tão avesso a me dar um apelido que não usa nem aquele pelo qual atendo.) *Você é tão brincalhona. Guarda esse dedo, sua boba!* Estava mais para decepcionado e me julgando, tipo: *Sério, Brooke? Vê se cresce. Quem é que mostra o dedo do meio? De verdade.*

Vou te dizer quem!

Acabei de me lembrar de uma das minhas recordações de infância mais queridas. Meus avós maternos eram irlandeses católicos de raiz. Eles mandaram todas as suas quatro filhas sardentas e ruivas de olhos azuis para uma escola de freiras. Todo domingo, minha avó tocava órgão e meu avô fazia trabalho voluntário na igreja. No Dia de São Patrício, ele organizava um desfile no centro e tingia às escondidas a fonte de água potável da cidade de verde, ainda que a prefeitura ameaçasse prendê-lo e multá-lo por vandalismo.

Antes de toda refeição, meu avô dizia: "Se eu tivesse um ingresso para o paraíso e você não, eu o rasgaria e iria para o inferno com você".

Eles pareciam leprechauns de verdade. Eram travessos e caprichosos.

Bom, me lembro de uma visita que fiz a eles no verão e minha avó gritou para a sala, onde meu avô assistia a *Assassinato por escrito* (com o volume no máximo), que ia tomar cerveja e queria saber se ele não queria rachar uma.

Sério, aqueles duendezinhos minúsculos *dividiam* cervejas. Talvez seja por isso que estou tão bêbada depois de um dedalzinho cheio de Clos du Bois. É genético!

Depois de pelo menos catorze vaivéns porque ele não conseguia ouvi-la, e a TV estava alta demais, e ela estava ficando surda — não, era ele quem estava ficando surdo —, minha avó, com uma pitada de fodice, levantou o dedo do meio pálido e frágil como um graveto no ar e botou a língua para fora antes de voltar para a cozinha, onde abriu imediatamente uma lata de cerveja e a tomou sozinha.

Os dois ficaram casados por quase sessenta anos. Só posso rezar para que minha inabilidade de metabolizar álcool barato, meu amor por limeriques e minha tendência a mostrar o dedo do meio sejam sinais de que eu — como minha avó impetuosa e endiabrada — também tenho o que é necessário para manter um casamento intacto pela maior parte de um século. E o fato de que aquela dona de casa católica passou pelo baby boom dos anos 1950 tendo apenas quatro filhas sugere que seu segredo envolvia muito sexo anal.

É só fazer as contas, diário.

Acho que é melhor fazer um estoque de pinot grigio, porque vão ser sessenta anos bem longos.

33. Ambos temos Gmail, é como se quiséssemos ser demitidos

TROCA DE E-MAILS COM KEN

DE: BB EASTON
PARA: KENNETH EASTON
DATA: QUINTA, 19 DE MARÇO, 12H36
ASSUNTO: IMERSÃO EM FRANCÊS

Oi, querido!
Acabei de descobrir que a escola nova aqui da rua vai começar um programa de imersão em francês no ano que vem. Estou muito empolgada! Vai ser a única em toda a região! Talvez, molhando algumas mãos, a gente consiga matricular o pequerrucho no jardim da infância. Assim no segundo ano ele já dominará a língua o suficiente para poder servir de nosso tradutor quando formos passar os verões em Paris.
(Aliás, decidi que vamos começar a passar os verões em Paris. Vou colocar isso no meu planejamento hoje à noite.)

BB Easton, especialista em educação
Psicóloga Escolar Oprimida
Sistema Público Conservador de Ensino que Provavelmente Ainda Apoia os Confederados

DE: KENNETH EASTON
PARA: BB EASTON
DATA: QUINTA, 19 DE MARÇO, 12H45
ASSUNTO: RE: IMERSÃO EM FRANCÊS

Boa ideia! Imagino que outras escolas vão começar com esse tipo de programa logo mais, então o suborno pode ser desnecessário.
Pode colocar bilhetes de loteria premiados no seu planejamento também, se quer começar a passar os verões em Paris.
Podemos retomar essa conversa posteriormente.

Kenneth Easton
Cara que Cuida de Coisas Ligadas a Dinheiro e Tal
Telecomunições AGTBRF (Uma Porra de um Acrônimo que Nunca Tentei Aprender)

DE: BB EASTON
PARA: KENNETH EASTON
DATA: QUINTA, 19 DE MARÇO, 13H15
ASSUNTO: RE: IMERSÃO EM FRANCÊS

Por que tanta formalidade, sr. Easton? Obrigada pelo seu tempo e pela sua disposição.
Tenha um bom dia.

BB Easton, especialista em educação
Psicóloga Escolar Oprimida
Sistema Público Conservador de Ensino que Provavelmente Ainda Apoia os Confederados

DE: KENNETH EASTON
PARA: BB EASTON
DATA: QUINTA, 19 DE MARÇO, 13H18
ASSUNTO: RE: IMERSÃO EM FRANCÊS

Vou te mostrar minha disposição hoje à noite.

Kenneth Easton
Cara que Cuida de Coisas Ligadas a Dinheiro e Tal
Telecomunições AGTBRF (Uma Porra de um Acrônimo que Nunca Tentei Aprender)

DE: BB EASTON

PARA: KENNETH EASTON

DATA: QUINTA, 19 DE MARÇO, 13H20

ASSUNTO: RE: IMERSÃO EM FRANCÊS

Hoje à noite, sr. Easton?
Nunca marco compromissos tão em cima da hora, mas, para o senhor, acho que posso liberar minha agenda. Fico no aguardo.

BB Easton, especialista em educação
Psicóloga Escolar Oprimida
Sistema Público Conservador de Ensino que Provavelmente Ainda Apoia os Confederados

DE: KENNETH EASTON

PARA: BB EASTON

DATA: QUINTA, 19 DE MARÇO, 13H25

ASSUNTO: RE: IMERSÃO EM FRANCÊS

Obrigado por se mostrar tão aberta.

Kenneth Easton
Cara que Cuida de Coisas Ligadas a Dinheiro e Tal
Telecomunições AGTBRF (Uma Porra de um Acrônimo que Nunca Tentei Aprender)

DE: BB EASTON

PARA: KENNETH EASTON

DATA: QUINTA, 19 DE MARÇO, 13H36

ASSUNTO: RE: IMERSÃO EM FRANCÊS

Sr. Easton! Vou entrar em uma reunião muito séria agora e não tenho tempo para seus disparates.
Até mais tarde!

BB Easton, especialista em educação
Psicóloga Escolar Oprimida
Sistema Público Conservador de Ensino que Provavelmente Ainda Apoia os Confederados

DE: KENNETH EASTON
PARA: BB EASTON
DATA: QUINTA, 19 DE MARÇO, 13H47
ASSUNTO: RE: IMERSÃO EM FRANCÊS

Dispa-o-quê?

Kenneth Easton
Cara que Cuida de Coisas Ligadas a Dinheiro e Tal
Telecomunições AGTBRF (Uma Porra de um Acrônimo que Nunca Tentei Aprender)

34. 867-5309

DIÁRIO SECRETO DA BB

4 de abril

Querido diário,

Eis um fato curioso para você. Tenho o mesmo número de celular desde 1998, mas não o atendo desde 1999.

Foi nesse ano que Knight e eu terminamos na festa de Halloween dos infernos — um acontecimento lendário. Eu tinha imaginado que se rompesse com Knight nosso relacionamento estaria terminado também. Essa é meio que a definição de um rompimento, certo? Bom, obviamente, no dicionário distorcido de Knight a definição de término é mais ou menos assim:

> Rompimento *(substantivo): um evento que muda os papéis tradicionais de um relacionamento romântico de namorado e namorada para stalker e stalkeada, respectivamente.*

A única coisa melhor do que manter um relacionamento com um skinhead que toma anabolizantes é ser stalkeada por um — em especial um que está *muito* puto por você ter ficado em menos de uma semana com o bad boy lendário Harley James. O estilo de stalkear adotado por Ronald McKnight inclui ataques por ar (torres de celular) e por terra. Sabe como é, quando seu stalker te liga cinquenta e sete vezes por dia e não é atendido, uma hora vai ter que ir atrás de você para poder gritar na sua cara. Só que, a essa altura, ele vai estar muito mais puto, porque tem uma caminhonete que faz menos de dois quilômetros por litro, e você acabou de custar ao cara umas cem pratas, porque é uma egoísta que filtra as ligações que recebe.

Sinceramente, dizer que Knight me stalkeou é pouco. Aquilo era terrorismo puro. A ideia de stalkear implica certo grau de furtividade, o que não é possível quando seu carro é mais barulhento que um Boeing 737 passando por cima de uma pilha de explosivos M-80 dentro de um ginásio feito de alumínio. Eu adoraria ter sido stalkeada à moda antiga.

Ah, você por acaso apareceu, do nada, bem aqui onde estou. Que coincidência esquisita!

Ah, olha só. Tem um chumaço de cabelo na minha varanda... e é da mesma cor do meu.

Hum, parece que alguém deixou uma colagem de fotos minhas manchadas de sangue no meu carro... de novo.

Brincadeira de criança.

Em vez disso, Knight usava condicionamento clássico para me paralisar de medo de duas a cinco vezes por semana. Como um cão de Pavlov, no instante em que meus ouvidos afiados distinguiam o ruído inimitável da caminhonete monstruosa de Knight à distância, meu corpo congelava. Não importava o que eu estivesse fazendo — ligando para um cliente da Pier 1 Imports, fumando um cigarro no estacionamento, ajeitando a calcinha —, no momento em que meu cérebro registrava aquele ronco ameaçador, as atividades comuns da vida diária ficavam suspensas no tempo, como se eu fosse uma cidadã de Pompeia depois da erupção do Vesúvio. Era possível literalmente ouvir a ira de Knight a um quilômetro e meio de distância, o que me dava tempo o bastante para entrar em processo dissociativo e me acompanhar até um lugar seguro, flutuando acima do meu corpo, enquanto ele estacionava o tanque que havia montado diante de onde quer que eu estivesse naquele momento. Então Knight ia para cima do chamariz de olhos arregalados e vazios que se encontrava no lugar onde eu estivera antes.

As ligações não atendidas e os atos de terrorismo aleatórios prosseguiram até que Knight se formou no ensino médio e foi mandado para o Iraque com o Corpo de Fuzileiros Navais. Durante aquele período, me foi concedida uma moratória, mas, assim que voltou, ele continuou de onde tinha parado.

Você provavelmente deve estar se perguntando: *Por que ela não mudou a porra do número?*

Eu sei. E me pergunto a mesma coisa *o tempo todo*.

Sinceramente, até pouco tempo atrás, eu não tinha uma resposta. Aquela porcaria toca dia e noite. Sempre que vejo "número bloqueado" no meu identificador de chamadas, preciso reprimir a vontade de gritar e tirar as mãos do telefone como se estivesse pegando fogo.

Mas, por algum motivo desconhecido, a ideia de mudar de número sempre me pareceu mais assustadora. Nunca fui capaz de cortar o cordão umbilical, e não tenho ideia do motivo.

Até 28 de maio de 2009.

Foi meu amigo do ensino médio, Tim, quem me ligou. A gente não se falava fazia anos. Por sorte, Tim ainda tinha meu número, o que também não era tão difícil. Quando liguei de volta depois de ouvir sua mensagem de voz entrecortada e agourenta, ele me contou o que meu subconsciente vinha esperando ouvir desde o dia em que conhecera Ronald "Esqueleto" McKnight.

Ele estava morto.

Tinha levado um tiro.

Com vinte e nove anos.

35. *Hasta la vista*, Knight

DIÁRIO SECRETO DA BB

4 de abril, continuação

Por mais que nosso rompimento tenha sido horrível, Knight nunca parou de me ligar. Por mais que tenha perdido celulares, mijado em cima deles ou os partido em um milhão de pedaços com as próprias mãos; por mais que estivesse bêbado; por mais tempo que fizesse desde a última vez que tínhamos nos falado, Knight sempre se lembrava do meu número. Estava tatuado em seu cérebro (talvez literalmente, conhecendo o cara).

Com o tempo, as ligações de Knight passaram do nível stalker traumatizante para o típico ex-namorado bêbado que liga no meio da noite. Mas, mesmo assim, eu não atendia suas ligações mais do que duas vezes ao ano. Knight era uma droga tão potente que eu sabia que só podia ter uma dose a cada seis meses sem correr o risco de uma recaída brava.

O que, conforme descobri quando resolvi me formar em psicologia, bastava para garantir que ele continuasse me ligando para sempre.

Me lembro do exato momento em que ouvi o termo "reforço positivo intermitente". Eu estava no segundo ano da faculdade. Knight e eu tínhamos terminado quando eu estava no segundo ano do ensino médio, então já fazia três anos que eu vinha tentando evitá-lo (e fracassando).

Quando o estudante bonitão da pós que dava a aula de psicologia comportamental nos explicou que a melhor maneira de garantir a continuidade de um comportamento não era recompensá-lo todas as vezes em que era demonstrado, e sim aleatoriamente, a imagem do rosto gelado e espectral de Knight me veio à cabeça no mesmo instante.

Puta merda! Ele continua me ligando porque de tempos em tempos eu atendo!

Assim que o Bonitão perguntou se alguém tinha um exemplo, levantei o celular no ar com um suspiro de constatação.

Posso te dar um puta *exemplo!*

Knight se alistou no Corpo dos Fuzileiros Navais assim que se formou no ensino médio. E não precisou mudar nada. Ele já era assustador, musculoso e beligerante, então ser um fuzileiro naval... fazia sentido. Mas, depois de servir em Fallujah, o estilo de seus telefonemas mudou. Em vez de agir como um ex maluco e ciumento, ou um bêbado sem noção pedindo desculpas, Knight abria nossas conversas semestrais do tipo "ah, claro, somos só amigos agora" me pedindo conselhos. Ele me contava sobre as brigas de bar em que havia se metido em tempos recentes. Sobre os apagões. Sobre os ataques de pânico. Falava do clube de motoqueiros do qual começara a fazer parte e sobre seu trabalho como tatuador em Atlanta. E sobre todos os problemas que estava tendo por causa de seus acessos de fúria.

Quanto mais eu avançava no curso de psicologia, mais claro ficava que Knight sofria de estresse pós-traumático, e precisava de ajuda.

Perguntei a respeito uma vez, e ele disse: "É, foi o que o médico me disse. Ontem à noite, tentei matar um cara lá no centro. Ele começou a falar merda para mim, e antes que eu entendesse o que estava acontecendo meus amigos estavam segurando o cara e eu tinha a porra de uma garrafa de cerveja quebrada na mão. Eles disseram que eu quebrei a garrafa no balcão do bar e apontei pro cara. Nem me lembro de ter feito isso. Então... parece que estou piorando, né?".

Minha nossa. Será?

Não tenho ideia do que ele viu, ouviu ou fez enquanto estava lá, mas Knight tinha se transformado em um paradoxo emocional depois de voltar. Parecia consciente e sincero durante nossas conversas telefônicas sem frequência definida, mas seu comportamento tinha se tornado mais violento e imprudente que nunca.

Quando eu enfim encerrava a ligação, reclamando sutilmente de ter que acordar cedo no dia seguinte ou tendo inventado alguma outra desculpa, Knight se despedia à sua maneira patenteada de ex-stalker, dizendo que eu ainda era sua garota, que sempre ia me amar e que se precisasse de alguma coisa ele sempre estaria lá.

Eu revirava os olhos e suspirava, com a bateria do telefone já quase queimando minha bochecha quando finalmente conseguia encerrar a ligação.

Eu sei, Knight. Eu sei, seu psicótico perturbado.

Quando ele foi dispensado com honras do Corpo dos Fuzileiros Navais e se juntou ao clube de motoqueiros, lembro que fiquei aliviada. Até feliz. Achei que finalmente estava fora da linha de tiro. A persona skinhead que ele assumia na escola o tinha tornado alvo de ódio. E nas Forças Armadas ele se tornara um alvo de inimigos perigosos de verdade. Quando voltou para casa de vez e se juntou ao clube de motoqueiros, achei que enfim estaria a salvo. Teria a chance de levar uma vida normal.

Mas eu estava muito enganada.

Não só as brigas de bar ficavam cada vez piores como Knight destruiu sua moto. Duas vezes. Da segunda vez, ficou tão esfolado que parecia uma vítima de Hannibal Lecter. A tatuagem que ocupava suas costas inteiras, o brasão de McKnight, simplesmente... se foi.

Então, alguns anos depois, ele também.

Pelo que disseram, Knight estava tentando separar uma briga entre um amigo e um babaca de um clube de motoqueiros rival em um encontro de motoqueiros no sul da Geórgia. A imprensa o retratou como um veterano heroico, um fuzileiro naval corajoso pego no fogo cruzado.

Sei.

O Knight que eu conhecia ou tinha começado aquela briga ou entrado na confusão de bom grado. O Knight que eu conhecia não apagava incêndios: jogava gasolina no fogo. O Knight que eu conhecia era o filho da puta mais assustador do planeta, e eu consigo acreditar que quando ele estava em um estado de fúria cega talvez só uma bala pudesse acalmá-lo.

Mas talvez essa seja apenas a história em que quero acreditar. Talvez eu precise que Knight seja o vilão, para poder dormir à noite. Talvez eu queira que o mundo seja um lugar justo, onde as pessoas que largam tudo o que têm na vida para servir a seu país não voltem para casa só para levar um tiro de um dos cidadãos que estavam tentando proteger.

Foi com uma sensação agridoce que me dei conta de que, enquanto enterrava meu primeiro grande amor, outro grande crescia dentro de mim. Agarrei a foto do ultrassom no meu bolso enquanto olhava para o rosto de Knight no caixão. Parecia bem diferente do garoto de cabelo raspado com sardas no rosto que tinha colhido dentes de leão para mim e desenhado bonecos de palitinho fazendo sexo na escola. Parecia velho. Com a pele grossa. Desgastado. Sua pele clara, danificada pelas inúmeras horas passadas no deserto iraquiano sem protetor solar, já tinha rugas profundas, exacerbadas por uma vida fazendo carranca. Seu cabelo quase transparente de tão loiro — comprido e penteado para trás, no melhor estilo motoqueiro — parecia ralo e límpido no alto da cabeça. Continuava uma moldura sem cor para um rosto sem cor, não muito diferente de quando era raspado.

Sem nenhum traço de pigmento nas sobrancelhas, nos cílios ou nas costeletas, seus olhos em um tom de azul-polar, em contraste com as pupilas pretas, costumavam ser o único ponto de referência em sua cara branca. Com eles fechados, Knight parecia um homem usando uma máscara de borracha flácida e inacabada. Enquanto eu revirava o cérebro desesperadamente e vasculhava seu rosto pálido atrás de um pouco daquele azul familiar, sem sucesso, imagens das cenas finais de *O exterminador do futuro* começaram a se infiltrar na minha mente.

Depois de ser perseguida e aterrorizada de modo geral pelo T-800 por pelo menos noventa minutos de filme, Sarah Connor finalmente consegue atrair o ciborgue maligno para uma prensa hidráulica em uma fábrica abandonada. Exausta, ferida e em estado de choque, observa com incredulidade a máquina massacrando outra máquina. É só quando a penetrante luzinha vermelha dentro da órbita ocular do robô assassino apaga que Sarah enfim acredita que a perseguição acabou.

Knight era meu exterminador particular — obcecado, incansável, programado para matar. Fiquei olhando para o caixão, vendo apenas carne onde a chama azul de seus olhos deveria estar, sabendo exatamente como Sarah Connor se sentia.

E, como ela, eu também carregava um garotinho muito especial na minha barriga.

Esse garotinho tem quatro anos agora, e é muito parecido comigo. Além de ser todo meu. É um apaixonado, um rebelde, um artista, uma alma antiga. O tipo de homem que eu gostaria que fosse mais comum no mundo, e tenho certeza de que o universo o mandou para me impedir de matar meu marido.

36. Rosas são vermelhas, violetas são umas cretinas

POEMA QUE FIZ PARA KEN NO NOSSO ANIVERSÁRIO NO ANO PASSADO

"Feliz aniversário, cretino"

Oito anos de casamento e você ainda não me elogia
Ou diz algo particularmente romântico
Ou aparenta ter alguma emoção que seja.
Mas você me deu o amor de um menininho que me diz
Que sou linda todos os dias
Que sou "a melhor mulher do mundo inteiro"
Que não vai dormir antes de ter me abraçado e beijado
Direitinho.
Um menininho que parece muito
Com você
Tanto que quando seu rosto de Kenzinho diz que me ama
Sei que está falando
Por vocês dois.

37. Que diferença um ano faz

POEMA QUE FIZ PARA KEN NO NOSSO ANIVERSÁRIO DESTE ANO

"Para Ken, no nosso nono aniversário"

Você me faz querer dançar
Como uma stripper diante de um mastro
Mas, em vez disso, vejo outras pessoas dançando
Com toda a graça, na tela da TV
E enfio minha lingerie um pouco mais fundo na gaveta.

Você me faz querer pintar, criar
Mas tudo o que criei foram crianças
O que levou bastante tempo
E ainda leva bastante tempo
E só me deixa com tempo o bastante
Para pensar.

Então, me submeto a meus pensamentos
Com uma mão livre no escuro
E nossa bebê dormindo nos meus braços
Porque palavras são a única coisa que produzo agora
Além de pessoas
E leite.

Mas saiba que se pudesse escolher
Entre pas de deux *e pastéis e óleos*

Ou cuidar de querubins
Que parecem você e agem como eu
Que adoram dançar e desenhar no chão
Preferiria vê-los pintando e fazendo piruetas no meu lugar.

38. Sexo na praia

DIÁRIO SECRETO DA BB

27 de maio

Querido diário,

Acho que Ken gostou do fato de que finalmente escrevi um poema para ele sem usar a palavra "cretino", porque fui surpreendida no nosso aniversário com um convite para transar... com ele... na praia!

Como foi que eu nunca fiquei sabendo que com nove anos de casamento a gente fazia bodas de sexo na praia?? Sempre achei que fosse de madeira. Ou talvez seja isso mesmo...

Rá!

Meu aniversário, o aniversário de Ken e o nosso aniversário de casamento caem todos na mesma semana, refutando toda a teoria do zodíaco de uma vez só. (De jeito nenhum que Ken e eu temos o mesmo signo astrológico. Mal somos da mesma espécie.) Então, todos os anos, tiramos a semana de folga e viajamos. Neste ano em particular decidimos (*eu* decidi) alugar uma casinha em uma ilha perto de Charleston. Mas quem quer passar uma semana na praia com duas crianças pequenas? Então convidamos os pais de Ken para vir junto e *dar uma mão* (manter as crianças vivas) para que a gente pudesse *sair* (ficar bêbados e evitar todas as responsabilidades parentais).

As coisas estavam indo bem. Criamos uma boa rotina, em que Ken e eu botávamos as crianças para dormir todas as tardes, dávamos tchauzinho para os pais dele e fazíamos uma longa caminhada de um lado ao outro da praia, então voltávamos — o que significava que eu dava uns cinco ou dez passos, parava para tirar fotos, então dava mais cinco ou dez passos, enquanto Ken me acompanhava, avaliando o preço de cada uma das casas de praia por que passávamos para se distrair.

Viajar comigo provavelmente seria irritante pra caralho para uma pessoa normal, mas Ken tem a paciência de um santo. Nunca reclama, nunca tem sua própria programação, e fica feliz em me seguir enquanto exploro a área toda através das lentes da câmera, indo de um objeto brilhante a outro.

Nessa tarde em particular, no entanto, quando voltamos para nosso chalezinho de merda na praia, Ken interrompeu o silêncio com uma britadeira.

"Então, estava pensando em te comer na praia hoje à noite, pra comemorar nosso aniversário."

Barulho de disco arranhando.

Quê?

Virei a cabeça e comecei imediatamente a analisar a expressão de Ken, atrás de algum sinal de que era uma piada, de algum indício de que ele estava tirando uma com a minha cara. Não encontrei nada. Seus olhos estavam escondidos atrás dos óculos escuros, sua boca era uma linha reta de determinação levemente puxada para um lado. Quando repassei suas palavras sedutoras na cabeça, achei que a voz de Ken tinha saído meio rouca — não brincalhona, longe disso.

Não apenas meu Ken falava sério como acho que na verdade estava me desafiando.

Senti um calor por dentro que não tinha nada a ver com o sol acima de nossas cabeças, e meu rosto explodiu em uma supernova de entusiasmo. Bêbada de alegria, tudo o que consegui fazer em resposta foi assentir, sorrir e bater palmas com vontade.

Aquilo me lembrava de como a Pequena Sereia, muda depois de trocar sua voz com Úrsula, a bruxa do mar, por pernas humanas, reagiu quando o príncipe Eric enfim adivinhou o nome dela. Quando criança, eu me identificava com a Pequena Sereia, porque éramos ambas ruivas rebeldes que gostavam de cantar e colecionavam objetos brilhantes, mas nesse momento a coisa chegou a um outro nível. Eu também me via em meio a uma luta para fazer um príncipe de rosto quadrado e olhos azuis retribuir meu amor. E, como Ariel, tendia a ficar ridiculamente animada sempre que ele vinha com um mínimo de romance.

Era inacreditável como a intuição sexual de Ken tinha sido certeira.

Sério, quem era aquele homem?

Eu *sempre* quis fazer sexo na praia, mas nunca tinha ousado tocar no assunto com Ken, porque sabia que ele descartaria a possibilidade por ser pouco prática, exibicionista e ilegal. O que não me deixaria com nenhuma outra opção além de descontar minha raiva apertando e mordiscando tanto o mamilo dele que o deixaria roxo, o que, por sua vez, o obrigaria a fazer o mesmo comigo em retaliação. E tudo terminaria em desastre, porque meus peitos estavam cheios de leite, e eu ficaria toda: *Quem é que vai limpar toda essa porra dessa sujeira, seu cretino?* E aí pronto, eu teria chamado Ken de cretino *de novo* no nosso aniversário de casamento, e ficaria sem sexo não só na praia, mas em qualquer outro lugar. Além disso, os proprietários da armadilha mortal toda detonada em que estávamos hospedados provavelmente iam querer cobrar mais caro porque não conseguiam tirar o cheiro pútrido de leite azedo do tapete.

Por sorte, nada daquilo precisava acontecer, porque Ken pelo jeito tinha aprendido a ler mentes!

Imaginei que Ken, sendo um cara que cuida de coisas ligadas a dinheiro e tal, já teria planejado toda a logística da coisa, mas quando recuperei o uso da minha laringe e perguntei onde exatamente ele achava que deveríamos fazer aquilo, o cara só deu de ombros e acenou na direção da vasta faixa de areia entre nós e o mar.

Na areia??

Não, não, não, não, não.

Eu não podia transar ali. Não conseguiria gozar em um milhão de anos, tão exposta e vulnerável.

Tenho que admitir que certo risco é divertido, e que quando eu tinha dezoito anos provavelmente nem teria piscado antes de aceitar, mas sexo ao ar livre em uma praia de uma região residencial aos trinta e dois anos equivale a dizer: *Quer saber? Essa coisa toda de responsabilidades adultas não é pra mim. Eu adoraria se alguém fizesse o favor de ligar para a assistência social para que eles me livrassem dessas crianças.*

Não, não, não.

Precisávamos de um plano. Arrastei Ken para longe da nossa casa de palafitas alugada e de volta para a praia, em busca de cenários apropriados.

"Que tal aqui?", perguntei, apontando para um caminho de madeira elevado que saía de um hotel próximo e dava para a areia depois de descer uns cinco ou seis degraus. "Na escada?"

"Não, claro que não. *Embaixo* da escada."

Ken ficou todo: "É uma vala".

E eu fiquei toda: "Mas ninguém veria a gente ali".

E ele ficou todo: "Porque é uma vala".

Touché.

Finalmente, concordamos com um meio-termo: debaixo de outro caminho de madeira, que se projetava para fora da praia e tinha uma boa faixa de areia fofinha em baixo. Em vez de uma vala.

Agora que tínhamos escolhido o lugar, era hora de pensar na logística. Ken sugeriu que saíssemos para outra "caminhada" à noite, depois que as crianças fossem para a cama. Ele poderia deixar algumas toalhas do lado de fora para usar como coberta. Eu disse que poderia usar um vestido para garantir fácil acesso. Era um plano bem firme. (Trocadilho não intencional!)

Depois de um jantar absurdamente romântico em um restaurantezinho italiano no centro de Charleston naquela noite, Ken e eu voltamos para nossa Cabana dos Horrores e colocamos as crianças na cama. Ficamos de papo furado com os pais dele até que estivesse bem escuro lá fora. Então, com uma piscadela, calçamos os sapatos e os casacos e inventamos uma desculpa para sair para outra caminhada.

"Quero ver se o farol acende mesmo!", foi o que consegui pensar de melhor.

Antes que saíssemos pela porta, me lembrei das toalhas, porque não tinha visto Ken levar nada lá para fora, como ficou combinado que faria. Voltei para pegar, resmungando qualquer coisa para os pais dele sobre sujar os pés de areia na caminhada e precisarmos lavar com a mangueira quando voltássemos, depois de andar, o que deixaria nossos pés molhados, então íamos precisar de uma toalha para secar. Toda a perífrase tornou a coisa ainda mais desconfortável, porque eu ficava tropeçando nos meus próprios pés enquanto tentava cair fora dali. Quando finalmente cheguei ao deque, minhas bochechas coradas sentiram o choque com o ar frio e úmido, e fui recebida por um homem lindo segurando duas toalhas de praia, sorrindo como um desgraçado convencido.

"Quando você colocou as toalhas aqui fora?!?!"

"Antes de irmos para o restaurante. Fingi que ia pendurar pra secar."

Cara, eu me senti uma idiota. Por que ele sempre era tão discreto?

Soltando um suspiro de derrota, deixei minha toalha em uma das cadeiras ali perto, peguei o braço de Ken e partimos para o lugar combinado, que não era uma vala. Não havia necessidade de mais de duas toalhas, certo?

Errado.

Muito, muito errado.

Atentos ao horário, Ken e eu apressamos o passo até debaixo dos degraus do caminho de madeira, que ficava na extremidade da faixa de areia, mas ainda podia ser considerado *praia.*

Embora estivéssemos com pressa — a última coisa que eu queria era que meus sogros ficassem preocupados e um deles saísse para nos procurar —, *um pouquinho* de preliminares teria sido bom. Teria me ajudado a relaxar e a entrar no clima. Mas acho que Ken estava mais nervoso que eu, porque, assim que chegamos, ele esticou a toalha e deitou de costas, tão inerte quanto as águas-vivas mortas que eu havia visto na areia a alguns metros dali.

Ótimo. Ken, o cadáver, voltou na hora perfeita.

Tirei os chinelos e a calcinha, guardando-a no bolso da frente do moletom de Ken, que eu havia vestido antes que saíssemos. Fiquei sem coragem de tirá-lo, porque estava frio demais para que qualquer peça de roupa fosse removida. Enquanto isso, Ken enfiou a outra toalha, ainda enrolada, debaixo da cabeça, para servir de travesseiro, e desceu o short e a cueca, revelando a flacidez resultante de seu nervosismo.

Não era um bom começo, mas eu adoro um desafio.

Montei no corpo tenso de Ken e me inclinei para poder beijá-lo, mas os cordões do moletom ficaram raspando no rosto dele. Aquilo pelo menos quebrou um pouco a tensão. Rimos baixo, enquanto eu enfiava os cadarços dentro da gola do moletom cinza. Então recompus minha cara sexy e voltei à ação. Daquela vez, deu tudo certo.

Enfiei as mãos no cabelo cor de areia de Ken, que logo estaria cheio de areia de verdade, e o beijei com tudo o que tinha. Tentando tirar a preocupação dele usando apenas meus lábios, língua, ponta dos dedos e quadris, fiz movimentos circulares constantes sobre o volume cada vez maior entre a gente. Ken não demorou muito para reagir, pegando minha bunda exposta e me esfregando sobre seu pau até que estávamos tontos demais de tesão para nos lembrar de onde estávamos.

Quando finalmente o enterrei em mim, senti que tinha sido transportada para outro planeta. Meus sentidos foram inundados por informações que não batiam com o que estávamos fazendo — o barulho do mar a poucos passos de distância, o cheiro de sal e alga-marinha, a brisa constante chegando de algum lugar estrangeiro e exótico do outro lado do Atlântico. A única sensação familiar a que eu podia me agarrar era meu corpo se encaixando com o da minha cara-metade. Tentei gravar aquele momento na mente, para guardá-lo para sempre, até que um calor diferente, muito físico, chamou minha atenção.

A toalha que Ken tinha pegado era um pouquinho estreita demais para que seu corpo *e* meus joelhos coubessem, então, enquanto eu me esfregava nele, acabava me esfregando também na areia.

Quando criança, sempre me perguntava como era possível transformar areia em vidro. Agora eu sabia. Era possível porque areia *era* vidro. São cacos de vidro pequenininhos pra caralho que rasgam sua pele até os ossos se você deixar.

A princípio, achei que pudesse ignorar aquilo. Sou durona. Já fui a passiva em um monte de situações envolvendo práticas BDSM. Aquilo só ia engrandecer a experiência.

Porra nenhuma.

Eu tinha que parar. Caso contrário, ia ter que explicar aos pais de Ken por que meu esqueleto estava aparecendo quando voltássemos de nosso passeiozinho. Tirando a toalha enrolada de baixo da cabeça de Ken, saí de cima dele e a estiquei de lado, debaixo dos joelhos dele. Enquanto eu preparava nosso pequeno ninho de amor e me desculpava por ter cortado o clima, a cabeça de Ken desabou para trás com um baque derrotado, enquanto seu pinto mole caía para a frente.

Ah, não.

Não, não, não, não, não!

Eu não podia recomeçar do zero! Era tarde! Já fazia tempo demais que tínhamos saído.

Não!

Ken podia não aguentar a pressão, mas eu não era assim! Eu crescia na pressão. E ia fazer aquilo acontecer.

A princípio, achei que bastaria dar um trato nele para acelerar o processo, mas, enquanto reposicionava as toalhas, tinha enchido de areia não só uma, mas as duas mãos. Se chegassem perto do pau dele, causariam um efeito dominó de contaminação que não acabaria antes que ela estivesse na minha boca, na minha vagina e provavelmente nos meus dois olhos.

Talvez tenha sido todo o *prana* emanando do mar, ou intervenção divina, mas, fosse qual fosse a fonte, a solução de repente ficou clara para mim. Tirei o moletom, depois o vestido e joguei meu sutiã por cima da pilha, como se fosse a cereja do sundae. Estava totalmente nua, e *sóbria* (as duas taças de pinot grigio no jantar eram uma lembrança distante), ao ar livre, em um local público, com meus filhos dormindo a alguns metros de distância.

A sensação transcendental de que desfrutara antes já tinha sumido. Fora substituída por medo, mortificação e o toque de grãozinhos de vidro batendo contra meu corpo ao vento, como chumbo grosso.

Por sorte, meu striptease inesperado ao ar livre despertou uma reação equivalente em Ken. Em dois minutos, ele estava grunhindo e gozando dentro de mim. Embora eu tivesse soltado alguns gemidos abafados de incentivo que poderiam ser interpretados como a chegada ao clímax, parecia haver um entendimento tácito entre nós de que aquilo não havia rolado.

Mas tudo bem, porque Ken tinha me proporcionado uma coisa muito melhor que um orgasmo: mais um item para minha coleção cada vez maior de fantasias arruinadas.

Sabe, diário, toda vez que descubro que algo que antes eu desejava na verdade é um pesadelo logístico que não é divertido para ninguém, valorizo um pouco mais meu estilo de vida confortável e certinho.

De agora em diante, quando sairmos de férias, não vou ficar chateada porque não estamos lá fora, trepando como adolescentes na praia. Vou *escolher* não fazer sexo na areia e *valorizar* o fato de não ter areia em nenhum dos meus orifícios.

Talvez, no nosso aniversário de dez anos, Ken finalmente me presenteie com a carteirinha do clube das pessoas que já transaram em um avião, como eu sempre quis! Tenho certeza de que essa fantasia vai se revelar ainda mais estressante, desconfortável e decepcionante, principalmente considerando que o único voo que temos planejado para o próximo verão é um avião de carreira lotado a caminho da *Disney World*, o horror dos horrores.

Mal posso esperar!

39. Tchauzinho

DIÁRIO SECRETO DA BB

12 de junho

Então, diário...

Tivemos bons momentos, mas talvez isso seja uma despedida. Faz semanas que não escrevo uma única palavra aqui, e não parece que vai surgir outra oportunidade tão cedo.

Sabe, toda vez que tento pegar meu laptop nos últimos quinze dias, sou logo interceptada por um homem maravilhoso e sexualmente agressivo, de rosto quadrado e covinha no queixo, que tem a cara e o cheiro de Ken. Vamos chamar esse lindo desconhecido de "mariduro". Sei que não pode ser o meu Ken, porque esse homem faz coisas que meu maribô seria incapaz de pronunciar.

Ele tem a resistência física e o controle de um ator pornô experiente. Puxa meu cabelo, me dá tapinhas, me morde e comanda, mesmo quando está por baixo. Montar no maribô era muito parecido com trepar com um cadáver, mas, quando monto no mariduro, tenho que me agarrar à cabeceira com ambas as mãos até meus nós dos dedos ficarem brancos para poder receber tudo o que ele quer me dar. Não que eu fique muito por cima agora. Fui comida até quase perder os sentidos no chuveiro, na escada, no sofá e no closet, e apoiada sobre a ilha da cozinha com as pernas envolvendo sua cintura e os tornozelos cruzados às suas costas.

Nunca falha. É só pegar o computador e já levo pau. Se tento de novo, sou comida em quatro posições diferentes, em três cômodos diferentes.

Tive que esperar o mariduro pegar no sono para poder vir na ponta dos pés até o laptop escrever isso! E o sexo é incrível, diário. Incendiário. Impetuoso, ouso dizer.

Impetuoso! Estou quase chorando!

Por dez longos anos, esperei e desejei que Ken me pegasse pelos quadris como se fossem um guidão e metesse em mim por trás tão forte e tão rápido que o som de nossos corpos batendo um contra o outro parecesse uma salva de palmas.

Passei pelos cinco estágios do luto, ida e volta, enquanto me esforçava para aceitar o fato de que minha chance de ser tomada nos braços como o butim de um conquistador viking de capa de um romance erótico estava liquidada. E aqui estou, com minha boceta sendo pulverizada regularmente pelo mesmo homem que ficou deitado debaixo de mim sem se mexer todos esses anos.

Nem faz sentido! Eu gozei tanto hoje que caí em um sono difuso e quente pós-orgasmo por alguns segundos, antes de me dar conta, para meu desgosto, que Ken esperava pacientemente que eu me recuperasse para que pudesse gozar também.

Eu perdi a porra dos sentidos, diário!

Devia estar radiante. Devia te deletar e fingir que nada disso aconteceu. Devia passar todos os momentos em que não estou com as crianças com os tornozelos nas orelhas e com a corrente que liga os meus prendedores de mamilos entre os dentes de Ken.

Mas não consigo parar. Sexo ardente era só um dos meus objetivos. E os elogios? E o apelido? Minha missão não está nem perto de terminar e, como você já deve ter percebido, não sou de largar as coisas pela metade. Vou com tudo até o fim!

E, puta merda, diário, ainda quero que Ken faça aquela tatuagem!

40. Haicai da vergonha

DIÁRIO SECRETO DA BB

14 de junho

Querido diário,
Escrevi um poema hoje. O título é "Haicai da vergonha".
Alerta importante: pode levar às lágrimas.

Quando Ken morrer, depois
de passar a vida comigo, seu
braço... vai ter... o nome dela.

É uma puta tragédia shakespeariana, não acha?

Escrevi isso no carro enquanto Ken e eu resolvíamos algumas coisas na rua, e decidi recitá-lo para ele, no melhor estilo beatnik, tamborilando no painel, como se fosse um par de bongôs. Ken só revirou os olhos e ficou em silêncio.

Nada, diário!

Eu abri meu coração e minha alma através da antiga arte mística do haicai, e Ken nem teve a decência de reconhecer minha dor!

Eu deveria ter dado o título de "Razão número 2349 por que Ken é um babaca".

Acho que é hora de investir com tudo. Se a biblioterapia subliminar do cônjuge, o romance erótico sobre ex-namorados, a sugestão direta e a majestade da poesia não inspiraram Ken a fazer uma tatuagem, ele não me deixa escolha. Vou ter que recorrer à mais antiga e mais potente motivadora de más decisões conhecida pelo homem (depois do pó de anjo, claro): a pressão dos pares.

Que entrem em cena os irmãos Alexander.

41. Qual é o problema com o café da manhã, Ken?

DIÁRIO SECRETO DA BB

21 de junho

Querido diário,

Devon e Ethan Alexander (os mesmos irmãos que animaram a festa do Super Bowl de Jason) estão entre os melhores amigos de Ken desde o ensino médio. Os três vêm influenciando negativamente um ao outro há pelo menos vinte anos, então imaginei que se alguém pudesse fazer Ken tomar uma péssima decisão seriam os dois.

Alguns anos atrás, os Alexander, que sempre tinham sido meio apaixonados por si mesmos, se mudaram para a Califórnia para tentar a sorte no cinema. Ethan, o mais novo, se transformou no Alexander Los Angeles. Ainda mais em forma, bronzeado e usando regatas e óculos de plástico sem grau que antes. Enquanto Devon, que tem a idade de Ken, se tornou Alexander Hollywood, com um metro e setenta e se achando.

Sempre que os Alexander estão por perto — o que não é muito frequente, agora que são importantes "produtores" (vigaristas que operam na base de um esquema de pirâmide, vivendo sem pagar aluguel porque sempre encontram alguma aspirante a atriz com apartamento próprio que acha que eles vão transformá-la em uma estrela) na Califórnia —, Ken fica mais soltinho. É claro que continua sem beber, fumar, se divertir ou qualquer coisa do tipo, mas ainda fica acordado *muito* além da hora em que costuma ir dormir.

Então, na quarta-feira passada, ele me ligou no caminho de volta do trabalho para dizer que os Alexander estavam na cidade para o aniversário de trinta anos de Ethan, por isso eles iam encontrá-lo no Wild Wing para comemorar e colocar o assunto em dia.

"Tudo bem", eu disse. "Divirtam-se."

Vou ficar aqui, fazer a janta, lavar a louça, dar banho nas crianças, colocá-las na cama e beber sozinha, pensei.

Era tão injusto. Ken é um abstêmio introvertido. Por que era ele quem estava no bar quando eu era *a única* que bebia socialmente naquele relacionamento? Eu queria virar algumas doses e ficar tirando sarro de todas as porradas que Ethan e Devon levavam da vida em Los Angeles.

Mas, infelizmente, era tarde demais para encontrar uma babá, e Ken já estava chegando ao bar quando ligou. Como sempre, eu tinha sido abandonada na Ilha dos Dois Filhos Pequenos, sem nem um bote salva-vidas que fosse.

Então, quando eu estava até os cotovelos em água com detergente e amargura, chegou uma mensagem no meu celular.

KEN: *Acho que vou chegar bem tarde*
EU: *Tá*
KEN: *Devon tá mto louco. Tá engraçado*
EU: *Imagino*
EU: *Espero que vcs engasguem com as asinhas de frango e morram* (isso eu cheguei a digitar, mas depois deletei)

Em uma tentativa de dissipar minha energia nervosa e voltar a ser zen, coloquei as crianças na cama, acendi uma vela com aroma de lavanda e mergulhei de cabeça em uma das minhas meditações guiadas preferidas do Deepak Chopra.

Manifestar abundância através da ativação sistemática do chakra do terceiro olho? Sim, por favor!

A maior parte era em sânscrito, então eu poderia muito bem estar invocando Lúcifer sem perceber, mas, qualquer que fosse o mantra que Deepak entoava para mim, funcionou.

Assim que meu parça Deepak disse seu "namastê" final, Ken me mandou uma mensagem para anunciar que eles estavam todos vindo para nossa casa!

Opa, opa! Gente! Bebida! Crianças dormindo! Abundância!

Corri pela casa, alternando entre bater palmas de felicidade e tentar abrir caminho por entre a selva de plástico em que minha sala outrora elegante, contemporânea e adulta tinha se transformado. Quando a montanha de brinquedos tinha sido enfiada em todos os armários, gabinetes, cantos e fornos que consegui encontrar, comecei a tirar litros e mais litros de bebida do armarinho, com o intuito de auxiliar na lubrificação social dos convidados.

O lance de ser casada com um contador abstêmio é que, quando você pede que ele pegue "uma garrafinha de licor de menta para o martíni de Natal que é sua marca registrada", ele inevitavelmente aparece com uma garrafa de dois litros, porque "fica muito mais em conta".

Algumas garrafas de bebida nesta casa vão sobreviver a todos nós, diário.

Assim que o último garrafão de triple sec tinha sido tirado do armarinho, meus convidados chegaram. E... foi... glorioso. Ethan, o aniversariante, estava todo bronzeado e musculoso em sua regata, e totalmente mamado, como eu esperava. Eu nunca o tinha visto tão bêbado, e Ken parecia mais que um pouco surpreso. Na verdade, parecia até estar se divertindo. Devon, o irmão mais velho, entrou depois deles e se jogou no sofá, onde se alternou entre fazer comentários em meio às histórias de Ethan e tentar convencer garotas aleatórias do Tinder a mandar fotos dos peitos pelo Snapchat.

Fechando o grupo vinham o melhor amigo de Ken, Allen, e sua esposa, Amy.

Allen e Amy têm dois filhos, mas ninguém saberia, a julgar pelo quanto curtem a vida. Algumas semanas atrás, foram para um resort só para adultos na Jamaica para participar de uma orgia que durou uma semana. Sei disso porque Amy ficou me mandando atualizações minuto a minuto do que estava acontecendo.

Enquanto eles davam a bunda para desconhecidos em uma praia de nudismo, eu estava ocupada tirando as marcas de freadas da cueca do Batman do meu filho. Espero que quem quer que tenha chupado aqueles dois tenha sapinho e chato na barba.

Ouvir Ethan e Devon contando as histórias de Los Angeles e fazendo o papel de todos os personagens era como assistir a um episódio de *Drunk History*. Ethan se gabou de ter salvado Devon de receber uma punheta de uma estrela pornô transgênero chamada Tammy Tugwell no Festival de Cinema de Sundance. Devon contou que tinha visto um dos vampiros secundários de *True Blood* comendo uma garota de quatro no sofá deles ao fim de uma festa pós-Oscar épica.

Só que, por mais que a disputa infantil entre os Alexander me divertisse, algo ainda mais interessante acontecia do outro lado do cômodo. Ken sorria. Na verdade, talvez até soltasse algumas risadas, como um pombo arrulhando.

Ver meu marido parecer estar quase se divertindo ao ouvir histórias sobre o estilo de vida dos solteiros sem filhos foi como combustível no fogo da minha ideia brilhante, sinistra e gargamélica. Tudo o que eu precisava fazer era descobrir um jeito de colocar os irmãos Alexander e Ken em um estúdio de tatuagem ao mesmo tempo e deixar que o empurrãozinho da pressão dos pares tomasse conta do resto. Era possível. Eu tinha o universo e quatrocentos e oitenta e sete litros de bebida do meu lado.

Olhei para o pulso, embora não usasse relógio. "Ih, Ethan. Seu aniversário está quase acabando. Não tem nada que você queira fazer antes da meia-noite? Tipo comer waffles ou fazer uma tatuagem?"

Por favor, escolhe a tatuagem. Por favor, escolhe a tatuagem. Por favor.

"Ah, merda!", Ethan soltou, arregalando os olhos, em pânico. "Eu queria mesmo fazer uma tatuagem hoje!"

Isso, porra! Valeu, Deepak!

Allen e Amy pularam do sofá e começaram a gritar e abrir espacate como dois animadores de torcida do time do demônio.

Allen pegou Ethan pelos ombros e começou a balançá-lo violentamente, enquanto Amy gritava em seu rosto: "Boa! Entra no carro agora! A gente paga!".

Olhei para Devon em busca de algum sinal de protesto, mas ele ainda estava vidrado no celular, torcendo por uma notificação de imagem no Snapchat.

Com os suingueiros a bordo e o Alexander mais velho preocupado com sua busca por dez segundos de peitos expostos, tudo o que me restava fazer era convencer Ken a ir junto e rezar para que o ímpeto de uma noite fora e a camaradagem fossem o bastante para fazer com que ele se juntasse a seu amigo Ethan em uma sessãozinha no estúdio.

Só que Ken e a porra da moralidade dele não compartilhavam do nosso entusiasmo por criar vínculos e construir lembranças que durariam pelo resto da vida. Ele insinuou que não só era uma péssima ideia levar nosso amigo inebriado para fazer uma tatuagem como também era "errado", porque ele estava "completamente fora de si" e ia "se arrepender pela manhã".

Argh. Valeu, pai.

Ken podia estar sóbrio e agir racionalmente, mas eu tinha enchido a cara e estava tomada pelo fogo do inferno, então não ia desistir sem lutar. Com a mente nublada pelo álcool, torcia para que, talvez, se conseguisse provar para Ken que a tatuagem que Ethan queria fazer na verdade era foda ou pelo menos de bom gosto e despretensiosa, poderia fazer com que meu marido fizesse uma também.

"Não entra na dele, não, Ethan. Ken detesta coisas divertidas, só isso. É seu aniversário de trinta anos! Se quer uma tatuagem, deixa o Allen e a Amy te pagarem uma! Já sabe o que quer fazer?"

Por favor, que seja algo legal. Por favor, que seja legal...

Ethan cambaleou um pouco enquanto se virava na direção da minha voz.

Tenho certeza de que nem conseguia me ver pelos olhos semicerrados, mas ele conseguiu ficar de pé e mostrar entusiasmo quando disse: "Claaaro que sssssei. *Cafezã!*"

Quê?

"Você disse 'café da manhã'?", perguntei, me esforçando muito para não fazer careta.

"Isssso. Quero que diga *cafezã*. No meu pé."

Ah, pelo amor de Deus.

Ethan fez um gesto incrivelmente atrasado para o pé descalço, e todo mundo começou a rir. Até Ken, e com vontade. Sou obrigada a admitir que tentar manter a compostura, como se fosse perfeitamente natural para um homem adulto querer que a refeição mais importante do dia fosse tatuada em seu pé, não foi fácil, mas perseverei.

"Boa escolha, Ethan. Gostei. Quando foi que teve essa ideia tão original?"

Ethan tinha uma explicação muito sensata na ponta da língua. Ficou claro que já tinha defendido aquela ideia antes, porque sua resposta foi imediata e sucinta.

Endireitando a postura, ele declarou para todos no cômodo, em uma voz mais alta que o necessário: "Porque ééé a primeira refeisssção do dia... eeee... a maisssaborosa". Ele até fez um movimento de cabeça atrevido no fim, como se tivesse acabado de apresentar evidências irrefutáveis, mas teve que se segurar para não cair na mesma hora.

Já era possível ver minha tão cobiçada tatuagem de coração com uma faixa escrito BB na frente escapando pelos meus dedos.

Vamos, Ethan. Preciso de alguma coisa com que eu consiga trabalhar, cara. Ken nunca vai ceder a essa baboseira.

Olhei para Ken, do outro lado da sala, para avaliar a situação, e o encontrei sentado no chão, com as costas apoiadas na mesa de centro, o nó da gravata solto e o botão do colarinho aberto enquanto se matava de rir, baixinho.

A coisa não estava indo nada bem, mas eu insisti, determinada. "Bons argumentos, Ethan. Já pensou em qual seria o tipo de letra?"

"Normal."

Afe.

"Tipo Arial? Times New Roman? Helvetica?"

"Maiúscula!" Ethan levantou um braço para dar ênfase enquanto balançava sobre os pés, de olhos fechados.

Mordi o lábio para suprimir a risada que me subia pela garganta. Tentei resumir, por entre os dentes: "Então você quer escrever 'café da manhã' no pé, em letra maiúscula, em uma fonte normal".

"Porra, ssssse quero!"

Meu plano brilhante se debatia diante dos meus olhos como um robalo premiado. Pelo menos os suingueiros não tinham mudado de lado. Allen pegou Ethan pela regata e o virou para encarar Ken.

Manipulando o corpo mole dele como se fosse uma boneca de pano, Allen gritou para Ken, por cima do ombro de Ethan: "Vamos! Esse cara precisa de uma tatuagem pra já!".

Sem nem fazer menção de levantar, Ken voltou sua atenção para Ethan e disse, tentando não rir, como o homem educado que era: "Só acho que você vai se arrepender, cara".

Vai se foder, Ken! Quem te perguntou?

Em um momento de desespero, com uma lucidez surpreendente, perguntei: "Ethan, tem alguém pra quem você pode ligar que poderia confirmar para Ken que faz mais de vinte e quatro horas que você quer fazer essa tatuagem?".

Era um tiro no escuro, mas juro que Ethan colocou no viva-voz não um, não dois, mas três babacas do sul da Califórnia que deram a mesma resposta quando ele anunciou que ia fazer "aquela tatuagem que sempre quis".

Sem hesitar um segundo, cada um deles disse, com uma voz inconfundível de quem estava chapado: "Caaaara... você finalmente vai tatuar *café da manhã* no pé? Não acredito! Que baraaaato!".

Era intervenção divina! Ken não tinha como argumentar com aquele tipo de prova! Ethan claramente vinha falando sobre uma ode à refeição mais importante do dia ser permanentemente gravada no peito do pé fazia, tipo, semanas.

Quem era meu marido para impedir aquele sonho de se concretizar?

Vou dizer quem era meu marido. Era o babaca que ia impedir o sonho de Ethan de se concretizar.

E o meu. Como sempre.

Quando deu meia-noite e o grande dia de Ethan estava acabado, Ken decidiu que era hora de levar os Alexander e os suingueiros embora. Fiquei observando enquanto minha tentativa desesperada de fazer Ken proclamar seu amor por mim através da arte permanente da tatuagem escapou pela porta e pela noite. Sentada sozinha no sofá vazio, na sala agora em silêncio, após outra derrota, fiquei desolada. Meu arsenal de táticas psicológicas estava esgotado.

Minhas ideias haviam chegado ao fim, e era hora de encarar os fatos. Ken *nunca* ia expressar seu amor eterno por mim — em palavras, por escrito ou, o que estava mais do que claro, através da pele.

Eu sempre tinha acreditado que esses sentimentos estavam ali, em algum lugar. Tudo o que precisava fazer era encontrar a chave certa para libertá-los. É claro que Ken ama coisas como eu ter soluço todo santo dia, não conseguir nunca acertar o ponto do purê de batata, estar sempre cinco (dez) minutos atrasada para o que quer que seja, falar alto e dizer coisas inapropriadas quando estou desconfortável em situações sociais, e às vezes mostrar o dedo do meio para ele quando estou bêbada.

E quem não amaria? Sou fofa pra caralho.

Como uma filha única muito autoconfiante, sempre abri meu caminho pelo mundo com segurança, sabendo que eu era o sol, a lua e as estrelas.

Mas ali, segurando os joelhos contra o corpo nas sombras daquela sala de estar pitoresca, à deriva no meu sofá de camurça, flutuando em uma corrente de álcool e desolação, cercada por minhas fotos ignoradas e meus quadros esquecidos, finalmente criei coragem para me fazer a pergunta que estava na minha mente desde que o filho da puta do Kenneth Easton tinha entrado na minha vida.

E se Ken não estiver expressando seus sentimentos por mim simplesmente porque eles não existem?

Agarrei minhas canelas como se minha vida dependesse disso e enterrei os joelhos nas órbitas oculares, tentando me proteger fisicamente das implicações daquele único pensamento e conter a enxurrada de lágrimas que ameaçava me consumir. Eu tinha passado mais de uma década tentando descobrir como fazer para que Ken me desse uma gota do poço sem fundo de amor que escondia de mim quando na verdade o que deveria ter me perguntado o tempo todo era: *mas e se...?*

Eu sabia por experiência própria que o tipo de amor que estava buscando em Ken — do tipo que faz poemas de amor bobos — era enganoso e inconstante. Magoava, traía e, no fundo, era insustentável. O lance com Ken, o que quer que fosse, era para a vida toda. Eu sabia disso até a última célula do corpo, sabia disso na minha alma. Já tinha ficado com ele por cinco vezes mais tempo que com qualquer outro namorado, e com um pé nas costas. Talvez não fosse tão carnal *ou* afetuoso. Com certeza não satisfazia minhas necessidades emocionais. Mas o que tínhamos era surpreendentemente firme, estável e forte.

Suspiro.

Tinha chegado a hora de desistir do fantasma da paixão. Lágrimas que vinham se formando havia onze anos fluíram em torrentes enquanto eu tentava aceitar minha nova realidade. Nenhum homem nunca ia me dizer "Você é tão linda" de novo, ou se referir a mim de qualquer outro jeito que não através da porra do meu nome completo. Nenhum homem ia se sentir apaixonado por mim a ponto de gravar esse nome (ou preferencialmente o apelido fofo e personalizado que me deu assim que nos conhecemos) na pele com agulhinhas minúsculas. Também era hora de aceitar que a lingerie sedutora, as algemas e os acessórios de bondage enfiados na minha gaveta nunca voltariam a ver a luz do dia.

Havia pedaços dos meus sonhos e esperanças espalhados por toda a sala. Escorrendo pelas paredes pintadas de roxo. Fiquei ali sentada, segurando os joelhos, em meio à cena do crime, chorando, consolando a mim mesma e sussurrando um réquiem de sofrimento e aceitação.

Tudo bem. Tudo bem. Tudo bem...

Eu ia abrir mão de todas as necessidades frívolas. Ia enterrá-las bem no fundo, arrumar a bagunça e ir para a cama, me reconfortando em saber que eu passaria o resto da vida em um casamento sem grandes acontecimentos com o pai dos meus filhos, o aparador da minha grama, o fiador dos meus cheques, o guardião do meu coração, mesmo que ele próprio não tivesse um.

Quando eu já me arrastava para a cama, carregando nas costas o peso da perda e da resignação, ouvi o barulho da porta da garagem. Sequei as lágrimas rapidamente no lençol e fingi estar dormindo quando Ken entrou na ponta dos pés.

Sem hesitar, ele perguntou: "O que aconteceu?".

"Hum?", murmurei, me espreguiçando de leve. "Nada. Por quê?"

"Tem lenços de papel pela sala toda. Você estava chorando?"

Boa, Nancy Drew.

"Talvez."

"Por quê?"

Estava escuro demais para vê-lo, mas senti o colchão afundar ao meu lado e ouvi a preocupação em sua voz.

"Porque sou uma cretina."

"E só descobriu isso agora?"

Uau, Ken. Você é tão bom nesse lance de sentimentos, empatia e tudo o mais. Como posso ter te acusado de ser um ciborgue?

"Na verdade, eu estava chorando porque *você* é um cretino."

Cri-cri.

"Acabei de te dizer que eu estava chorando e tudo o que consegue fazer é ficar sentado aí, me encarando? Pelo amor de Deus, Ken! Vai dormir! Não é como se você realmente se importasse em saber qual é o problema."

Senti a mão de Ken acariciar meu quadril com cuidado. Ele não brigou comigo nem ofereceu soluções. Só indicou sem palavras que eu estava certa. Só queria ir para a cama mesmo, e não estava nem aí com o que pudesse haver de errado.

Usando as pernas e um braço, eu o empurrei para fora da cama e apontei na direção do banheiro. "Anda! Vai se arrumar pra dormir, seu cretino!"

A silhueta exasperada de Ken jogou as mãos para o alto e bufou. "O que você quer de mim? Perguntei qual é o problema e você me chamou de cretino duas vezes. O que espera que eu faça?"

Foda-se. Vamos nessa.

Sentando na cama, olhei para o buraco negro iluminado por trás onde o rosto dele deveria estar e rosnei: "Sabe o que você pode fazer, Ken? Que tal *nunca* dizer nada de legal para mim, não dar a mínima para minhas necessidades e meus sentimentos e não tatuar meu nome no seu corpo para compensar as iniciais que tem no braço? O que acha? Que tal *não* fazer nenhuma dessas merdas? Ah, espera aí! Você já *não* está fazendo!".

A silhueta de Ken pareceu arrependida, e ele respondeu ao meu surto em voz baixa: "Está falando sério? Quer mesmo que eu faça uma tatuagem?".

Puta que pariu!

"Não. Não quero mais. Boa noite, Ken."

Virei as costas para sua linda sombra e puxei as cobertas até o queixo, sinalizando o fim da conversa. Depois da investigação interna catártica que eu havia feito, não conseguia acreditar que o tinha atacado daquele jeito. Ficou claro que aceitar que ele não me amava, não me queria e não precisava de mim era uma coisa. Fingir que ficava feliz com isso era outra bem diferente.

42. Tira uma foto, vai durar mais

DIÁRIO SECRETO DA BB

21 de junho, continuação

Com os olhos bem fechados e o edredom puxado até as orelhas, tentei bloquear os sons de Ken andando pela casa. Dava para ouvir inúmeras portas de armário e gavetas abrindo e fechando na cozinha — ou era no escritório?

Que porra ele está procurando?

Parecia que Ken estava tentando despertar os mortos, em vez de se arrumar para dormir.

Alguns minutos depois, seus passos pesados fizeram o caminho até o quarto. Agarrei o edredom e segurei o fôlego. Quando os passos pararam, a uma curta distância de mim, minhas pálpebras fechadas de repente foram inundadas por uma luz amarela bem forte.

Argh!

Virei e entreabri os olhos diante da luz ofuscante do abajur na mesa de cabeceira. Encontrei Ken se inclinando sobre mim para estender o braço na minha direção.

Instintivamente, me preparei para o impacto, que nunca veio, por isso arrisquei uma olhada mais detida e descobri, para minha felicidade pura e absoluta, que Ken me oferecia... uma caneta de caligrafia.

Sentei e fiquei olhando para ele, de queixo caído, procurando em seu rosto alguma indicação de que porra estava acontecendo. Ele não demonstrou nada. Não falou. Não deixou escapar nenhuma emoção. Só ficou ali, desarrumado de um jeito muito sexy, de camisa e calça social, parecendo cansado, mas decidido. Seus olhos em geral azuis-claros tinham passado a um cinza de aço enquanto me olhavam, me desafiando a morder a isca. Quando estendi o braço hesitante para pegar a caneta, Ken a segurou por apenas um momento antes de soltá-la. Então me ofereceu outra coisa: sua mão direita.

A história sobre Harley!

Me oferecendo aquela caneta específica e aquela mão específica, Ken queria que eu soubesse — que tivesse certeza — de que havia lido meu diário. E, assim, acabava com aquela história de uma vez por todas. Nunca mais eu ia poder escrever o que quer que meu coraçãozinho safado desejasse, deixar para que ele lesse e depois coquetear em torno do assunto como se ambos não soubéssemos exatamente o que estava acontecendo. A brincadeira estava acabada.

Achei que, quando esse dia enfim chegasse, eu ficaria feliz, mas a realidade de ver meu marido teimoso e quase patologicamente rígido à minha frente, se oferecendo para fazer uma tatuagem que eu sabia que ele não queria só porque eu o havia manipulado fez meu estômago se contorcer.

Meu pobre Ken. O que eu fiz com você?

Refleti um pouco, tentando recordar como tínhamos chegado àquele ponto. Desde que eu conseguia me lembrar, vinha batendo a cabeça na parede tentando fazer com que aquele homem expressasse seus sentimentos por mim. E por anos Ken tinha resistido a toda tática de modificação de comportamento que eu experimentava. Então por que agora? O que tinha mudado? Tudo o que eu havia feito fora dizer para *não* fazer a tatuagem.

Ai, meu Deus.

Ken tem mesmo transtorno opositivo-desafiador.

Por que eu não pensei em usar psicologia reversa antes? Essa porra sempre funciona!

Eu queria honrar a epifania que tivera mais cedo anunciando que não precisava mais que Ken fizesse uma tatuagem, me elogiasse ou me desse um apelido, porque ele não era assim, e eu ia respeitar esse fato. Queria provar que tinha amadurecido mesmo e não buscava mais validação de que era atraente ou digna do amor dele ou de qualquer outra pessoa.

Mas era impossível. Ver o homem mais sexy e irritante em que eu já tinha posto os olhos se oferecendo para dar aquilo que me negara por todos aqueles anos — uma prova permanente e visível de seu amor — era simplesmente irresistível.

Todo o progresso feito durante meu exame interior virou fumaça. O ácido azedo que se agitava no meu estômago foi substituído por agradáveis borboletinhas, e o selo de meus lábios franzidos e raivosos foi rompido e deu lugar a um sorriso cretino que eu não conseguia mais reprimir.

Eu queria fazer a coisa certa, de verdade, mas estava curtindo tanto a possibilidade de finalmente conseguir o que queria que arranquei a tampa da caneta com os dentes e pus mãos à obra. Não olhei para Ken nem uma vez, por medo do que poderia encontrar, do que sabia que já estava lá — reprovação e sentimento de obrigação.

Em vez disso, me concentrei apenas na posição e na precisão de cada letra. O tempo deixou de existir. Éramos só eu, a tinta e o arrebatamento de ver uma fantasia alimentada por onze anos se tornando realidade diante dos meus olhos.

Uma lágrima errante aterrissou nas costas da mão de Ken, não caindo em cima da minha obra de arte por um fio. Estava pronta. Era gloriosa. Era *tudo*.

Eu sempre tinha fantasiado em ver meu nome transmitido para o mundo em um coração com faixa à moda antiga, mas, em um momento de inspiração, eu optara por uma rosa dos ventos tradicional, a única tatuagem de que Ken já havia admitido gostar. Só que, em vez de N, S, L, O, todas as pontas receberam um pequeno B.

Porque eu vou estar aonde quer que meu marido vá.

Ficou perfeito. A cara de Ken. E, o mais importante, a minha cara *no* Ken, em um lugar altamente visível e nem um pouco profissional.

Olhando para ele com os olhos baixos, segurei o fôlego, cruzei os dedos e esperei, com todos os músculos tensos, por uma reação. Ken soltou a mão da minha, virou-a para si e avaliou os danos.

Ah, por favor, você tem que gostar. Por favor, por favor. Olha! Nem desenhei um coração! É uma rosa dos ventos, como você queria! Viu como sou altruísta? Baixou o Gandhi em mim!

Ken levantou a sobrancelha, e então o canto oposto de sua boca linda. Eu não sabia se ele tinha gostado do que havia visto ou se só achava graça.

Sem dizer nada, Ken voltou a pôr a mão sobre a minha e deixou que a máscara da indiferença retornasse. Com a mão esquerda, pegou meu celular da mesa de cabeceira e o ofereceu para mim, olhando nos meus olhos, mas sem entregar nada.

Hipnotizada por seu olhar precavido, aceitei o celular, devagar.

Com o coração na garganta, perguntei: "Pra que isso? Quer que eu ligue pro estúdio?".

Seu rosto se suavizou um pouco, mas havia um brilho espertinho em seus olhos que me dizia que eu não ia gostar do que viria a seguir.

"Não. Só achei que você ia gostar de tirar uma foto antes que eu lavasse. Não vou fazer uma tatuagem na mão, doida. Tenho uma reunião com o CFO em seis horas."

43. Nem sempre a gente consegue o que quer

DIÁRIO SECRETO DA BB

21 de junho, continuação

Não.

Não?

Olhei pro meu marido como uma imbecil, boquiaberta com sua desfaçatez por fazer uma porra daquelas e também com o fato de eu mesma não ter explodido como uma bomba nuclear depois de receber seu "não".

Em geral, as crianças, inclusive eu, são condicionadas pelos pais desde o nascimento para dar um chilique quando alguém lhes diz "não".

Tudo o que esse "não" significa é: *Gostaria de te ouvir gritar, chorar, me recriminar e me encher de culpa por causa dessa coisa que você quer em um tom alto e estridente por cinco a dez minutos, aproximadamente, até que eu tenha certeza de que quer muito, muito isso, para então te dar. Certo? Pode começar!*

Então por que não fiquei chateada? Ou pelo menos não fingi que estava?

Sei o que ouvi. O breve "não" ricocheteou pelo meu crânio como uma bola de tênis enquanto eu encarava sem piscar aqueles olhos turquesa, mas meu cérebro simplesmente não queria ou não conseguia processar o que se escondia neles.

Tentei repetir aquilo na minha cabeça com diferentes ênfases, em diferentes línguas.

Não?

NÃO?

Não mesmo?

Nein?

Nyet?

Naheen?

Na-na-ni-na-não?

E nada.

Eu tinha mesmo sofrido um colapso nervoso e agora estava completamente desconectada da realidade? Era um derrame? Aquela era a sensação da afasia de Wernicke?

Talvez minha recusa em compreender a situação fosse só um mecanismo de defesa, uma tentativa de me proteger da angústia de ter meus sonhos e esperanças destroçados duas vezes na mesma noite.

Então compreendi.

Por mais que eu desprezasse a palavra "não", tinha sentimentos equivalentes e opostos em relação a apelidos. Meu cérebro ainda estava funcionando. Era só um cabo de guerra entre duas palavrinhas, ambas tentando garantir o controle sobre minha próxima reação emocional.

No canto vermelho, espumando de raiva e recebendo uma massagem nos ombros do próprio Satã, estava a palavra "não", a mais feia já inventada. Aquela que me fazia querer cair de joelhos no mesmo instante em que a ouvia, só para que ficasse mais fácil socar os genitais de quem tivesse me negado o que quer que fosse.

No canto azul, voando como um beija-flor bêbado e rindo de nada em especial, estava a palavra "doida". Embora eu já tivesse ouvido Ken usar aquele apelido para se referir a mim antes, estava meio adormecido e eu não prestava muita atenção, então não havia recebido o total impacto da palavra. Mas agora eu estava perto o bastante para ver as pupilas de Ken se dilatarem um pouco e seus lindos lábios se abrirem enquanto ele emitia a palavra — "doida" — como se estivesse me mandando um beijo. Se "doida" ganhasse a batalha pela minha reação emocional, um daqueles lábios ia estar entre meus dentes logo mais.

Ken e eu continuamos por mais alguns segundos em nossa disputa silenciosa para ver quem desviava o olhar primeiro, ambos esperando para ver qual seria o resultado do meu conflito interior.

Quando a poeira enfim assentou, fiquei agradavelmente surpresa (e tenho certeza de que ele também ficou) ao descobrir que, em vez de ser dominada pelo desejo de dar uma cabeçada no nariz dele, um formigamento vago, quentinho e amoroso tomava conta de mim, do tipo que surge quando um menino bonito te provoca fingindo desprezar uma coisa de que na verdade gosta.

Talvez meu subconsciente tivesse decidido que já vivenciara o luto da morte do sonho da tatuagem por tempo suficiente naquela noite e estivesse pronto para celebrar a conquista de outro sonho. Kenneth Easton, o homem dos meus sonhos, tinha me chamado de algo que não era Brooke, em plena consciência.

Meu coração se encheu de alegria.

Assim que meu árbitro mental levantou a mãozinha da Doida no ar, em sinal de vitória, agarrei a camisa de Ken com as duas mãos e o puxei para cima de mim enquanto deitava de costas na cama.

Ali, fui lembrada de outra das minhas recentes conquistas: a libido recém-descoberta de Ken.

Foi então que finalmente me dei conta do quanto Ken tinha mudado. Eu passara tanto tempo me concentrando nos objetivos que ainda não havia alcançado que não conseguia apreciar por completo a magnitude da transformação do meu marido. Em dez meses, ele tinha passado de um maribô frígido cuja ideia de um encontro envolvia dormir do seu lado do sofá no meio do filme que tínhamos alugado a uma fera sexual confiante e insaciável que me surpreendia com ingressos para shows e para a primeira fileira de clubes de comédia, ou jantares (no plural, e ele não insiste mais para que a gente divida a entrada para economizar) em restaurantes que *não* fazem parte de nenhuma rede antes de me comer de sobremesa.

Enquanto eu ficava ali deitada, vendo o boneco Ken humano com quem eu compartilhava a cama desaparecer entre minhas pernas, com a mão — ainda tatuada — espalmada na minha barriga, finalmente me senti realizada. Como água mole em pedra dura, eu tinha conseguido tirar sexo ardente e um apelido de Kenneth "Maribô" Easton, usando nada além de um computador, angústia canalizada para o lugar certo e minha habilidade de operar no que os cientistas médicos denominam como "estado de sono restrito crônico". Talvez eu não seja uma psicóloga tão ruim, no fim das contas.

*

Talvez eu não consiga tudo o que quero desse maldito — em grande parte porque ele tem transtorno opositivo-desafiador, mas, em algum nível doentio, também porque gosto.

Talvez a origem disso seja ter sido criada por dois hippies paz e amor que em geral (sempre) se dobravam à força da minha vontade. Ou talvez eu só seja tão mimada que *não* conseguir o que eu quero simplesmente não pareça uma opção. Seja como for, amo um bom desafio mais que qualquer outra coisa.

Quando estabeleço um objetivo, fico obcecada, procurando por fendas na armadura do alvo e novos ângulos de abordagem, até que acabo vencendo pelo cansaço e o dominando. Não importa quanto tempo leve — semanas, anos ou, no caso de Ken, a porra da eternidade toda.

Embora possa ser o fim do meu diário superparticular que Ken nunca, nunca pode ler, se me conheço bem, essa é só a primeira em uma série de experiências psicológicas imorais a que vou submeter meu marido para tentar fazer com que expresse seu amor por mim. E, se conheço Ken, ele provavelmente vai continuar a racionar seu afeto e sua aprovação pelo resto da vida só para me manter sob controle.

E, por mais que eu odeie admitir isso, vai ser divertido. Ken talvez até dê risada. Provavelmente vou atirar coisas nele. E vamos continuar nessa dancinha até morrer. Então vou ser forçada a vasculhar o multiverso até encontrar o filho da puta de novo, para que possamos dançar mais um pouco.

44. Olhos azuis

DIÁRIO SECRETO DA BB

12 de julho

Querido diário,

Acabei de me dar conta de que todos os homens que já amei tinham olhos azuis — começando por meu pai e terminando pelo meu filho. É claro que saí com caras com olho de outra cor, mas todos por quem me apaixonei tinham olhos azuis. Então está na cara que tenho um tipo.

Se desse para pegar todos esses olhos azuis e colocar numa mesa juntos, imagino que descobriríamos que muitos deles são bem parecidos. Alguns seriam mais claros, outros mais escuros, outros com vermelhos em volta, outros teriam as pupilas dilatadas e/ou manchas amarelas por causa dos anos de abuso de drogas (a-ham... Cabeção). Mas os de Ken... eu conseguiria encontrar os de Ken em um barril de globos oculares azuis e brancos.

São de um cerúleo brilhante que de alguma forma parece vivo e tranquilo ao mesmo tempo — tipo nas fotos de revistas de praias tropicais onde passar as férias, com o mar de um tom vívido de azul-esverdeado, em que dá para ver todos os peixes por baixo das ondas, todos os grãos de areia no fundo, e você pensa: *Rá! Essa porra é falsa. Nada é assim azul na natureza.* Porque, se uma coisa tão linda existisse e você estivesse perdendo, seria uma puta de uma tragédia.

Bom, fico feliz em dizer que essa cor existe. E não preciso de uma passagem de avião ou colocar os produtos da minha necessaire em um saco com fecho zip para vê-la. Sempre que olho para os olhos de Ken, inevitavelmente me sinto como se alguém tivesse colocado um coco na minha mão, enchido de rum, amor, um canudinho espiralado e um guarda-chuvinha de papel. Eu relaxo. Meu nível de cortisol desce. Meu nível de serotonina sobe. E, de repente, estou de férias, feliz em enterrar os dedos dos pés no nosso carpete áspero cor de areia e ficar assim por um tempo.

Depois de onze meses de investigação interior, experiências com modificação de comportamento e noites sem dormir regadas a vinho, sinto como se enfim tivesse chegado ao meu destino, e tudo o que me resta fazer é respirar aliviada, tomar alguma bebida com frutas e desfrutar da vista. Embora meu marido maravilhoso com cheiro de desodorante masculino e cabelo castanho-claro talvez ainda prefira ficar nas ilhas Ken, tomando um Gatorade e verificando no celular a quantas andam o jogo dos Braves e as cotações da bolsa, agora tenho uma abertura para invadir suas praias sempre que quiser, se é que você me entende (e aqui eu levanto as sobrancelhas).

Olha, diário, você já sabe pelo meu histórico de términos de relacionamento que sou muito ruim em despedidas, então vamos andar logo com isso. Você é a melhor coisa que aconteceu com meu casamento. Por mais que eu saiba que deveria te deletar e nunca mais olhar para trás, não posso fazer isso. Você merece seguir em frente, passar a aposentadoria ao lado do resto da sujeira que venho guardando na pasta Coisas Fofas do Pinterest.

Além disso, provavelmente vou precisar te usar como referência no futuro, porque com certeza a privação de sono destruiu minha capacidade de reter novas lembranças.

Então até lá, diário. Namastê. Seu trabalho aqui está terminado.

Epílogo

TROCA DE MENSAGENS REAL COM A DR. SARA SNOW

EU: *Sara Snow, sua filha da mãe*
EU: *Faz as malas!*
EU: *Vc tem um encontro com Matt Lauer!*
SARA: *Casado, branco e de meia-idade*
SARA: *Hum...*
SARA: *Ele é mesmo meu tipo*
EU: *É o fim da biblioterapia subliminar do cônjuge*
SARA: *Deu certo?*
EU: *E como*
EU: *Ken me botou na linha ontem à noite*
SARA: *Opa*
SARA: *Rolou tapinha?*
EU: *Ah, se rolou ;)*
SARA: *Boa*
SARA: *Falando nisso*
SARA: *Ele já te sufocou?*
SARA: *Caso contrário, tem que fazer hj à noite*
EU: *Rá! Você ainda está dormindo com Alex, né?*
SARA: *É*
SARA: *Nenhum ex seu fazia isso?*
EU: *Não de propósito*
SARA: *Vc precisa ser sufocada.*
EU: *Foi assim bom?*
SARA: *Não*

SARA: *Primeiro achei que ia morrer enqto dava prum cara que conheci na Sunset Strip no Ano-Novo, depois quase desmaiei, depois gozei e foi incrível*
EU: *Ele conseguiu de boa??*
SARA: *Totalmente*
SARA: *de*
SARA: *boa*
EU: *E aí vc se apaixonou por ele*
SARA: *Ele foi tão fofo depois*
EU: *Tô impressionada. Que habilidade*
SARA: *Pois é*
SARA: *Aiai*
SARA: *E foi assim que a dra. Sara Snow quase conseguiu um homem com diploma de ensino médio*
SARA: *Já estou quase superando*
SARA: *Vou acabar esquecendo*
SARA: *Acho que devia ligar pra ele*
SARA: *Podemos nos casar*
SARA: *Aí ele vai poder me sufocar pelos próximos sete a dez anos*
SARA: *Mas vc sabe que vou acabar com problemas com toda essa falta de oxigenação no cérebro*
EU: *Adoro que a asfixia erótica seja o que finalmente vai fazer Sara Snow sossegar*
SARA: *Hahaha*
EU: *Vou ser a madrinha. Já falei*
SARA: *Se vc acha que vai ter casamento está louca*
EU: *Alex quer casar!*
SARA: *Isso parece cansativo*
EU: *Não precisa ser uma festona*
SARA: *Vai ver ele já teve uma*
SARA: *Nem perguntei*
EU: *Ele não teve!*
EU: *Se guardou pra vc!*
EU: *E vai escrever seus próprios votos!*
EU: *Pq sinto que conheço esse cara tão bem?*
EU: *Ah, merda*

EU: *É pq ele sou eu?*

SARA: *Alguém que quer sufocar o outro na cama?*

SARA: *Verdade!*

EU: *Vcs deviam ter um filho*

EU: *Seria minha pessoa favorita no mundo*

SARA: *Ótimo, pq quem criaria seria vc mesmo*

EU: *Preciso começar a escrever essa porra toda*

SARA: *Vc vai precisar de algo novo com o fim da biblioterapia*

EU: *Falando nisso*

EU: *Numa escala de um a dez*

SARA: *Ah, merda*

EU: *Será que vou ser processada se escrever uma série de livros baseados cada um em um ex?*

SARA: *Vai em frente*

SARA: *Vc tem que fazer isso*

SARA: *É o propósito da sua vida*

EU: *Tipo, eu perderia minha casa no processo?*

EU: *Ou só não teria dinheiro para pagar a faculdade das crianças?*

SARA: *Já sei*

SARA: *Diz que é ficção*

SARA: *Pronto, problema resolvido*

EU: *Cara, vc é brilhante*

SARA: *Acho que o termo certo é genimal*

EU: *Tem certeza de q vai funcionar?*

SARA: *Claro*

SARA: *Qual é a pior coisa que pode acontecer?*

Agradecimentos

Imagino que provavelmente deveria começar agradecendo aos meus pais por resistir à vontade de me mandar para um convento ou colocar um cinto de castidade em mim quando eu tinha dezesseis anos. Os homens que levei para casa — bom, vocês sabem, eram bem dignos de nota. Não acho que o próprio Confúcio teria demonstrado o mesmo nível zen de estoicismo dos meus pais ao ver sua filha única dando não só para o único skinhead da região, mas também para um homem crescido que não tinha carro, estudo, futuro ou cabelo cobrindo a cabeça tatuada, e tudo isso antes de tirar o aparelho dos dentes.

Mas talvez *meus pais* devessem *me* agradecer por toda a santidade que já está reservada para eles quando morrerem. Quer dizer, quando me formei na escola, minha mãe já tinha garantido uma eternidade fumando maconha com Bob Marley e fazendo ménage à trois com John Lennon e Jimmy Hendrix no pós-vida.

Então, de nada, mamãe e papai.

Também gostaria de agradecer à minha editora, Jovana Shirley, e à minha agente literária, Flavia Viotti, por sobreviver a toda essa confusão sem rasgar meu contrato nem uma vez. Vocês duas são brilhantes e muito minuciosas, e peço desculpas por manchar sua boa reputação e sua mente refinada com meu livro sujo.

Às minhas primeiras leitoras e revisoras, April, Stefani, Lezlie, Ellie McLove e, é claro, dra. Sara Snow. O fato de terem levado meu projeto a sério, dedicar seu tempo e seu brilhantismo a me ajudar a melhorá-lo, e demonstrar entusiasmo o suficiente para me fazer acreditar que não estavam mentindo para mim significa mais do que poderiam imaginar. Sinto que devo chás de bebês ou coisa do tipo a todas vocês.

A Larry Robins, Jay Fragus e, claro, J. Miles Dale: ainda não acredito no que vocês fizeram por mim. Obrigada por me abrirem a porta para um futuro com o qual nunca ousei sonhar. Vocês são meus heróis. Netflix, amores!

A Elias George, advogado de direitos autorais que Sara conheceu numa festa e que me deu seus conselhos legais grátis em, tipo, duas ligações e três e-mails. Você é simplesmente excelente. Obrigada.

E, por fim, quero agradecer às mulheres que me inspiraram. Elas seguem em frente dia após dia, em toda a sua glória brilhantemente engraçada, destemida e sujeita a falhas, sem dar a mínima para os haters e deixando apenas estereótipos e expectativas em seu rastro. É por causa delas que encontrei minha própria voz.

Oprah, por motivos óbvios. Uma das minhas metas é ser igual a você.

Kelly Ripa, você é maravilhosa. Toda vez que você pinta o cabelo de rosa, faz uma tatuagem nova ou fala palavrão na TV aberta, me incentiva a hastear minha frágil bandeira um pouco mais alto. Toda vez que dança valsa no palco, parecendo confiante, radiante e sexy pra caralho, sem um pingo de silicone, me lembra de que minha feminilidade, que meu *valor*, não é determinado pelo tamanho dos meus peitos. E toda vez que você fala da sua linda família me dá esperança de que, na verdade, podemos, sim, ter tudo.

Lena Dunham, roteirista/ produtora/ atriz/ diretora/ artista/ feminista/ ativista brilhante, honesta, humilde e hilária, que sempre faz com que o resto de nós pareça uns molengas fracassados. Eu diria que queria ser você quando crescesse, mas você ainda por cima é mais nova que eu. Vaca.

Amy Schumer, valeu mesmo. Eu ia escrever um livro sobre Sara Snow, chamar de *Descompensada* e conseguir que Judd Apatow transformasse em um filme, mas você foi mais rápida. Tudo bem. Eu te perdoo. Vamos ser amigas.

O que me leva a você, Judd Apatow. Desculpa te tirar do armário, mas o senhor é, sim, um belo de um feminista. É como uma Gloria Steinem dos tempos modernos, só que com mais pelos e um cromossomo Y. E muito, muito mais sutil. Toda vez que alguém se mata de rir com Maya Rudolph se cagando na rua usando um vestido de casamento ou faz careta diante de Katherine Heigl com uma barriga de grávida enorme tentando encontrar uma posição para transar com Seth Rogen, vai se acostumando a ver mulheres sendo tratadas como *seres humanos*, e não arquétipos. Através das suas comédias românticas e sitcoms, o subconsciente do mundo aprende que mulheres podem ser sexy *e* nojentas e inteligentes e maternais e bem-sucedidas e hilárias e ter defeitos, tudo ao mesmo tempo. Não se preocupe. Seus verdadeiros objetivos estão a salvo comigo.

A Colleen Hoover, a quem sinto que devo meu primeiro filho. Sei que você já tem três, então seria um presente meio merda, mas ele é muito fofo. Parece um Ken em miniatura, é ainda mais quieto e muito bom em matemática. Você vai amar o menino (quase tanto quanto amo você).

A Jenny Lawson e Allie Brosh, muito obrigada por abrirem a alma e compartilharem sua genialidade humorística com o mundo. Seus livros e blogs são as coisas mais engraçadas já publicadas. Jenny, nem sei a quantas das suas piadas faço referência neste livro, porque meu cérebro simplesmente as vomita quando tento pensar em algo inteligente para dizer. Só me manda a conta. Tenho certeza de que te devo mais que minha admiração eterna.

A Jay Crownover, muito obrigada por escrever sobre homens que me inspiraram a escrever sobre meus homens, por sempre responder a minhas perguntas, por me cumprimentar com um sorriso genuíno e um abraço grato todas as vezes que fui a seus eventos, mesmo sem ter ideia de quem eu era, e por usar sua plataforma para promover outros autores. Você é muito foda.

A E. L. James, Olivia Cunning, T. M. Frazier, Abbi Glines, Tillie Cole, Katy Evans, Jamie Shaw e inúmeras outras escritoras de romances cujos livros despertaram em mim um impulso feroz e esquecido que simplesmente não podia ser negado.

E à minha comunidade crescente de blogueiras, autoras e leitoras nas redes sociais. Vocês são meu maior sistema de apoio. São as primeiras a me dar bom dia e às vezes as últimas a me dar boa noite. Considerando que a maior parte das pessoas na minha vida real nem sabe que este livro existe, seu entusiasmo, sua exuberância e seu incentivo significaram mais do que vocês imaginam para mim. Àquelas de vocês que leram minhas palavras, muito obrigada por seu tempo. Àquelas que fizeram teasers, muito obrigada por emprestar seu talento. Àquelas de vocês que me marcaram em seus posts, fossem fotos de pau ou de gatinhos montados em unicórnios, muito obrigada pela amizade. Amo vocês, suas lindas, até o fim do universo e de volta.

Sobre a autora

Acho que, para explicar quem sou eu, primeiro tenho que dizer quem eu quero ser.

E o que realmente quero ser é o amontoado de carne e dentes fumegante e retorcido que resultaria se a ciência tornasse geneticamente possível que Jenny Lawson e Kelly Ripa tivessem um bebê — com uma generosa pitada de Megan Fox por cima.

Ou pelo menos esse é o sonho.

A realidade é que sou uma psicóloga escolar (ou era, antes de me demitirem por depravação moral grosseira. Se você está lendo este livro, provavelmente isso já aconteceu) e moro nas regiões residenciais de classe média sufocantes do sudeste dos Estados Unidos com meu marido e nossos dois lindos querubins (ou morava, antes que ele pedisse o divórcio e/ou me mandasse para a cadeia).

Embora meus dias de punk rock possam ter ficado para trás, ainda tinjo o cabelo de rosa no primeiro dia das férias de verão todos os anos e torço para que a cor já tenha saído em agosto. Isso não satisfaz por completo meu ímpeto rebelde, mas gosto de sentir os olhos me julgando no mercado.

Também quero ser o tipo de pessoa que fica acordada até duas da manhã, escrevendo romances obscenos, mas, em vez disso, fico acordada até as três da manhã, escrevendo sobre meu próprio histórico sexual, porque não tenho imaginação.

Depois de um curto ciclo REM, sou trazida de volta à consciência com o tapa na cara do meu alarme e corro para o trabalho com o cabelo ainda molhado e uma caneca para viagem com alguma frase inspiradora sobre o universo esquecida no teto do carro, o almoço deixado na geladeira, onde meu marido sofredor o guardou na noite anterior, e o cinto do casaco batendo vigorosamente contra o asfalto conforme acelero. Vivo no que os médicos chamam de "estado de sono restrito crônico", ou seja, com privação de sono — ou, como Ken prefere dizer, "depravação".

Para ser sincera, nem me lembro de ter escrito este livro.

De verdade.

Se eu pareço com o tipo de pessoa de quem você quer ser amiga, então, por favor, sinta-se livre para me escrever. Só não se surpreenda se receber uma mensagem às duas da madrugada com um meme inexplicável do Shia LaBeouf e depois outra mensagem às sete da manhã, por engano, pedindo ao meu marido para pendurar uma sacola com minha comida na caixa de correio, para que eu possa só passar e pegá-la sem ter que descer do carro.

Onde você pode me encontrar:

E-mail: authorbbeaston@gmail.com

Site: www.authorbbeaston.com

Facebook: www.facebook.com/bbeaston

Instagram: www.instagram.com/author.bb.easton

Twitter: www.twitter.com/bb_easton

Pinterest: www.pinterest.com/artbyeaston

Goodreads: https://goo.gl/4hiwiR

Spotify: https://open.spotify.com/user/bbeaston

Vendendo livros autografados e arte original no Etsy: www.etsy.com/shop/artbyeaston

Doando coisas no meu grupo do Facebook #TeamBB: www.facebook.com/groups/BBEaston

E distribuindo dois e-books GRÁTIS das amigas autoras todos os meses por newsletter: http://eepurl.com/c4OCOH

TIPOGRAFIA Adriane por Marconi Lima
DIAGRAMAÇÃO Verba Editorial
PAPEL Pólen Soft, Suzano S.A.
IMPRESSÃO Lis Gráfica, junho de 2021

FSC
www.fsc.org
MISTO
Papel produzido a partir de fontes responsáveis
FSC® C112738

A marca FSC® é a garantia de que a madeira utilizada na fabricação do papel deste livro provém de florestas que foram gerenciadas de maneira ambientalmente correta, socialmente justa e economicamente viável, além de outras fontes de origem controlada.